手把手教你玩转实用文案+活动策划

文征◎著

中国铁道出版社有限公司
CHINA RAILWAY PUBLISHING HOUSE CO., LTD.

图书在版编目（CIP）数据

手把手教你玩转实用文案+活动策划 / 文征著. —
北京：中国铁道出版社有限公司，2020.2
ISBN 978-7-113-26502-1

Ⅰ. ①手… Ⅱ. ①文… Ⅲ. ①企业管理－市场营销学
－文书－写作 Ⅳ. ①F274

中国版本图书馆CIP数据核字(2019)第281517号

书　　名：手把手教你玩转实用文案+活动策划
作　　者：文　征

责任编辑：吕　芝　　　**读者热线**：010-63560056
责任印制：赵星辰　　　**封面设计**：曾　程

出版发行：中国铁道出版社有限公司（100054，北京市西城区右安门西街8号）
印　　刷：三河市宏盛印务有限公司
版　　次：2020年2月第1版　　2020年2月第1次印刷
开　　本：700 mm×1 000 mm　1/16　**印张**：25　**字数**：372千
书　　号：ISBN 978-7-113-26502-1
定　　价：58.00元

前　言

PREFACE

“亲，不好意思哦，又卖完了。”

“啊？那什么时候还有货啊？”

“下个礼拜吧，您可以提前在官网预约然后进行抢购。亲，预祝您抢购成功哦。”

这是一段发生在2011年的真实对话，对话的一方是消费者，而另一方则是小米公司的人工客服。提起小米公司，也许很多人会想到雷军当年那句在网络上风靡一时的“Are you OK?”，但想必更多人首先想到的则是那句“为发烧而生”的广告语，以及那些年里“被小米支配的恐惧”。

2011年10月20日，小米公司推出了公司成立之后的第一款智能手机“小米m1”，在当天上午10点小米公司官方开放的首轮购买中，10万台小米m1手机不到半个小时就被抢购一空。在当时，小米m1手机以其卓越的性能、新颖的系统以及低廉的价格瞬间在消费者中积累出了不凡的口碑。随后小米公司采用“饥饿营销”的模式，每周限量发行5万~10万台手机，每次刚一上线便在几分钟之内售罄，这让当时很多想要入手小米m1手机却“输在手速”的发烧友不得不仰天长叹。

虽说雷军以及他的小米团队并不是饥饿营销的开山鼻祖，但细数这些年采用这种营销手段的公司，小米无疑将其发挥到了极致——过硬的产品质量与恰到好处的营销手段让雷军身价倍增，一时间成为他自己口中那只站在风口中央，被吹上天的“猪”。这是一场属于E时代的经典策划，雷军率领他的团队另辟蹊径，以这种颠覆性的营销策略成功地调动起了消费者的购买欲望，2011年在名利双收的同时还吸纳了一大批忠实的“米粉”（小米手机爱好者）。

雷军的成功让无数企业家为之侧目的同时，也让更多人开始思考“商业策划”对于企业发展的重要性。顾名思义，商业策划，就是指在商业活动中通过与生产、管理、战略等紧密协调，运用广告、公关、新闻、促销等手段，综合实施运行，使商业活动达到较好的效果。

一位活跃于美国硅谷的商业活动策划大师曾经说过："如今，市场所面临的是一个策划家的时代。"这句话一针见血地挑明了当今企业所面临的环境和发展趋势。进行企业创新管理、更改盈利模式、革新活动策划成为我国许多企业的燃眉之急。故而，一份规范清晰、别具匠心的策划书，对于企业化解危机：扩大市场来说是必不可少的。要知道，很多时候，一篇严谨、规范又不失创意的策划文案很有可能帮助你在疾风暴雨的激烈竞争中脱颖而出。

为了能够帮助读者更快地适应现代市场经济和现代企业发展的需要，这本《手把手教你玩转实用文案＋活动策划》应运而生，为您揭开文案策划工作的神秘面纱。本书提供了文案策划行业所需的基本知识，分为经营战略策划文案、市场营销策划文案、资本运作实用文案、项目策划文案、人力资源管理实用文案、行政管理实用文案、公关策划文案、各种大型活动策划文案八个部分，是一本集写作知识、策划文案实务操作于一体的专业性案头工具书。本书提供全书配套的策划电子模板下载，扫封面勒口上方二维码即可自行下载。好读、好用是本书的特点；实用、实效，是本书的特色。适合苦于寻找企业管理及发展方法的企业家、刚刚走出校门踏入文案策划行业的职场新人，以及所有对文案策划感兴趣的读者。相信可以在最短的时间内帮助读者了解并尝试应用这些企业文案与活动策划书，从而做到"看了就懂、懂了就会、会了就用"。

《手把手教你玩转实用文案＋活动策划》以工具书为定位，因此在编写时特别注重内容的实用性和时效性，并尽可能地将各种类型的企业文案和策划书编写得通俗易懂，以便读者可以花很少的时间来了解各类企业文案和策划书以及完成所需文案或策划书的写作。

在本书编写的过程中，虽然我们对全书的内容进行了多次斟酌、研磨，力求将这本工具书的内容做到极致，但可能还是会出现一些疏漏。对于书中可能出现的错误，还望读者海涵，也请大家批评斧正。

目录

CONTENTS

第 1 章 经营战略策划文案

商业计划书

商业计划书是指为了一个商业发展计划而做的书面文件。其目的通常是让投资人或者相关利益人阅读，从而说服他们投入资金或者合作，共同完成这个计划。

商业计划书有相对固定的基本格式，它几乎包括了投资人所有感兴趣的内容，从公司发展状况、产品服务、市场营销、管理团队、股权结构、组织人事、财务、运营到融资方案。只有内容翔实、数据丰富、体系完整、装订精致的商业计划书才能吸引投资人，让他们看懂你的项目商业运作计划，才能使你的融资需求成为现实。

商业计划书的编写有很多需要注意的事项，其中主要有以下九点：

1. 条理要清晰，不能混乱。表述要简洁，不能啰唆，不能一个简单的问题写一大堆。

2. 要非常清楚地说明你发现目前市场中存在一个什么空白点，或者存在一个什么问题，以及这个问题有多严重。

3. 要写清楚你有什么样的解决方案，或者有什么样的产品，能够很好地解决这个问题。

4. 要说明产品所对应的用户群是什么，要对用户群有非常明确的定位和划分。

5. 要充分说明你的核心竞争力在什么地方。也就是你能比其他人干得好，和其他人不一样，有自己独特优势的地方。

6. 要写清楚你的盈利模式。你是通过什么样的方式方法来赚钱的，你所做的这件事的最终利润是从哪里来的，这个越具体越好。

7. 要写清楚将来有可能面对的问题和风险，以及你的应对措施。

8. 要对你的团队进行介绍。也就是告诉人们是谁来做这件事，这些人有什么能力，做事有什么优势。

9. 写明做这件事需要投资多少钱，并对这些钱的用途进行说明。同时还要写明投入的资金能占多少股份。

撰写模板：

____ 公司商业计划书

保密承诺

本商业计划书内容涉及本公司商业机密，仅对有投资意向的投资者公开。本公司要求投资公司项目经理收到本商业计划书时做出以下承诺：

妥善保管本商业计划书，未经本公司同意，不得向第三方透露或公开本商业计划书涉及的本公司的商业秘密。

项目经理签字：________（公章）

接收日期：____ 年 ____ 月 ____ 日

商业计划书

项目名称：____________________

项目单位：____________________

地址：____________________

电话：____________________

传真：____________________

电子邮件：____________________

联系人：____________________

一、公司简介

____ 公司创立于 ____ 年，是由长期在中国、美国、新加坡三国传媒领域从事经营管理的资深人士创立的、在中国从事电视传媒业并拥有海外业务网络的传媒公司。本公司包括分别注册于北京、洛杉矶、新加坡的四家电视和广告公司，目前在职员工总人数为 ____ 人。

二、产品与服务

影视节目：我公司常年从海外购买或自己包装、制作影视节目，通过向国内各地电视台、音像出版公司、宽带网络等媒体公司出售其播映版权而获利。公司也向海外销售中国制作的影视节目。

电视栏目：我公司善于对国内外的影视素材进行市场定位、策划、整合、包装、制作，形成自有本土版权、独立品牌的电视节目，通过在全国各地电视频道播映获取相应广告时段的广告收入。公司目前拥有覆盖全国的电视栏目四个，其中包括：《____》（80 家电视频道）、《____》（60 家频道），总覆盖收视人口超过 ____ 亿人。

三、行业与市场分析

电视媒体产业是中国政府最后开放的行业，随着目前广电政策的逐步放开，这个经济效应被长期压抑的行业正显示出极大的上升和赢利空间。"制播分离""频道所有权与经营权的分离""网台分离"这些新政策都直接或间接地给非国有电视企业带来了扩大市场份额的机会。

至 ____ 年，中国拥有 ____ 亿电视观众、____ 家以上各类电视台，已成为世界上最大的电视观众市场和电视内容需求市场。

互动电视、宽带网络、vod 点播等数字媒体的快速发展将在未来三年内为影视内容提供商带来更大规模的收益。

____（公司）在电视内容提供、电视广告经营、宽带内容提供、音像内容提供等方面都占据一定的市场份额。

四、市场份额与竞争

在面向全国发行的电视栏目市场领域里，____（公司）的主要栏目目前占全国各地频道总共 ____ 小时 / 年的节目时段，市场占有率在同类公司里排名第 ____ 位。

在此类市场领域的广告市场上，____（公司）拥有全国各地频道 ____ 小时 / 年的广告时间。广告时间的市场公开价格总额为 ____ 元人民币，在同类公司里排名第 ____ 位。

在面向全国发行的电视栏目市场领域中，自 ____ 年 ____ 月起，随着新节目的不断推出，____（公司）的市场份额已超过探索频道、新华社、欢乐传媒等主要竞争者，仅排名在光线传媒之后。在未来两年里，____（公司）仍将保持目前的市场扩张和市场份额增长趋势，预计到 ____ 年中期成为栏目数量、占有频道时间、广告价值总额排名第一的电视节目公司。

在影视内容版权交易的市场领域里，____ 年 ____（公司）以 ____ 小时以上节目量，____ 元销售收入在同类公司里排名居 ____ 名。主要竞争者为：____、____、____。

____ 年，____（公司）与中央电视台的海外节目交易收入为 ____ 元人民币，是该台的第二大海外节目交易伙伴。

五、营销战略

以迅速扩大市场占有率，进一步形成市场领先者的地位为公司的营销战略。目前已经取得显著成效：一年来公司提供的节目在占有频道时间、广告价值总额等方面在同类市场领域里排名都上升至第二位。

六、企业竞争优势

1. 海外节目供应网络

基于创始人的海外传媒背景及其运作经验，____（公司）已经建立起一个覆盖全球的节目供应网络（由中国节目公司、洛杉矶和新加坡分公司组成)，公司在海外节目供应和内容集成方面的能力远胜于主要竞争对手。

2. 拥有完善的电视节目产业链条

____（公司）是国内少数几个拥有完善的电视节目产业链条（策划—片源整合—制作—发行—市场营销—广告—多媒体开发)的电视企业之一，并在产业链的大多数环节上具备业内一流的实力。

公司的节目供应网络由全球 300 余家主要的制作公司构成，国内发行网络可定期把节目提供给 200 家以上的地方电视频道。在广告经营方面，公司已经建立起一个具有丰富经验的销售团队，并与 ____ 酒、____ 手机、中国网通等越来越多的国内外知名产品品牌有了良好的合作。

3. 庞大的节目库

公司长年积累形成的影视节目库包括超过 ____ 小时的自有版权母带库、____ 小时的具有优先使用权的母带库、____ 小时的样带库、____ 小时全球节目资料库，是目前国内最完整的节目库之一。

4. 企业品牌

____（公司）目前已成为国内电视业最知名的电视公司之一。同时，其英文品牌 ____ 在海外电视业被广泛认知为“one of the most important Chinese buyer”（最重要的中国交易商之一）。

七、管理团队

____，创始人，联合总裁。曾在新加坡、美国长期从事电视传媒事业，在影视节目策划、市场运作方面具有丰富的经验。目前作为中国民营传媒业界的代表人物，在电视界享有广泛的知名度。他一直是“亚洲电视论坛”“中国电视金鹰节”等国内外重要传媒业盛会的演讲嘉宾。

____，创始人，联合总裁。长期在海外和北京、上海从事电视传媒业的投资和运营。极强的传媒运作能力和产业整合能力使他成为目前国内电视圈极具影响力的传媒经营者。

____，美国公司创始人、海外总经理。长期在好莱坞的电视职业生涯使她成为通晓国际电视行业并具有很强经营能力的职业经理人。

除了以上来自新加坡、美国的高层传媒经营人以外，公司还拥有一支富有传媒专业经验的本土核心团队，共同形成一个高效率的管理层。

八、长期发展目标

进一步加强公司已经具备的传媒产业链的各主要环节，形成更为完善的传媒业经营平台。在未来五年内，公司将发展成为以电视媒体的内容提供和媒体经营为主，同时涉及平面媒体、数字化媒体等其他媒体的跨媒体综合性传媒集团。____ 年，公司的年营业额将超过 ____ 亿元，至 ____ 年，公司的年营业额将超过 ____ 亿元。

九、财务预测与融资计划

公司在未来两年的高速成长中，将分别形成 ____ 万元、____ 万元的销售收入以及 ____ 万元、____ 万元的现金流入。

第一期融资计划：以增资扩股方式融资 ____ 万元～ ____ 万元人民币；出让股份范围：____% ~ ____%；资金使用：进一步扩大市场占有率，更迅速地占据市场领先地位，大幅度加强自制节目能力和节目开发能力。

第二期融资计划：以增资扩股方式融资 ____ 万元～ ____ 万元人民币；出让股份范围：____% ~ ____%；资金使用：频道经营与战略性业务扩展。

企业形象策划文案

企业形象简称“CIS”，是英文 Corporate Identity System 的缩写，也是企业的视觉形象（VI）、理念形象（MI）、行为形象（BI）的统称。而所谓的企业形象策划就是将企业经营理念和精神文化传送给企业周边有关系的组织或者团队，包括企业内部人员和社会大众，并使其对企业产生一致的认同感和价值观。这不仅有利于企业公共关系的运转，还能够吸引更多的消费者。除此之外，也能够增强行业以及产品的竞争力，更有助于企业经营资源的利用。

那么如何策划好一个企业的形象呢？下面几个基本步骤值得大家学习和借鉴。

一、企业形象调查

1. 形象调查原则：调查应全面系统，讲求时效性和经济性。

2. 形象调查内容：选题是企业实态调查的第一个步骤，它为整个调查指明了总的方向和目的。

3. 调查对象：当企业进行实态调查，可以说调查对象是非常广泛的。因此，在进行企业形象调查时，务必界定清楚企业的关系者边界，并把这些关系者分别列举出来。例如：内部对象（股东、管理者、员工）；外部对象（顾客、经销商、供应商等）。

4. 调查方法：直接询问调查法、观察法、问卷调查法等方法。

二、企业形象评估

对于大多数消费者而言，他们无法较为清晰地描绘出一家企业的整体形象，因为企业形象是一个较为抽象的概念，它主要通过品牌形象和品牌标识等方式展现出来。例如，在消费者面前提起阿里巴巴创始人马云先生，或许大多数人第一印象都会想到“淘宝网”以及那只眼睛瞪得溜圆的可爱黑猫，这充分表明了企业形象的重要性。

那么如何评估一家企业的形象呢？

一般而言，无论哪种流行的评估方法都离不开三个关键的要素：考核内容、考核方法以及由谁来评估。这三个要素与整个评估的客观性、公正性、专业性息息相关，同时也决定了对外界和今后发展的影响。

撰写模板：

企业形象策划方案

工作程序：

第一阶段：企业实态调查

本工作阶段的目的是让设计人员和策划人员充分了解 ____ 公司的具体情况和形象，以及深入发展的目标、需求，以进一步发展识别策略。发展具有针对性的定位策略及制订出引导设计创意的建议。

本阶段的内容如下：

1. 开展决策层访谈，与公司决策层沟通，深入了解企业现状、经营状况、经营思想及企业发展规划等。

2. 通过与管理层全方位多角度的交流，深入了解 ____ 公司的管理组织结构、营销体系、市场状况、员工思想以及精神面貌。

3. 通过现场考察，为提炼设计元素及实施识别策略打下坚实的基础。

4. 了解同业形象识别和设计使用方式，研究他们的市场策略、形象及相关的经营理念，为设计独特的形象更有效地提取元素。

5. 充分熟悉和了解 ____ 公司之前的识别规范，结合新标识的具体情况，制订出合理的识别系统。

6. 彻底审核公司既有的形象识别应用形式。

7. 研究评估以上步骤所获资料之后，仔细分析结果并制订识别策略，项目包括：“定位策略、形象策略、识别沟通策略、定位策略建议”。

第二阶段：市场调查

市场调查工作是品牌形象规划及整体广告策划的基础，市场调查结果的准确性直接影响到系列策划的成败。市场调查将分为以下步骤进行。

1 . 拟定目标市场

根据公司服务和产品发展状况，拟定调查的目标市场。

2 . 设计调研问卷

针对目标市场制作调查问卷，内容包括：营业员基本资料、营业员观点、对消费者购买行为和习惯的看法、竞争对手及公司产品的看法、营业员的建议及要求等内容。

3 . 提交市场调研方案

向公司提交执行力很强的调研方案，对调研目的、调研方式、调研对象、调研时间和地点、注意事项做出明确规划。

4 . 调研人员培训

对市场调查人员进行短期培训。内容包括：调研技巧、调研用语、问卷分类、问卷发放、问卷回收等。

5 . 问卷统计分析

调研工作完成后，将问卷汇总送回总公司，由专人进行统计分析。

6 . 提交调研结果分析报告

组织专门人员对统计数据进行分析，对目前产品在市场的销售状况做出综合的评价。

第三阶段：基本设计开发

此阶段的目标是为公司及品牌确立设计理念并发展一个视觉基本识别，主要是建立基本设计系统，即标志、字体、颜色等。

1 . 理念开发

完善 ____ 公司及品牌理念，完成品牌规范化、系统化的第一步，并为品牌发展打下基础，预留延展空间。

2 . 设计创意

根据第一阶段所发展的策略，开拓创意。主要项目有：

（1）公司标志，新识别系统的重心。

（2）公司标准字，与标志相辅相成的特色文字。

（3）颜色，强调理想形象特征。

（4）基本组合规范，形成公司识别形象。

（5）品牌标准字体组合。

3．模拟示范

提出完整的模拟，并以电脑彩图平面方式进行示范。

4．评价

提交模拟示范，与公司决策层共同讨论评价，使公司高层在设计过程中有机会参与并提供意见。

5．最后修饰

依据共同的意见，完成所需修饰后，制订最终方案。

6．确定设计组合方案

与公司各相关部门共同讨论并最后确认设计方案，整个识别系统应用设计将在基本设计确定之后，全面展开。

第四阶段：应用设计展开

基本设计完成后，将开展应用系统的设计。主要内容有：

1. 公司形象

（1）信用品系统。

（2）办公事务用品系统。

（3）内外部环境装饰系统。

（4）服装系统。

（5）商业表格系统。

（6）车体形象系统。

2. 品牌形象

（1）包装系统。

（2）广告传播系统。

（3）公关、促销用品系统。

（4）户外广告规范。

（5）销售票据类规范。

（6）标示牌、吊牌规范。

3. 评估

评估效果并认定所需修饰和进一步发展的空间。

4 . 核准应用系统

公司领导确认整个应用设计系统。

5. 编辑 CI 手册

为确保后续工作保持一贯性，制订 CI 手册，目的在于：

（1）明确基本元素使用方式。

（2）协助控制新识别系统。

（3）指导使用平面设计元素。

6. 手册审阅与确认

公司决策层审阅手册，鉴定其效能和可用性。手册使用电脑彩色印制完稿。

企业经营战略计划书

通常来讲，企业的经营战略是指企业面对激烈变化和严峻挑战的环境，为求得长期生存和不断发展而进行的总体性谋划。

更为具体地说，经营战略是在符合和保证实现企业使命的条件下，在充分利用环境中存在的各种机会和创造新机会的基础上，合理地调整企业结构及分配企业的全部资源。

不可否认，一份切实可行的经营战略计划书对于企业的生存和发展具有非常重要的意义，因为它是决定企业经营活动成败的关键性因素，同时也是企业实现自己理性目标的前提条件，更是企业长久高效发展的重要基础。

在制订企业经营战略计划书的时候，需要注意以下几个要点：

1. 制订战略思想：战略思想，即指导经营战略制订和实施的基本思想，要求战略制订者形成新的概念及思路。

2. 进行环境调查：主要包括企业内部环境调查和企业外部环境调查。

3. 拟定、评价和选择战略方案：包括战略目标、战略重点、战略方针、战略阶段和战略对策等内容，并且力保战略信息的确定性。

4. 战略方案的落实：在实施中不断修改完善，做到有效规避战略实施时可能存在的重大风险，并从时间和空间上加以落实。

撰写模板：

____公司经营战略计划书

____年是公司发展的关键一年，本部门将紧紧围绕公司发展战略及经营目标开展工作，团结努力，履行职责，确保人力需求、人力培训、制度维护、薪酬激励、后勤保障等各个方面能满足公司经营发展的需求，为实现公司____年度目标尽职尽责。

1. 健全和完善公司各项制度及工作标准

（1）根据公司发展需求，适时修改和优化公司管理制度，使公司制度更加合理规范，为公司“制度化”打下坚实基础。

（2）根据各部门实际运营状况，制订和完善公司运营流程，使各部门沟通更加顺畅，程序更加规范。

（3）根据原有的岗位职责，结合公司各部门的实际情况，重新修改各部门的岗位职责，使职责清晰，责任明确。

2. 深挖招聘渠道，满足人力需求

（1）根据公司岗位编制及岗位缺编需求，制订公司 ____ 年年度招聘需求。根据招聘需求，确定招聘渠道，执行招聘政策及招聘程序，为公司招录到合适的人力及人才。

（2）根据 ____ 年年度招聘经验，营业员招聘工作需要人力资源部坚持以“走广场”的形式进行现场招聘，辅以公司海报宣传和广场外招聘横幅悬挂，坚持每周五个工作日在广场外进行现场招聘。

（3）自聘员工招辞趋于稳定，缺编不大，网站招聘进一步优化，保留 ____ 招聘网。

（4）做好 ____ 年年度招聘费用预算，降低日常招聘宣传费用和网站招聘费用。

（5）与营运部门沟通，搭建离职员工面谈平台，切实了解员工离职原因，分析并加以改进，降低员工流失率，稳定员工队伍。

3. 加强培训管理工作，构建培训体系

（1）根据公司实际状况及公司发展战略需要，制订 ____ 年年度培训计划，并组织实施。

（2）与外部培训机构联络，____ 年年度拟将公司管理人员送往专业机构或大型知名企业参加培训，主要课程是商务礼仪、销售技能及服务理念这三大块，提高管理人员综合素质。

（3）内部培训工作主要由培训专员开展，各部门主管辅助。继续开展视频培训学习，____ 年年度每个部门根据实际工作情况，每周安排一次两个小时的课程。每学完一个课程，组织撰写培训心得，并进行考试。坚持整个年度持续不间断的学习，努力打造学习型组织、成长性团队。

（4）对每月新入职员工进行入职培训，做到及时性、有效性，最快地让新进员工熟悉公司流程制度，了解公司企业文化，熟悉自己的工作职责。

4. 加强绩效管理，构建合理的激励机制

（1）根据公司年度经营目标，制订公司 ____ 年年度绩效考核体系。

（2）按照 ____ 年年度绩效考核体系，实施绩效管理。绩效考核组需全程监控，使绩效考核公平、公正、透明，真正发挥绩效考核的激励作用。使多劳者多得，少劳者少得，不劳者不得。能者给予上升的通道，庸者施以教育的机会。

（3）根据考核结果，进行有效的面谈，倡扬先进，教育后进，给后进者改善教育进步的机会。

（4）根据考核结果，不断改进考核体系，使考核体系更加完善，更能发挥激励的作用。

5. 控制人力成本，完善薪资结构

（1）根据公司发展需求，重新审订各部门编制，确保人岗适配。精简富余人员，降低人力管理成本，适当调整在职员工薪资待遇。

（2）根据现有的薪资标准及岗位情况，设计详细的薪资等级制度及岗位等级制度，结合绩效考核结果，给予员工更好、更科学、更广泛的晋升空间，增强员工的归属感。

6. 加强企业文化建设，增强员工凝聚力

（1）____ 年年度，本部门拟与企划部配合，创办企业内刊，刊登公司高层动态，发布公司政策，宣扬公司文化，宣传先进个人事迹，选登员工优秀诗歌、散文、随笔等文章。发挥员工特长，提供培训教育及展现自身才华的平台。

（2）____ 年年度，本部门拟与企划部配合，拟定企业之舞，决定企业之歌，并进行培训。力求人人会唱、人人会跳，丰富员工文化生活。在广场前设立国旗及公司旗帜。每月定期举行一次国旗升旗仪式，增强员工爱公司、爱祖国的情感，增强员工对公司的归属感和凝聚力，向社会大众展示企业爱员工、爱家乡、爱祖国的高尚情怀。

（3）建立公司网站，树立对外商业形象，建立与外界沟通的桥梁。让消费者更加了解公司，信任公司，打造企业良好的商誉及品牌。

（4）加强新入职员工的企业文化培训教育活动，将融合聚力的企业文化根植到每一位员工的心中。

（5）员工婚、丧、生病及有特别大的困难，需要公司施以援助的，各部门及时与人事部沟通，由人事部和相关部门代表公司给员工或员工家属施以帮助和慰问，真正关心员工，让员工有家的感觉，使员工真正融入公司这个大家庭中，有归属感。

7. 规范行政管理工作，降低管理费用

（1）____ 年年度要在上一年度办公管理费用的基础上降低 ____%。物资采购要严格审批，办公用品申领要严格手续，要坚决杜绝不合理采购，必需品、常用品要批发储存。

（2）加强废品统一管理，增创经济效益。

（3）易耗品仓和物料仓每个月末报表需上报审核。

（4）加强食堂检查力度，提升食堂饭菜质量及服务质量，提升员工满意度。

（5）及时为公司各部门服务，做好后勤保障工作。

8. 严格考勤管理制度，保障企业有序运行。

在 ____ 年年度考勤管理基础上，进一步控制调休频次，严格按照排班表执行，严格执行请休假审批制度，杜绝先休假后审批的弊端。坚决执行考勤纪律制度，及时处罚违纪职员。

9. 加强督查力度，维护制度和流程的权威性

进一步完善公司督查流程和制度，扩大督查范围，督查部门工作流程和工作标准是否合乎规范要求。严格执行每周一次的督查频次，使不规范行为得到及时改善，使领导批办的事项能及时得到落实。加大督查处罚力度，维护公司制度的权威性。

10. 加强团队建设，打造强有力的团队

（1）在部门内建立学习制度，充分利用晨会、媒体、培训机构等平台，鼓励本部门职员持续学习、持续成长。

（2）继续保持多鼓励、多赞美、多表扬的团队激励理念，建立一支积极向上、朝气蓬勃的团队。

（3）与团队成员多沟通，及时了解团队成员工作和生活情况，关爱、帮助和团结每一位成员。使团队成员始终处于融洽、合作、友爱、宽容的团队氛围中快乐工作。

（4）加强制度学习，加强执行力培训，严格公司纪律。使本部门成为一个守纪律、有素养、有执行力的合格团队。

（5）加强服务理念教育，服务好公司其他部门，服务好公司商户，服务好每一位顾客，尊重每一个人，竭尽全力做好每一项工作。

年度经营策划文案

年度经营策划是企业经营策略中很重要的一部分。有效的年度经营策划可以让企业走出“忙、盲、茫”的怪圈，也有利于实现企业长久发展的根本目标。那么如何写好一份全面、翔实、可操作性强的经营策划文案呢？下面几个撰写要点不容忽视。

一、市场分析

市场指标虽然不可量化，但是做年度经营策划案的时候可以总结它的一些基本规律，分析其供求关系的变化趋势、市场竞争发展态势、商业业态发展趋势等。这样前瞻性的分析与评估可以大大降低结果的不可预知性，降低决策的风险。同时，对可量化的指标进行预测性的判断，做出具体的计划和要求，如销售额（量）、价格、费用等。

二、学习和借鉴经验

牛顿曾经说过："如果说我看得比别人更远些，那是因为我站在巨人的肩膀上。"有的时候，良好的业绩来自不断地学习和借鉴。对不同区域市场的营销管理与销售特征进行分析、比较，可以帮助自己完善经营策划文案。

三、销售目标

许多区域销售经理的销售目标与计划缺乏全面性，忽略了其他的配套计划和控制性计划的内容，容易造成执行中的走样和障碍。因此，恰当的目标是销售计划书不可缺乏的内容。

四、广纳谏言

充分听取一线销售人员的意见和建议，让他们参与进来，这样既可以激发员工工作的积极性，又可以保证经营决策的正确性和全面性。

五、费用预算

营销的过程也是一个公司成本花费的过程，明细的费用预算和管理，是对公司财务工作的严格要求。

撰写模板：

____公司年度销售计划书

一、市场分析

通过对历年来销售数据及市场调研报告结果进行分析，可以预见的是

____产品在市场中的未来趋势——产品档次逐渐提高，销售渠道比较传统，市场竞争激烈，营销组合策略将成为下一轮竞争的热点。

二、营销思路

1. 树立全员营销观念，真正体现“营销生活化，生活营销化”。

2. 实施深度分销，树立决战在终端的思想，有计划、有重点地指导经销商直接运作末端市场。

3. 综合利用产品、价格、通路、促销、传播、服务等营销组合策略，形成强大的营销合力。

4. 在市场操作层面，体现“两高一差”，即要坚持“高价位、高促销、运作差异化”的原则，扬长避短，体现独有的操作特色等。充分结合企业的实际，与时俱进，体现创新的营销精神。

三、销售目标

1. 根据上一年度的销售数额，按照一定增长比例，比如 20% 或 30%，确定当前年度的销售数量。

2. 销售目标不仅体现在具体的每一个月度，而且还要责任到人，量化到人，并细分到具体市场。

3. 权衡销售目标与利润目标的关系。根据产品 ABC 分类，将产品结构比例定位在 A（高价、形象利润产品）：B（平价、微利上量产品）：C（低价、战略性炮灰产品）=2 ：3 ：1，从而更好地控制产品销量和利润的关系。

四、营销策略

1. 产品策略，坚持差异化，走特色发展之路，产品进入市场，要充分体现集群特点，发挥产品核心竞争力，形成一个强大的产品组合战斗群，避免单兵作战。

2. 价格策略，高质、高价，产品价格向行业标兵看齐；同时，强调产品运输半径，以 ____ 公里为限，实行“一套价格体系，两种返利模式”，即价格相同，但返利标准根据距离远近不同而有所不同的定价策略。

3. 通路策略，创新性地提出分品项、分渠道运作思想。除精耕细作，做好传统通路外，集中物力、财力、人力、运力等企业资源，大力度地开拓学校、社区、网购、团购等一些特殊通路，做到全方位、立体式的突破。

4. 促销策略，在“高价位、高促销”的基础上，坚持“连环促销”的营销理念。它具有如下几个特征：

（1）促销体现“联动”，牵一发而动全身，其目的是大力度地牵制经销商，充分利用其资金、网络等一切可以利用的资源，有效挤压竞争对手。

（2）连环的促销方式至少两个以上，比如销售累积奖和箱内所设奖同时出现，以充分吸引分销商和终端消费者的眼球。

（3）促销品的选择原则求新、求奇、求异，即要与竞品不同，通过富有吸引力的促销品，实现市场“动销”，以及促销激活通路、通路激活促销的目的。

5. 服务策略，细节决定成败，在“人无我有，人有我优，人优我新，人新我转”的思路下，在服务细节上狠下功夫。实行“5S”温情服务承诺，并建立“贴身式”“保姆式”的服务观念，在售前、售中、售后服务上，务求热情、真诚、一站式等。

五、费用预算

销售计划的最后一项，就是销售费用的预算，即在销售目标达成后，企业投入费用的产出比。公司销售目标 ____ 个亿元，其中，工资费用：____ 万元；差旅费用：____ 万元；管理费用：____ 万元；培训、招待以及其他杂费等费用 ____ 万元；合计 ____ 万元。费用占比 ____%。

国际化经营策划文案

1988 年，哈佛商学院资深教授西奥多 · 莱维特在一篇名为《市场全球化》的学术论文中首次提出“全球营销”这个词，他将一个企业的经营理念由土生土长的家乡企业上升为国际化的级别。

所谓国际化经营，其实就是指企业从国内经营走向跨国经营，从国内市场进入国外市场，在一个或若干个经济领域进行经营的活动的战略。无论是15世纪末世界各国共同营造的大航海时代，还是2000年在烟花爆竹中迎来的潮流无限的千禧年，对于企业而言，把握经济全球化一直都是一个无法回避的重大问题。积极开展国际化经营将会是每个大企业的必然选择。

但一个企业想要从“本土化”走向“国际化”，并不是轻易能够实现的。在这个过程中，作为企业领导人或策划者，想要迈出第一步必须做出极为慎重的选择，在经营策划书的创作上，要时时刻刻体现出“步步为营”的理念和思想，条理清晰，有目的、有计划地开展跨国经营。

撰写模板：

——乳业集团国际化经营策划文案

一、SWOT分析

内部因素 / 战略选择 / 外部因素	优势（Strength）	劣势（Weakness）
	1. 技术领先：生产技术一流，拥有国内一流的生产线及包装技术。 2. 研发卓越：产品研发能力强，周期短，成果收益率高。	1. 内部管理松散混乱，人浮于事，不能专职于本职工作。 2. 经营体制存在缺陷，公司运作各环节存在缺失沟通不全面具体。
机会（Opportunity） 1. 一些实力不足，产品不合格的企业被淘汰出局，行业的竞争主体、产品结构、企业架构、供应链等都将发生变化。 2. 由于牛奶制品在消费者心目中的安全性降低必将导致替代性产品的需求加大。	S+O战略选择 1. 发挥技术优势，优化生产模式。 2. 研发更具竞争力新产品，开拓新的产品形式如豆奶、羊奶。	W+O战略选择 1. 完善企业内部机制，解决经营体制上的缺陷，注重沟通以满足行业新结构的需要。 2. 健全监督机制，实行责任到人。

续表

威胁（Threat）	S+T 战略选择	W+T 战略选择
1. 洋品牌的威胁。外资品牌欲借机打入并扩大中国市场。 2. 国际市场威胁。公司形象瞬间倒塌，失去大部分国际市场大部分进口中国奶制品的国家均对中国的奶制品发出了禁令。	1. 针对其他品牌做详细的调查研究及比较，开发新产品，抢占市场。 2. 研发适应国际需求的新产品，将新产品送交国际组织取得各国入关许可，重新树立国际形象。	扩建自有牧场，把好原料关，降低成本使企业有更好的发展。

二、营销战略规划

随着 2001 年 11 月，我国正式加入“世界贸易组织”，国内市场的开放程度越来越高。这也使国外的奶制品品牌大量涌入国内市场，同国内品牌展开了激烈的竞争。

这对于 ____ 乳业集团等国内品牌的市场营销形成很大挑战。品牌往往代表着商品的信誉、质量、服务及文化理念。____ 乳业集团如果仅仅依靠其商品本体参与国际市场竞争，显然不符合现代市场竞争的形势。在“消费品牌化”的今天，____ 乳业集团要在市场上有所作为，必然要在国际上打响自己的品牌，以求在日益激烈的市场竞争中取得良好的生存与发展。

因此，____ 乳业集团制订出以下战略规划。

1. 法制战略

我国有很多涉及食品卫生及安全标准的法规，比如说《食品卫生法》《产品质量法》等，这些法规都对食品生产经营的某个环节或某类产品进行了规制。虽然我国有关食品安全和卫生的法律和标准很多，没有强制性的安全标准，但是，作为国内奶制品行业的楷模，____ 乳业集团应依据国家的法律规定，制订出一套严格的食品安全标准，提交相关部门审核，并成立专门的检查部门，严格执行。

2. 产品技术战略

在产品上面，____ 乳业集团应该继续推陈出新，摒弃之前一些销量不好的产品，转而投向附加值高的高端产品和衍生乳制品（奶酪、酸奶、奶油、冰激凌等）。

随着居民消费水平的提高，越来越多的人把食品所含营养成分的高低作为衡量食品的标准，并决定其是否选择购买此商品。因此，必须根据不同层次消费者对牛奶的需要制订出不同系列的产品，以适应现代消费者的要求。

3. 多国本土化战略

为了满足所在国的市场要求，____乳业集团可以采用多国本土化战略，根据不同国家的不同的市场，提供更能满足当地市场需要的产品和服务。运用这种战略，____乳业集团可以将自己的产品源源不断地推广到国外市场。

企业经营目标文案

所谓的企业经营目标，就是指在分析企业外部环境和企业内部环境的基础上确定的企业各项经济活动的发展方向和奋斗目标，是企业经营思想的具体化。它反映了一个企业所追求的价值，为企业各方面活动提供基本方向。它使企业能在一定时期、一定范围内适应环境趋势，又能使企业的经营活动保持连续性和稳定性。

在编写企业经营目标的时候要思虑周全，面面俱到。既要考虑到销售的业绩和利润，又要考虑到相关的经费支出。此外，产品和服务、客户、人力资源、培训、广告宣传等也是企业经营目标拟订时必不可少的部分。

撰写模板：

____公司经营目标文案

一、经营目标规划表

序号	项目	目标规划（单位：亿元）
1	销售业绩	____
2	销售利润	____
3	经营费用	____

续表

4	人员编制	____
5	培训预算	____
6	广告预算	____

二、销售利润目标及分解

利润目标为必须完成的目标，各事业部门利润均指扣除各项费用后的税前利润，解释权在财务部门。

公司全年销售利润总额为 ____ 万元。

1. 网络产品分销部：____ 万元

____ 平台：____ 万元；

____ 平台：____ 万元；

____ 平台：____ 万元。

2. 大客户部：____ 万元

____（姓名）：____ 万元；

____（姓名）：____ 万元；

____（姓名）：____ 万元。

3. 应用软件事业部：____ 万元

____ 地区：____ 万元；

____ 地区：____ 万元；

____ 地区：____ 万元。

三、经营费用预算

各事业部门费用预算由总经理审批后报备财务部门，作为费用支出和控制的依据，在实际工作中的单项费用支出额度审批权限和流程按财务部门规定办理。

公司全年经营费用预算总额 ____ 万元。

1. 网络产品分销部：____ 万元

____ 平台：____ 万元；

____ 平台：____ 万元；

____ 平台：____ 万元。

年薪及奖励：____ 万元。

2. 大客户部 ____ 万元

薪资及福利费用：____ 万元；

营运费用：____ 万元；

奖励：____ 万元。

3. 应用方案服务事业部：____ 万元

薪资及福利费用：____ 万元；

营运费用：____ 万元；

设备投入：____ 万元。

4. 应用软件事业部：____ 万元

薪资及福利费用：____ 万元；

设备投入：____ 万元；

营运费用：____ 万元。

5. 综合管理部门：____ 万元

总经办：____ 万元；

人力资源部：____ 万元；

商务部：____ 万元；

财务部：____ 万元；

公共费用：____ 万元。

四、主流产品及服务

根据对市场和产品分析，____ 年年度公司经营的主流产品有所调整，以市场主导网络产品品牌为依托，以优势产品为利润增长点，以网络系统集成项目攻占行业，拓展应用软件市场，初步建立应用解决方案服务体系。

1. 主流产品

神州数码全线网络产品；

服务器；

线全线产品；

CISCO 网络产品；

OA 产品；

APC 电源等（待定）。

2. 应用服务

网络系统集成服务；

行业应用解决方案服务；

应用软件服务。

五、各事业部客户目标

根据公司年度规划和针对 ____ 年的市场运作分析，对各事业部门的 ____ 年年度客户目标明确如下：

1. 网络产品分销部

网络产品分销商、行业 SI、中小 SI、行业终端客户，主要经营区域：____ 省。

2. 大客户部

主攻教育行业，主做 ____ 地区，划分为高教、普教、职教三个层面。

3. 应用软件事业部

____ 地区，系统集成商、应用软件经销商、行业代理商、行业客户。

4. 应用方案事业部

开展新型增值服务项目，以技术方案、服务配合销售拓展市场，以完善的工程服务体系保证项目顺利实施。

六、人力资源规划

建立和逐步完善人力资源管理系统，突出招聘、培训的流程化管理，围绕绩效考核和人力资源评估工作为重点，实现公司人员数量和质量的有效规划。

年度人力资源规划总人数：____ 人。

各部门人员规划编制：____。

总经理：____ 人。

网络产品分销部：____ 人。

____ 平台：____ 人（包括总监、助理、产品经理）。

____ 平台：____ 人。

____ 平台：____ 人。

大客户部：____ 人。

应用软件事业部：____ 人。

应用方案事业部：____ 人。

人力资源部：____ 人。

财务部：____ 人。

商务部：____ 人。

七、培训目标及费用预算

本年度培训目标：通过系统的内训和外训，使员工在职业技能、企业文化认同度、规章制度等几个方面得到有效教育，促进团队协作和团队竞争力的提升。

培训内容侧重于职业技能、沟通技巧、工作流程管理、执行力等方面。

培训形式以内训为主，外训为辅。

____ 年度培训费用预算为 ____ 万元。

应用方案事业部：____ 万元；

网络产品分销部：____ 万元；

大客户部：____ 万元；

应用软件事业部：____ 万元；

人力资源部：____ 万元；

商务部：____ 万元；

财务部：____ 万元。

八、广告宣传及费用预算

1. 公司整体广告预算费用总计：____ 万元

包括：

产品宣传 ____ 万元；

软件产品宣传 ____ 万元；

产品宣传 ____ 万元；

公司整体形象宣传 ____ 万元；

光纤熔接和产品租赁宣传广告 ____ 万元。

2. 宣传形式：

硬性报刊媒体广告；

举办产品发布会；

举办新产品巡展活动。

企业经营方针文案

企业经营方针是指贯彻企业经营思想和实现经营目标的基本途径和指导规范。它是针对某一时期企业所面临的重要问题而采取的指导性原则。经营方针是经营理念的细化，一般会在企业经营的各个方面提出具体的、能够落实经营理念的指导方针。

企业经营方针文案的编写要点：

1. 以企业的经营思想和经营理念为基础。

2. 以企业的经营目标为导向。

3. 以实际情况为依据。

4. 涵盖销售、客户服务、产品开发、产品采购、产品制造、质量管理等企业经营的各个方面。

撰写模板：

____ 公司基本经营方针文案

____ 公司是机械制造业中的电子进出口厂商，年营业额约 ____ 亿元，资本额 ____ 亿元，从业人员 ____ 名，有制订长期计划的习惯。

____ 公司年度经营方针：

____ 年销售额达成率为 ____%，利益计划达成率为 ____%，增加的收益是相当精彩的实绩，对各位员工的创意功夫及勇于向目标挑战的毅力深表谢意。

这个辉煌的实绩是全体员工努力的成果，____ 年，有下列 4 大方针，请全体员工持传统的精神努力完成。

一、公司经营方针

1. 继续加强开发活动，蓄积经验。

2. 有效运用行销情报，提高销售预测能力。

3. 重整生产管理活动，确保交货期以维护信誉。

4. 预防不良发生，落实 TQC 活动。

5. 有效调整采购机能，确实掌握有利料源。

6. 加速人力资源规划，做好人才培育与发展。

7. 推动幕僚职责透明化，贯彻人人有“产品与顾客”的观念。

8. 唤起危机意识，以“使命感与一体感”重建企业人的信心与荣耀。

9. 发扬劳资融洽的优良传统，共同塑造敬业和谐的环境。

二、重电事业经营方针

1. 积极提高生产技术，定期检查及改善生产设备，追求省力化、省人化、合理化，以获得永续的竞争力。

2. 强化产销应变弹性体制，确实发挥生产管理机制，以满足市场需要之三要素——质量、交货期、成本。

3. 深入掌握市场需求变化，提高销售预测精确度，以供正确决策。

4. 落实 QC（质量控制）活动，并建立“下道工序是顾客”的正确观念。

5. 建立灵活的采购体系，提高外包管理能力，适时供应适质、适量、适价的资材，支援生产。

6. 唤起危机感、使命感，并排除本位意识，做好纵横的沟通与协调工作，建立全员的一体感。

三、家电事业经营方针

1. 发挥家电事业组织机能整合效果，灵活适应市场变化及顾客需求。

2. 运用行销策略规划及区域战略，强化销售渠道，以提高市场占有率。

3. 建立市场情报及客户资料体系，掌握市场动态，以提高销售预测能力。

4. 积极与市场、顾客结合，提高品牌形象。

5. 提高服务层次及扩大服务网，追求“彻底服务”的目标。

6. 落实开发管理制度，强化开发能力及质量，以培养自主开发能力。

7. 重整质量管理活动，贯彻人人有“产品与顾客”的观念。

8. 加强料源开发及采购机能，提高成本竞争力。

9. 做好纵向沟通、横向协调工作，建立全员的一体感。

四、资讯事业经营方针

1. 充实行销规划能力，健全行销组织。

2. 加速人力资源规划，做好人才培育与发展。

3. 强化国外采购机能，掌握关键料源。

4. 贯彻开发管理，发挥产品小组机能，把握新产品上市契机。

5. 积极建立国内外“销售及服务”据点，维系顾客良好关系。

6. 力行产品保证，以提高信赖度。

7. 推动幕僚职责透明化，贯彻人人有“产品与顾客”的观念。

8. 做好沟通与协调工作，促进全员团结与和谐。

企业生产计划书

企业的生产计划是生产运营活动的核心，也是企业计划管理的一个重要组成部分。它是关于企业生产运作系统总体方面的计划，是企业在一段时间内应达到的产品品种、质量、产量和产值等生产任务的计划和对产品生产进度的安排。

作为企业生产的先导，生产计划书具有不断优化企业生产计划、降低成本、提高企业资产增值能力的重要意义。通常来讲，企业生产计划书会围绕着生产目标、生产要求、生产措施等几个方面展开。这个计划书并非某几个生产岗位或某一条生产线的生产活动，也并非产品生产的细节问题以及一些具体的机器设备、人力和其他生产资源的使用安排问题，而是指导企业计划期生产活动的纲领性方案。

撰写模板：

____企业生产计划书

为加强生产工作的管理，稳定产品质量，控制各项指标，降低生产成本及各种消耗，杜绝安全事故发生。特此对即将到来的 ____ 年生产工作做出以下计划：

一、生产目标

1. 抓法律法规的组织学习，提升行业管理水平，重点强化煤矿安全生产监管和行政执法能力。

2. 抓安全监管的工作，全面落实煤矿安全监管职责任务，重点落实驻矿安监员日常监管和隐患督查跟踪整改到位，特别是重大安全隐患的挂牌跟踪。

3. 抓煤矿安全生产质量标准化建设，提高防灾抗灾能力，重点解决煤矿的基本条件和地面“五个一”工程的规范达标。

4. 抓煤矿职工业务素质的教育工作，提高从业人员整体安全技术素质，重点加强值班长和井下普工特殊工种的培训复训和日常的业务学习，力争做到培训率 100%。

5. 抓煤矿存在的安全隐患和季发性安全隐患及重灾区的安全隐患，整改重点针对我公司的瓦斯、顶板的水灾隐患，制订有针对性的防范措施。

6. 抓煤矿安全技术管理，做到有依据、有准绳，重点做好“五图”的准确，真实可靠，做到煤矿安全作业规程和措施有针对性和现实性。

7. 督促和加强搞好煤矿资产整合，严格按照技术设计及安全专篇施工。加快技术改造进度，争取两年内通过技改验收 1 ~ 2 个煤矿的任务。

二、生产要求

1. 安全责任

（1）驻矿安监员每月对所驻煤矿下井检查 20 天以上、驻矿 22 天以上，月初列出工作计划，月底写出工作小结。

（2）驻矿安监员在日常检查中发现的隐患，必须限定整改期限，并跟踪督查在煤矿整改期限内落实整改情况；发现重大隐患，要及时撤出受威胁区域的作业人员，并下达停产整顿通知书；督促煤矿制订整改方案并实施，同时上报煤管所。

（3）煤管所每月组织一次安全生产大检查，对煤矿长期存在的隐患不及时落实整改的及查出的重大安全隐患给予经济处罚，直至停产整顿，迫使煤矿制订整改方案并实施。

（4）各矿驻矿安监员同所驻煤矿安全管理人员一起在三月底前，制订煤矿安全生产年计划、季计划、月计划，确保年安全生产工作有目标，有序无乱，通过验收。

（5）严把安全生产关，积极协助煤矿技改扩能，严格按设计和安全专篇施工工作。

2. 安全培训

（1）驻矿安监员按要求及时督促煤矿矿长和特种作业人员参加由市、县举办的培训，持证上岗率为 100%。

（2）驻矿安监员和煤矿矿长必须每月组织一次煤矿职工安全知识培训学习。

3. 安全资料建档

（1）各级政府及管理部门的文件统一归档。

（2）煤矿从业人员的花名册及特种作业人员的证件归档，并复印一份上报煤管所存档。

三、生产措施

1. 安全管理实行“四包”责任制

（1）包安全检查。驻矿安监员对所驻矿 3 天内必须下井检查 2 次，煤矿矿长必须每周下井检查 2 次以上，煤管所对存在重大安全隐患的矿井实施重点跟踪督查，并实行停产整顿，由煤矿上报整改方案，待煤管所及县煤炭局批复后，进行恢复整改，并经验收合格后方可恢复生产，否则从重处罚。

（2）包隐患排查整改。驻矿安监员每次检查后，必须督促煤矿将排查出的隐患和“三违”行为，在指定的期限内按要求落实整改到位，并对“三违”行为进行处罚。

（3）包组织培训。驻矿安监员要求及时督促所驻煤矿矿长和特种作业人员参加培训，确保煤矿矿长及特种作业人员持证上岗率达 100%；每月组织所驻煤矿职工进行培训，未按要求组织培训的将从每月奖金中扣发驻矿安监员的安全奖；煤矿矿长不支持、配合的，将对煤矿实行停产整顿。

（4）包制度的建立健全。各驻矿安监员必须认真督促所驻煤矿建立健全各项规章制度，制订各项规章制度，制订各项技术措施，并督促落实。

2. 煤矿安全质量标准化建设

（1）煤矿矿长和驻矿安监员认真按照安全质量标准化要求，结合本矿地面设施（“五个一”工程）和五大系统方面所存在的问题，制订具体的整改方案，确定整改期限。

（2）根据整改方案所列出的问题，及时筹集投入安全资金，落实整改，在年底前整改到位，迎接验收。

（3）安全管理资料建档。驻矿安监员督促煤矿把各项安全资料准备完整，设施筹备到位，并归好档。没有到位的将扣发驻矿安监员的安全奖，对煤矿实行停产整顿。

四、内务管理

1. 学习制度。煤管所每月组织安监员集中学习两次，主要学习《煤矿安全规程》和有关法律法规。

2. 完善煤矿安全管理档案。各矿安监员必须督促煤矿把职工花名册和特种作业人员上岗证的复印件及安全技术措施需上报煤管所存档。

3. 出勤考核制度。安监员必须认真履行安全监察职责，有事必须写出书面请假条，批准后方可休假，否则作旷工处置。

五、安全管理目标考核办法

驻矿安监员能认真履行职责，并及时完成上级部门交办的各项任务，确保全年所驻煤矿实行安全生产，在年底发放安全目标管理奖____元，以资鼓励。

总之，在上级部门的正确领导和各煤矿矿主的大力支持和配合下，我们相信一定能实现安全生产双丰收的目标。

企业业务调整策划文案

企业业务调整是企业经营发展过程中对目前正在实施的战略方向或线路的改变。无论从哪个方面说，战略调整都是一种特殊的决策，是对企业过去决策的追踪和修正。

作为追踪决策，战略调整和企业其他类型的决策一样，受到企业家行为特征以及企业文化等因素的影响。

从理论上来说，企业战略调整需以变化后的外部环境特征以及企业内部可调动的经营资源为依据。从某种意义上说，我们每个人都可能在昨天犯错，而我们今天的选择则是对昨天选择的修正。

也许从外观看来，有些企业一直没有大的改变，但企业战略调整很可能是通过原有决策实施过程中的微调来实现的。我们知道，很多时候企业家是没有充足的时间去做出重大决策的，有时在危急中只能根据自己的直觉进行判断，虽然大多数时候大的方向没错，可是难免会有一些疏漏，制订企业业务调整策划书则让这些人在闲下来时重新有了修正想法的机会。

撰写模板：

____网上交易平台业务调整策划文案

“____网上交易平台”以帮助商家赚钱和消费者消费省钱为经营宗旨，以经营和挖掘消费需求为业务核心，提出消费者“消费需求变投资”和商家“采购需求变订单”经营思路。让数千万消费者和会员享受多重购物实惠，“____网上交易平台”这种经营模式一度受到专家学者的广泛赞誉、赢得社会各界纷纷好评。

然而在竞争对手的恶意竞争之下，市场秩序异常混乱，并引起了相关部门和媒体对类似模式和平台的关注，也造成了公众对“____网上交易平台”经营模式的误读误解。

为了更好地回应社会关切，同其他模仿平台区分开，明确“____网上交易平台”的核心业务，从而进一步消除社会各种误读误解，推动平台健康、稳定和可持续发展。公司现将调整积分兑换商品等业务宣传和操作通知如下：

一、取消“消费兑现”“0% ~ 100% 消费兑现”“100% 消费兑现”以及“消费返还”等业务宣传口号

目前，市场上众多平台都在进行上述内容和字样的宣传，虽然内容和实质同“____网络交易平台”有着根本不同，但字面含义却容易造成误读

误解，从而造成“____ 网络交易平台”同其他平台宣传相同，模式也相同的错误看法，以致将“____ 网络交易平台”同其他平台混为一谈。

二、明确“积分兑换商品”业务操作

1. 生活超市和合作商家等各类商超店馆是“____ 网络交易平台”的合作伙伴，其产品明码标价、品质优良、价格合理，为广大消费者和会员提供安全、舒适的购物体验。消费者购物便捷，会员购物享受更多实惠。

2. 现金消费和积分兑换是消费者和会员在“____ 网络交易平台”商超店馆获得商品和服务的两种方式。其中现金消费同传统商超门店相同，会员消费可以获得相应积分；积分兑换则让会员能够享受到更多消费优惠。

三、相关业务调整安排

考虑到各地市场和会员发展等实际情况，为了更好地进行业务衔接，公司后续将分地区、分批次进行各服务团队和生活超市的业务培训，并出台积分兑换商品相关管理办法和工作流程。公司将根据实际培训和业务对接情况，陆续在各地进行业务调整，启动积分兑换商品业务。为稳步推进调整工作，在当前业务转型期间，未完成业务培训和对接的区域，原业务模式保持不变，望大家相互转告。各地业务调整将充分听取各方意见，广泛研讨、充分论证、达成共识、稳步实施，具体调整安排敬请留意公司业务通知。

四、业务调整和升级将推动“____ 网络交易平台”进入“2.0”时代，让消费者、企业、社会和平台多方共赢。

随着为期数月的数据核查和处理违规操作等规范化管理工作逐步推进，当前积分兑换商品相关业务宣传和操作的调整给您造成的不便，“____ 网络交易平台”全体员工感到十分抱歉。我们将用最快的时间派出公关团队，妥善消除市场误读误解，开创发展新阶段，推动可持续发展和健康运营。

____ 年 ____ 月 ____ 日 ____ 网上交易平台

第2章
市场营销策划文案

市场开拓文案

市场开拓，顾名思义就是企业寻找并开发新市场。为了更好地使产品打开市场，也为了企业的品牌能得到更好的宣传，开拓市场前需要撰写相关文案。

通常来讲，市场开拓文案的主要内容包括：市场现状和和企业现状分析，开拓文案的目的和意义，文案运作的时间，具体的行动计划、运作方法和流程，宣传文案以及预算等。一个完整的市场开拓文案包括以下流程：

收集信息—SWOT分析—设定目标—选择策略—制订计划

1. 收集信息

可分为两步：一方面要收集客观信息，包括数据、新闻报道、业内分析、实战案例、公司、市场环境和竞争对手状况等；另一方面要对收集到的信息进行主观的思考，展开头脑风暴，或者与相关人员讨论座谈，进行相关的咨询，并进行总结。

2. SWOT分析法

这是常用的信息分析法。

（1）优势分析（Strenth）：明确自己的“矛”，即选择有效的手段强势进攻市场。

（2）劣势分析（Weakness）：明确自己的“盾”，即如何选择防御并加以提高，逐渐变成优势。

（3）机会分析（Opportunity）：选定有的放矢的靶子，市场营销的成功常常取决于对机会的选择和把握。

（4）威胁分析（Threat）：在市场进攻中，搞清要在何处布防。

3. 目标设定

组织目标的设定应注意以下几个方面的问题（SMAC）：

（1）具体（Specific）：目标不可以太笼统。

（2）可衡量（Measurable）：目标应该量化，用数据说话。

（3）可达到（Achievable）：目标虽然应有一定高度，但不能无法实现。

（4）与总体目标一致（Compatible）：区域销售目标要服务和服从整体营销目标。

4. 制订策略

一般要集中在如下几个方面：

（1）销售能力建设：销售组织数量和质量，客户的数量和质量。

（2）产品选择：强势规格的选择，新产品的推广。

（3）价格策略：选定合适的价格体系，是否对价格进行严格的控制等。

（4）促销策略：配合公司的促销策略制订区域内的促销策略。

（5）竞争策略：应对竞争对手的手段等。

5. 制订计划

完善的区域销售计划包括以下内容：

（1）计划综述：简要概述销售计划的内容，便于阅读者使用。

（2）组织现状：包括组织目前的情况、所处市场环境，以及竞争对手情况等信息。

撰写模板：

市场开拓计划书

尊敬的 ____ 总经理：

你好！

非常感谢能够拥有与您交流的机会。由于目前尚不熟悉公司的具体情况，在此所述操作思路的偏颇之处，望予以修正。如能与贵公司合作，将在区域内着手以下几方面工作：

1. 行业分析

中国的电商之父王峻涛说过："如果你错过了互联网，与你擦肩而过的不仅是机会，而是整整的一个时代。"由此可以看出电子商务的重要。相比传统行业，电子商务拥有很多优势，也有很多缺陷，例如网购人口单一、网购安全性比较低、不会上网的人网络购物受到限制等。

2. 渠道建设

渠道建设是市场开拓成功最关键的一步。在发展阶段应先从区域重点开始运作，可以以点带面，以强带弱，循序渐进，稳扎稳打。

（1）发展当地商户，在合作商户门前张贴醒目的网站标识。

（2）通过介绍让当地网购人员上本网站购物。

（3）通过视觉、听觉的感染吸收更多会员。

3. 营销目标

____ 市人口 ____ 万，根据不同消费群体做不同的突破，首先，选择各大院校的学生，学生思想超前并对电子商务有所了解，且常年进行网购消费，对讲解接受能力较强；其次，对白领和事业单位人群进行介绍，他们收入高、消费多，本网站也正是他们需要的；再次，大龄人群接受能力慢、传统消费观念强，可先从本地商户开始慢慢引导其网购。

（1）3 年内做强本地市场，其次布点各县。

（2）第一年签订当地商户 70 ~ 90 家，发展会员 8 万人 ~ 10 万人，第二年签订商户 140 ~ 200 家，发展会员 15 万人 ~ 20 万人，依次递增，在 3 年内把 ____ 市场做好。

4. 前期工作准备

（1）先从广告入手，在广播中做广告，然后在商业闹区进行露天宣传。

（2）办公场所设立在人流量较大的地方，最好在路边门市，这样既做到了很好的宣传，也能树立公司形象。

（3）招聘具有亲和力、业务能力强、才思敏捷的业务员。业务员是公司与商户的桥梁，有能力的业务员才能开拓出好的市场。

以上为本人对市场开拓不成熟的意见。当然好的计划只是开拓市场的第一步，重要的还是执行力。市场开拓依赖于企业管理水平、营销队伍的凝聚力、营销人员的沟通能力。因此，加强内部管理，才能使品牌腾飞。

市场调查文案

在广告设计或者产品销售之前，最重要的一步就是对目标市场的了解、分析和研究。这就需要进行市场调查，撰写调查策划书。在策划者撰写市场调查策划书的时候有以下五个要点值得注意：

1. 前言部分要从市场的总体状况着手叙写，目的是为下文作铺垫。

2. 表明调查的目的，在向他人表明目的的同时也能够让自己的策划得到其他人的认可。

3. 调查内容力图详细具体，这样才有可能让自己的策划得到广泛的群众支持。当然只有让调查内容事无巨细地摆在公众的面前，他们才会相信整个策划所具有的真实性。

4. 要进行调查对象的抽样，最大限度地保证调查结果的真实性。通过真实的调查可以让策划的依据更加充分，更加具有事实根据。

5. 调查方法要科学合理，否则会影响调查结果的准确性。

除此之外，调查程序、具体安排以及对整个调查经费的预算也是市场调查文案应该着重考虑的内容。只有通过全面的考虑，才可以让整个调查更加合理有效，从而为企业的市场分析提供真实可靠的依据。

撰写模板：

____地区摇摆机市场调研计划书

一、前言

健身器材市场是近几年新兴起来的消费品市场之一，摇摆机更是新兴健身器材中的新兴者。据目前的市场宏观预测来看，这个市场的成长曲线正在呈现出不断上升的趋势。

为配合____地区“____”摇摆机进入____市场，评估摇摆机行销环境，制订相应的广告策略及营销策略，预先进行____地区健身器材市场调查大有必要。

本次市场调查将围绕策划金三角的消费者、市场、竞争者三个立足点来进行。

二、调查目的

1. 为该产品进入____市场进行广告运动策划提供客观依据。

2. 为该产品的销售提供客观依据。

具体分为：

（1）了解____地区摇摆机市场状况。

（2）了解____地区消费者的人口统计学资料，推算____地区摇摆机的市场容量以及后续潜力。

（3）了解____地区消费者对健身器材的消费习惯、消费观点。

（4）了解____地区已购买摇摆机的消费者情况。

（5）了解竞争对手的广告策略、销售策略。

三、市场调查内容

1. 消费者

（1）消费者的统计资料（年龄、性别、收入、文化程度、家庭构成等）。

（2）消费者对健身器材的消费形态（健身方式、健身花费、健身习惯、健身看法等）。

（3）消费者对健身器材购买形态（购买过什么器材、购买地点、选购标准、付款方式等）。

（4）消费者理想的健身器材描述。

（5）消费者对健身器材类产品广告的反映。

2. 市场

（1）____ 地区健身器材种类、品牌、销售情况。

（2）____ 地区消费者需求及购买力状况。

（3）____ 地区市场潜力测评。

（4）____ 地区健身器材销售通路状况。

3. 竞争者

（1）____ 地区有哪几类健身器材，摇摆机的品牌、产区、价格等。

（2）市场上现有摇摆机销售状况。

（3）各个品牌、各类型摇摆机的主要购买者描述。

（4）竞争对手的广告策略和销售策略。

四、调查对象及抽样

因为摇摆机为新兴商品，目前市场上多以进口品牌为主，高档次、高价位，一时间未能进入工薪阶层，购买者都为收入较高者，所以，在确定调查对象时，应适当针对目标消费者，点面结合，有所侧重。

调查对象组成及抽样如下：

消费者：300户，其中家庭月收入3000元以上的占50%。

经销商：20家，其中大型综合商场6家，中型综合商场4家，健身器材专业店4家，体育器材专业店4家，小型综合商场2家。

消费者样本要求：

1. 家庭成员中没有人在健身器材生产单位或经销单位工作。

2. 家庭成员没有人在市场调查公司工作。

3. 家庭成员没有人在广告公司工作。

4. 家庭成员没有人在最近半年中接受过类似产品的市场调查测试。

五、市场调查方法

以访谈为主：户访，售点访问。

访员要求：

1. 仪表端庄、大方。

2. 举止谈吐得体，态度亲切、热情，具有把握谈话气氛的能力。

3. 经过专门的市场调查培训，专业素质较好。

4. 具有市场调查访谈经验。

5. 认真负责、积极的工作精神及职业热情。

六、市场调查程序及安排

第一阶段：初步市场调查。

第二阶段：计划阶段。

制订计划2天，审定计划2天，确认修正计划1天。

第三阶段：问卷阶段。

问卷设计2天，问卷调整、确认2天，问卷印制3天。

第四阶段：实施阶段。

访员培训 2 天，实施执行 10 天。

第五阶段：研究分析。

数据输入处理 2 天，数据研究分析 2 天。

第六阶段：报告阶段。

报告撰写 2 天，报告打印 2 天，调查实施计划、问卷确认后第 4 天执行。

七、经费预算（略）

市场预测文案

“预测”这个词，在新华词典中给出的解释为事前的推测或测定。通俗来讲就是根据过去和现在推测未来。而所谓的市场预测则是指在信息收集和市场调查的前提下，通过科学的方法分析进行研究，对决策者关心的市场变量的未来趋势及其可能水平做出估算和预测的过程。

它是决策者做出某个决定的重要依据，也是改善经营管理、促使产销对路、提高经济效益的关键所在。市场预测文案在写作的时候需要注意几下几点：

1. 标题

此类文案的标题一般由预测、预测展望组成，措辞力求简明醒目。

2. 前言

这一部分的文字切忌冗长烦琐。只要能说明预测的主旨，或概括介绍全文的主要内容即可。当然，预测的结果也可以事先透露一下，这样做的目的是吸引读者的眼球。

3. 正文

正文部分是市场预测文案的主体，一般包括现状、预测、建议三个部分。叙写现状部分的目的是更好地预测未来。因此，在写这一部分的时候力图全面准确。

（1）了解现状。从收集到的材料中选择有代表性的资料、数据来说明经济活动的历史和现状，为进行预测分析提供依据。

（2）预测部分。利用资料数据进行科学的定性分析和定量分析，从而预测经济活动的趋势和规律，是市场预测报告的重点所在。这个部分应该在调查研究或科学实验取得资料数据的基础上，对材料进行认真分析研究，再经过判断推理，从中找出发展变化的规律。

（3）建议部分。为适应经济活动未来的发展变化，为领导决策提供有价值的、值得参考的建议，是写市场预测报告的目的。因此，这个部分必须根据预测分析的结果，提出切合实际的具体建议。

4. 结尾。结尾是归纳预测结论，提出展望，鼓舞人心，也可以照应前文或重申观点，以加深认识。

撰写模板：

____ 年国内汽车市场供求预测

一、____ 年汽车市场分析

____ 年 ____ 月至 ____ 月我国汽车市场是继 ____ 年市场产销两旺后的又一繁荣时期。____ 月至 ____ 月全国汽车生产 ____ 万辆，这比最好生产年份 ____ 年年产量还要高出 ____ 万辆。汽车产销率达到 ____ %，其中国内商业汽车销售 ____ 万辆，这样的增长速度在往年的同期时段是前所未有的。

市场具体状况如下：

根据对历年汽车生产变化的周期性波动以及国家宏观经济调控的分析，汽车生产的形势与工业生产的发展息息相关，工业生产发展的势头越迅猛，汽车的产量就越高。

____ 年前 ____ 个月，汽车工业在工业生产高速发展的环境中产量突

破 ____ 万辆大关。自 ____ 月开始，国家已调整工业生产发展速度，以使其稳步继续发展。由此推断，汽车生产的速度也会随之趋于平缓，但与去年相比，同比增长将逾 ____%。

二、汽车市场预测

1. 汽车市场环境因素分析

从我国汽车市场 10 多年的运行规律看，国民经济的发展，尤其是工业生产的增长速度的涨落直接影响汽车的生产。____ 年、____ 年国民经济呈现迅猛的发展态势，工业生产增长幅度两年都在 ____% 以上，给汽车工业的发展提供了一个很好的契机，两年之中产量总数增加了 ____ 万辆，年均增长 ____%，呈现出我国汽车工业发展史上第一个井喷式的发展状态。

近年来，国民经济稳步增长，居民人均收入不断提高，这大大增强了人们购车的信心和热情。受此影响，汽车市场也呈现出一片繁荣的景象。可以说，居民人均收入水平的变化直接影响汽车市场销售的疲与旺。

另外，汽车工业的发展、市场的发育还深受公路交通事业的影响。虽然中国幅员辽阔，地大物博，但是各地区的地理状况及运输结构也有很大的差别。例如，西北，西南地区地域广博，公路路面负载量很低，但是居民却没有很强的购车能力。而华东、华北、东北的一些人口密集、经济发达地区，居民倒是有足够的经济能力，但又受到公路负荷超载、交通道路管制等多重限制，使得许多购买力不能即期实现。比如，北京就是一个交通管制很严格的地方，汽车的出行受到很多条款的制约，而且一个牌照黑市可以炒到 ____ 元以上。但随着各大车展的推动，北京经销商也迎来了期待中的销售小高峰。

2. 汽车供求预测

以 ____ 年居民货币收入较快增长、物价基本稳定、汽车在“复关”前后关税变动不致严重冲击国内市场为前提，应用相应模型进行测算：____ 年我国汽车需求将略有上升，中小排量车型增长势旺，年产突破 ____ 万辆大关（见下表）。

时间	____年 （实际值）	____年 （实际值）	____年 （预测值）	____年 （预测值）
汽车生产量				
汽车保有量				

根据对汽车市场的发育情况和需求调查，今后几年国民经济持续发展以及汽车质量、技术、价格等方面的改善，无异于给中国的汽车市场打了一针强心剂。其市场特点为：

（1）汽车将成为城乡居民消费的又一热点。汽车已日渐成为城镇居民代步的重要交通工具。

（2）汽车生产结构的调整、质量的提高，给了购车居民更多的选择。

（3）汽车市场商品规格纷呈，居民购买取向各异。

（4）我国汽车市场发育还亟待道路、存放等环境问题的解决。

（5）地区差价在一定时期内还将明显存在。

消费者分析报告

消费者分析报告，顾名思义就是对消费者及消费行为进行分析的报告。在写消费者分析报告时，以下几个要点需要着重注意：

一、消费者的总体消费态势

按照当下的消费态势，消费者的忠诚度与产品所属的产品类型的特性息息相关。产品越是独一无二，越能引起客户消费的积极性。

二、现有消费者分析

消费者的消费行为往往受其年龄、职业、受教育程度的影响。因此，不同的人有不同的消费观念和不同的消费行为。通常来讲，女性更易接受情感型广告；男性更喜欢粗犷的或渲染民族气魄类的广告形式；脑力劳动者更喜欢理性诉求的广告形式；体力劳动者更喜欢直白、袒露和幽默搞笑的广告形式。

另外，消费者购买的动机、购买的时间、购买的频率、购买的数量、购买的地点以及消费的态度也是消费者分析报告应该重点解析的一个内容。

三、潜在消费者

在对这类消费者分析的时候，可以从其总数量、年龄、职业、收入、受教育程度及分布等方面入手。此外，潜在消费者“现在购买哪些品牌的产品？”“对现在购买品牌的态度如何？”“有无可能改变计划购买的品牌？”“对本品牌的态度如何？他们需求的满足程度如何？”这些都应该是报告里着重分析的内容。

撰写模板：

大学生外出旅游状况的调查报告

近年来，随着社会经济的不断发展，人们生活水平有所提高，形式多样的消费成为人们生活中不可缺少的一部分。外出旅游也成为人们生活中重要的组成部分。

在这些旅游群体当中，青年旅游者是整个旅游市场的一个重要而又独立的组成部分，而在青年旅游者中至少有半数以上是青年学生（主要指大学生）。

大学生作为一个特殊的消费群体，正受到越来越多的关注，因为大学生年龄较轻，群体较特别，学历较高、知识面较广泛，有着不同于社会其他消费群体的消费心理和行为。一方面，他们有着旺盛的消费需求，对新生事物有很强的感知力和接受力，因而在消费上呈现追求高品位、潮流化、知识性的特性，这些促成了大学生旅游热；另一方面，他们尚未获得经济上的独立，消费受到很大的制约。

在____年____月我公司对大学生外出旅游情况的问卷调查中，问题反映得比较集中和明显，使我们基本了解了当代大学生的消费理念、旅游心态和其他一些基本情况。

一、调查方式

1. 调查目的

为了解广大青年大学生消费观念、思维方式以及旅游心态等方面的问题，我们在校进行了一次问卷调查，以便我们对广大大学生的旅游行为进行深入的研究和分析。

2. 调查对象和内容

本次调查对象为电子学院在校大学生，调查内容包括出游意向（目的）、出游的时间和地点、出游的方式、出游时交通工具的选择、旅游消费状况等。

（1）学生的旅游行为是指其在大学期间进行的旅游活动。

（2）调查的重点是大学生离开学校超过 24 小时（即过夜旅游）的旅游行为。

3. 调查方式和方法

本次调查采取问卷调查法，于 ____ 年 ____ 月 ____ 日在 ____ 学院，对在校学生进行随机抽样问卷调查，发放问卷共 50 份，其中有效问卷 50 份。

二、调查分析

1. 出游意向（目的）

在 50 份调查问卷中，大学生外出旅游的目的如下表所示：

大学生出游意向	人数	占百分比	备注
探险	7	14%	
游览	17	34%	
散心	20	40%	
其他	6	12%	
总计	50 人	100%	

通过表格，我们可以看出，大学生旅游的主要目的是休闲散心和游览，而探险和其他意向不大受大学生们的欢迎。

2. 出游地点和时间

调查结果表明：大部分学生喜欢去气候较为温暖的南方，对于景观的选择大部分学生喜欢游览自然风景区，占了总人数的 50%，表明大学生更愿意与大自然亲近；还有一部分人选择了人文历史古迹和民族风情区，而选择其他选项的人非常少。

对于旅游时间段的安排，最多人选择的时间是夏季，而五一、国庆黄金周更是大学生旅游时间的首选。普通节假日由于时间较短，没有充分时间做好旅游前的准备工作和旅行后的休息调整，不利于出游；另一方面，还有一部分学生利用课余时间做兼职或参加各种活动及考试，所以五一及国庆黄金周让大学生有更多的时间可以自由分配，而且还可以趁黄金周的时间休息调整。

3. 旅游的方式

在调查中，大学生出游方式选择与朋友结伴而游的占 52%，说明大学生大多数喜欢跟同年龄段的人一起外出旅游，而与家人和独自一人也占一定比例，只有 8% 的人愿意选择随团旅游。

4. 旅游交通工具的选择

选择飞机的占 38%；选择火车和轮船的也占一定比例；选择自行车的最少，只占 12%。根据统计的数字，可以得出现代的大学生比较崇尚享受主义，很懂得享受生活，对外出旅游质量的要求也越来越高。

5. 旅游消费状况

一般集中在 500 ~ 1000 元。可见，大学生的旅游消费体现了节约原则，这可能表明现代的大学生保持着俭朴节约的优良传统，也有可能是大学生的旅游费用有限，因为大部分大学生的生活费来自家庭资助。

对于住宿的选择，大部分的学生选择了酒店，是基于安全上的考虑。个人小旅店虽然价格便宜，但小旅店经营的不规范和社会环境的复杂，使得大学生在安全方面存在顾虑。

6. 旅游前的准备工作

有 92% 的人在出游前会对出游地点进行了解，只有 8% 的人不会对出游地点进行了解。说明大学生对旅游目的地的选择具有一定的理性，不会盲目地、毫无准备地去旅行。

关于大学生在出游时是否投保的问题，68% 的人表示肯定。这表明现代的大学生对自身的安全问题越来越重视，安全观念越来越强。

三、调查总结

大学生这个特殊的群体，其旅游心态、旅游行为具有以下几个特点：

1. 在旅游态度及偏好方面，大部分学生都喜欢旅游，其旅游的目的主要是休闲散心，自然风景区的偏好值最高。

2. 经济支出方面，大学生的消费水平为中低水平的旅游消费，因为家长的供给依然是大学生收入的主要来源。

3. 多数学生出游时选择在五一、国庆黄金周，与同学一起游玩，可以放松心情、休息调整。

4. 旅游目的地的选择以及安全方面，大学生趋于理性化。更加注意保护自己，很注重旅游时的安全问题。

通过此次调查，我们不难发现，当今的社会，在大学生身上还是能看到质朴的性格群像。

产品定位分析文案

产品定位是指企业对用什么样的产品来满足目标消费者或目标消费市场的需求。定位战略的基本目的就是在潜在消费者的心目中形成某个概念。比如，一提到海飞丝大家立刻想到去屑，一提到学习挖掘机技术，人们脑海里就会浮现蓝翔技校。可以说一个好的产品定位是打开市场之门的关键钥匙。

在产品定位分析文案中，下面这些内容必不可少：

1. 产品的功能属性定位

产品本身所固有的性质和特征有哪些？可以满足消费者什么样的需求？

2. 产品的产品线定位

产品线指的是一群相关的产品，这类产品可能功能相似，销售给同一顾客群，经过相同的销售途径，或者在同一价格范围内。所谓的产品线定位解决的是产品在整个企业产品线中的地位，本类产品需要什么样的产品线，即解决产品线的宽度与深度的问题。

3. 产品的外观及包装定位

产品外观与包装的设计风格、规格等。

4. 产品卖点定位

卖点，简单说就是特色，就是在同类产品中的优势。产品卖点定位就是提炼出产品独特销售主张。

5. 产品的基本营销策略定位

这里涉及产品价格策略、沟通策略与渠道策略等内容。另外，产品是做市场领导者、挑战者、跟随者还是补缺者，也是亟待商榷的一个问题。

6. 产品的品牌属性定位

即根据产品的某项特色来定位。例如，某品牌的“壮骨粉”，“壮骨”就是它能带给消费者的特定的品质特征。另外，如果该品牌的属性与企业的母品牌属性存在冲突时，需要及时解决和调整。

撰写模板：

宝洁产品广告语的定位分析

一、宝洁公司简介

宝洁公司（Procter & Gamble），简称 P&G，创建于 1837 年，是一家

美国消费日用品生产商，也是目前全球最大的日用品公司之一。总部位于美国俄亥俄州辛辛那提，全球员工超过 10 万人。宝洁公司在日用化学品市场上知名度相当高，其产品包括洗发、护发、护肤用品、化妆品、婴儿护理产品、妇女卫生用品、医药、食品、饮料、织物、家居护理、个人清洁用品及电池等。

宝洁公司的品牌，目前共分为美尚、健康、家居三大类，多达 22 个子品牌。其中，美尚类品牌 12 个，分别为 OLAY、SK-II、潘婷、飘柔、海飞丝、沙宣、伊卡璐、威娜、卡玫尔、吉列、德国博朗、舒肤佳。健康类品牌 5 个，分别为佳洁士、护舒宝、朵朵、欧乐 -B、品客。居家类产品 5 个，分别为汰渍、金霸王、兰诺、碧浪、帮宝适。

二、宝洁产品定位策略

宝洁公司如此多的品牌，都有其产品定位，它们大多是属于中高档，集品牌精神和时尚型为一体。

良好的产品是产生优质广告的基础，也给了广告广阔的发挥空间。宝洁的品牌定位"以高取胜"，产品一向以高价位、高品质著称。宝洁公司的一位高级顾问曾经说过："宝洁公司永不甘于屈居第二品牌的地位，我们的目标是争取第一。"

作为"USP 策略"追随者的宝洁，长期且有效地坚持贯彻着这个策略。飘柔的"洗发、护发二合一"；海飞丝的"去头屑"、潘婷的"头发护养专家"、沙宣的"专业美发用品"、舒肤佳的"杀菌及长时间抑制细菌再生"以及碧浪的"强力去污"，都是宝洁公司遵循"USP 策略"推广出的产物，并取得了消费者的强烈认可。

三、宝洁产品的广告语分析其定位

1. 佳洁士牙膏与"全国牙病防治指导组"合作推广"根部防蛀"的防蛀、护牙理念。它的广告语是"没有蛀牙"，这个广告语在最初播出的那段时间内风靡一时，乃至成为不少人生活中的常用语，可见其深入人心的程度。佳洁士牙膏广告中以鸡蛋的两半作为对比引出一段巧妙的对话，"鸡蛋为什么会一半变软了呢”“因为一半受到了酸的腐蚀，就像我们的牙齿，时间长了不注意保护也会像这个鸡蛋一样”“有了佳洁士牙膏，其中独特的配方，可以有效地防止蛀牙”。儿童和医生的对话感觉就像进了儿童医院一样，那童稚的话语和权威的解释霎时俘获了很多消费者的心。

2. 海飞丝洗发水的个性在于去头屑。这款产品在包装上选用了海蓝色，让人一眼看去首先就会联想到蔚蓝色的大海，带来清新凉爽的视觉效果；而广告语“头屑去无踪，秀发更出众”更进一步在消费者心目中树立起“海飞丝”去头屑的信念，直接点明了产品特征，找到了受众需求。

3. 同样是洗发水，潘婷和海飞丝的定位明显不同，它的个性在于对头发的营养保健。潘婷着力打造成洗发界的护理专家，广告语中常说到“帮助修复各种受损发质”“含丰富的维他命原 B5，能由发根渗透至发梢，补充养分，使头发健康、亮泽”突出了“潘婷”的营养型个性；而新广告内容是“别了，一瞬间的美，再也不需要短暂的修护效果，现在，来跟我们告别所有的烦恼吧”，更是将自身护理专家的档次提升了一个等级。

4.“舒肤佳”香皂与中华医学会共同推广“健康、杀菌、护肤”的理念。或许现在很多人还依稀记得那句“有了舒肤佳，变异细菌我不怕”的经典广告语。从这句广告语上人们可以看出舒肤佳是定位于家庭产品的，舒肤佳广告在最后有一句是“爱心妈妈，呵护全家”。当年舒肤佳强势又坚定地进驻了各家各户，成为国内很多人的洗浴必备品。直到现在，舒肤佳依然是许多家庭最放心的品牌。

5. 护舒宝卫生巾是属于女性的保健用品。1998 年，《中国消费行为调查》显示，护舒宝成为中国女性消费者心目中“第一位”的卫生巾品牌。

针对不同的使用爱好与需求，宝洁公司依靠护舒宝响当当的品牌效应，在全世界推出了不同系列的女性卫生用品。护舒宝新产品的研发和开展的主题活动明显定位是从适龄少女到 30 岁女性，公司拍摄的广告也更多地选择青春洋溢的时尚女性。例如几年前，彰显着青春活力的 S.H.E. 组合就曾出演过护舒宝的广告片，在广告中 SHE 的三位女生共同喊出那句广告语“那个不痛，月月轻松”，可谓是说到不少青春期的女生心坎里去了。

除此之外，护舒宝品牌一直致力于宠爱女性，引导全世界的女性在生理期加倍珍爱自己，同时鼓励女性哪怕忙到只有 60 秒，也每天都要宠爱自己，舒享快乐。

6. OLAY 玉兰油是一款护肤产品，现在 OLAY 品牌已经涵盖了护肤和沐浴系列。一直以来，OLAY 不断顺应时代的发展和变迁完善自身，并保持着人们心目中美丽先导的形象。在 20 世纪 80 年代，OLAY 广告中的美丽新娘在中国女性眼前展现出生活美好的一页。随后，在 90 年代初，随着产品的不断细分以及针对消费者不同需求的产品不断涌现，OLAY 开始更加注重对女性肌肤的护理，就此树立了护肤专家的品牌形象。这一期间，OLAY 玉兰油的广告语也在不断变化，从“我们能证明，你看起来更年轻”，到“惊喜从肌肤开始”，再到“抵抗七重岁月痕迹，主动保湿源源不断水动力”无一不在关注女性的美丽。

7. 帮宝适是一种吸水性能良好、佩戴舒适的一次性纸尿裤。1997 年自帮宝适在中国打开市场以来，截至今天，帮宝适在目标消费者中的知名度已达到 99%，成为中国母婴市场上首屈一指的领导品牌。帮宝适的广告语是“给宝宝整晚金质睡眠”，这句广告语说到各位爸爸妈妈的心坎里，宝宝晚上睡觉时最爱闹，稍有不适便会大吵大叫，肯定会把爸爸妈妈折腾起来。而帮宝适就解决了爸爸妈妈的难题，让宝宝轻松入睡，其产品定位是家里有婴幼儿的爸爸妈妈以及爷爷奶奶们。

8. 汰渍洗衣粉在刚推向市场的时候素有“洗衣世界的奇迹”盛名，现在每天平均有超过 100 万包汰渍洗衣粉进入不同的中国家庭，是中国家喻户晓、最受欢迎的洗衣粉品牌之一。汰渍一直为中国家庭主妇提供最好的洗护方案，全效系列洗衣粉全新升级，升级配方专门针对日常常见的污渍设计，特别是小朋友校服不小心沾染的油渍，务求让妈妈洗衣过程更轻松，衣服洁净更全面，做到全效洁净，清洁、轻松、清新。

当然，宝洁还有很多很多的品牌，以上只是选取其中大家最为熟悉的几种详细地阐述。宝洁的多产品定位策略运用得很好，占领了日用品市场的很大比例。宝洁公司针对不同客户群体，制订各具针对性的广告词及标语，并加大广告的宣传和覆盖密度，提高宝洁产品的市场竞争力。宝洁公司秉承顾客是上帝的理念，深入了解顾客的需求，帮助顾客解决实际的问题，这是宝洁公司在长期激烈竞争中占据上风的重要法宝。

产品广告策划文案

产品广告策划是企业经营过程中最基本的营销手段，也是决定产品是否顺利流通的关键所在，同时它还和企业的发展和利润息息相关。因此，产品广告策划文案的撰写至关重要，具体的写作要点如下：

1. 在广告策划之前必须有一个明确的目标。

2. 充分的调查是做出好广告策划案的重要前提。

3. 给广告一个明确的定位。

4. 确定所从事宣传的广告渠道。

5. 制订周密的广告预算并对广告进行系统的评估。

撰写模板：

____ 洗发水广告策划书

名称：____ 洗发水广告策划书

编号：____

执行部门：____

监督部门：____

考证部门：____

一、广告策划调研

____（中国）投资有限公司所生产的 ____ 牌的洗发水属于中高端去屑及头皮护理的专业品牌，它同时具有去头屑、焗油和染发等功能，可以让秀发尽享无屑的新生。一经推出，就受到广大消费者的信任和喜爱。

1. 各品牌洗发水的特色分析

我公司的____牌洗发水，在包装特色、包装规格、价格等方面与其他竞争品牌的差异化比较如下表所示。

____洗发水与其他品牌的差异化比较

洗发水品牌	包装特色	包装规格（mL）	价格（元）
____洗发水			
A 品牌洗发水			
B 品牌洗发水			
C 品牌洗发水			
……			

2. 洗发水广告市场形势分析

经过对全国洗发水市场的调查，对各大竞争品牌的广告投放量进行分析，比较如下表所示。

____年上半年电视广告投放量居前八位的洗发水品牌　　单位：万元

排名	品牌	____年 1 ~ 6 月	____年 1 ~ 6 月	同比增长率（%）
1	A 品牌洗发水			
2	B 品牌洗发水			
3	C 品牌洗发水			
4	D 品牌洗发水			
	……			

3. 洗发水的目标市场描述

（1）洗发水市场细分如下表所示。

____洗发水市场细分表

整体市场	市场细分	目标对象
国内外洗发水市场	1. 主要市场（活跃客户）	（1）经济条件较好的年轻女性
		（2）美发界的专业人士
	2. 次要市场（不活跃客户）	农村发达地区的消费者

（2）对于目标消费者的特征描述如下表所示。

洗发水消费者特征分析表

特征要素 \ 特征描述	购买渠道	购买状态	选用价位	功效选择	更换频率
高消费人群	百货专柜或者高档商场	看到喜欢的就买；亲朋好友赠送	几十元到几百元不等	注重产品的滋润效果	看见新产品经常更换
低消费人群	向朋友咨询品牌、购买地点，然后购买	用完再买	二三十元	注重产品的性价比	偶尔更换

二、____ 洗发水营销目标与广告目标

1. 广告产品

以 ____ 洗发水为主，覆盖本公司的所有洗护用品品牌。

2. 市场总体目标

由于 ____ 洗发水是一款上市时间不久的产品，广大消费者还不太熟识，因此，本次广告的总体市场目标是打造该洗发水的知名度，并让消费者确信本洗发水的特殊功效，从而在整个国际市场的占有率达到 ____ %。

3. 广告总体目标

（1）提高消费者对 ____ 洗发水的指名购买率。

（2）提高 ____ 洗发水的美誉度、知名度和市场占有率。

4. 对广告目标的量化表述

（1）____ 年上半年（1 ~ 6 月）的广告投放量与 ____ 年下半年的广告投放量相比，同比增长率达 __%。

（2）____ 年度 10 大高端洗发水销售排行榜第三名，市场占有率达 ____% 以上。

三、____ 洗发水广告策略

1. 营销策略

（1）利用密集广告，加深消费者对 ____ 洗发水的品牌印象。

（2）促进销售，提高 ____ 洗发水的指名购买率。

2. 产品定位

（1）产品问题点。因 ____ 洗发水系高档洗护用品，所以产品价格太高，普及率比较低。

消费者的使用习惯具有一定的稳定性，需要一段时间方能接受新品牌的洗发水。

（2）产品机会点（消费者利益点）。产品特含首乌精华，可以让秀发更自然乌黑。有效去油锁水，让头发丝丝舒畅；闻起来还有一股淡淡的清香。符合人们追求潇洒、美丽的感性需求。

（3）广告受众定位。参考《____ 洗发水市场细分表》中所列的目标对象。

（4）产品概念（独特销售主张）。____ 洗发水，洗发护发又养发的首选品牌！

（5）创意方向。通过各种方式来表现洗发水强大功能，给消费者一种柔顺丝滑的视觉效果。

（6）广告表现文案。

电视广告创意脚本：（略）。

广播广告创意脚本：（略）。

其他平面广告表现文案：（略）。

四、广告媒介策略

在安排广告媒介时，广告媒介的投入成本、毛收视率等评价指标是需要重点考虑的内容。

传统大众媒介：以电视广告为主要媒介，辅以广播广告、杂志广告、户外广告。

1. 电视广告：____ 洗发水推出的 2 ～ 4 个月密集播出，此时期以 10 秒电视广告为主。电视广告的播出，主要选择以下 5 个与消费者接触频率较高的频道或时间段。

（1）高收视率的国语连续剧。

（2）晚间 ____ 点 ____ 分到 ____ 点 ____ 分时段。

（3）高收视率的综艺节目。

（4）美容美发节目。

2. 杂志选择：选择以中青年白领为主要对象的美发类杂志刊登 ____ 洗发水广告。

五、广告预算

1. 总体预算

本次广告集中的时间为 ____ 年 ____ 到 ____ 月，共计 ____ 个月，公司的总预算为 ____ 万元，其中广告制作费用不超过 ____ 万元。

2. 广告预算分配

广告预算分配情况具体如下表所示。

广告预算分配表

项目	金额（万元）	备注
策划费（占总体预算的 15%）		
创意、制作费（影视、平面）		
广告媒介购买费用（电视、杂志、广播、网络）		
展览活动		
其他相关费用		
合计		

六、广告效果测定与评估

实施广告调查。

1. 大众媒介的广告调查

通过与广告受众的面对面交流、填写调查问卷，为评估广告的有效到达率、暴露频次等做好准备。

2. 其他媒介的广告调查

通过网站、杂志上的问卷调查，与广告受众间接交流。为吸引广告受众能如实填写问卷，公司相关部门需提供相应的小礼品（如洗发水试用装），以奖励有效填写问卷的受众。

3. 事中测定与事后测定

（1）测定项目

于广告刊播后，不定期会以调查问卷、座谈会等方式测定广告发布的效果，以便随时修正广告策划案。测定项目及频次规定如下：电视广告一星期测定一次；杂志两星期测定一次。每一个月定期举办一次消费者座谈会……

（2）测定方法

在进行广告效果测定时，可采用下列几种方法辅助测定工作的进行：

中心地点测试法，即在广告刊播一段时间后，在某大型商场或专柜长期开展广告测试工作；销售试验法，即以 ____ 洗发水的销售数量来统计；生理测试法，即通过问卷或访谈等多种形式了解消费者使用 ____ 洗发水后的感觉；辅助回忆测试法，即帮助更多人了解并能记住 ____ 洗发水这一产品；纯粹回忆测试法，即对长期购买 ____ 洗发水的消费者进行测试。

新产品开发文案

新产品开发是指从研究选择适应市场需要的产品开始，到产品设计、工艺制造设计，直到投入正常生产的一系列决策过程。在当今竞争激励的市场上，结合企业自身的资源，针对市场特点展开高效、准确的新产品开发活动，是企业获得成功的关键。

上至世界名企，下到私营公司，新产品的开发都是一项复杂的工程，影响方案决策的因素众多，如企业的资源条件、产品的开发时间和成本、产品未来的效益回报、市场前景预测、开发风险的评估和测度等。因此，新产品开发文案与一般的策划案相比，内容更加丰富，制作起来难度更大。新产品开发文案的写作要兼顾内外因素，同时还要注意书写格式的条理性、内容的全面性。

通常来说，决定新产品开发成功的关键是市场能否接受，满足市场需求是新产品的重要特征，是新产品开发文案制订的要点。因此，在策划的时候应重视以下要点：

（1）做好市场调研，分析新产品开发的可行性。

（2）显示新产品给消费者带来的利益。

（3）新产品的效果必须论证。

（4）充分说明新产品的结构、性能、效果等。

（5）制订简要的实施计划。

撰写模板：

“____金酒”开发策划案

1. 产品名称：____金酒

品名基本含义：金，在中国民俗文化里，一般是指最好的东西，金色的，金子般的，在应用方面如金品、金报；在字典里，“金”有尊贵之意，这让消费者从品名上就能产生出一种很难得、很贵重的联想。

2. 使用商标：____金牌

实现产品名称与使用商标的统一。在应用上，不再出现特别的标志。

在以后的联合应用上，就是“____金酒”，落款为“________有限公司荣誉产品”。（在“____金”商标尚未注册前，仍然使用“____”商标，全称“____牌____金酒”。“____金”一旦注册成功即去掉“____”牌。）

3. 市场分析

（1）从公司进行的多次市场调研中发现，在消费者希望保健酒具有的保健功能的调查中，____是居于第一位的，____处于第二或第三位，普遍的感觉是喝酒后想睡觉。另外一个提及率较高的需求就是____和____。在目前中国的保健酒市场中，由于中国____酒的品牌影响力，许多消费者在选择保健酒的功能上基本以中国____酒为参照标准。由于中国____酒的功效在消费者的认知观念上是____，而缺乏明显的专一的改善____功效，所以市场上的专业改善____的以酒的形式出现的产品目前来看是空白的。

（2）实际上市场对功能型的具有明显改善____类产品的需求是比较大的。近两年风行一时的____口服液就有力地表明了这个市场的广阔空间。从常规品牌运营理论上说，我们做好“____的____产品”的同时，再开发具有明显改善____、延缓____功能的保健酒，可以弥补市场的不足。

（3）从分析消费者的实际需求来看，随着社会经济发展和人们整体素质的提高，现代人的生活节奏加快，工作和生活的压力也进一步加重，失眠或不能正常入睡越来越严重地困扰着人们，导致工作质量效率下降。据相关资料显示，在我国，目前约有____%的成年人曾经有过____史。约有____%～____%的成年人有较顽固的____症状。这个群体中，从事脑力劳动的群体所占的比例大约在____%以上。分析失眠的原因，主要有如下几点：由于运动量不够，机能紊乱，身体过早出现老化；承受过重的工作和生活压力，心力交瘁；生理或心理有不健康的因素；体质虚弱（处在亚健康状态的群体）。

非病因____现象者，一般没有购买药品用于改善____状况的经历，其原因是害怕对药品有依赖性和惧怕药品的副作用，但____者潜在对可能出现的针对____的非药物解决途径有浓厚兴趣。设想如果有一种改善____功能的保健酒，采用传统药食同源的中草药，并以极具营养保健价值的____酒调制而成，既是酒且又具有改善____功效，无任何副作用，口感较好，将会深受广大消费者欢迎。因此从市场需求导向的角度看，开发改善____功能的保健酒是可行的。

4. 目标消费群的基本特征

（1）____金酒的目标消费群具有如下特征：

____质量较差，经常出现____或者____的状况，使其愈来愈烦躁和愤怒，进而渴望改善________质量；认为改善____的药品有副作用或者会产生依赖；认为改善____的药品价格过于昂贵；对于可能改善____的途径很感兴趣。

（2）喜好情况

白领消费的趋向是时尚、高档、效果，绝不会敷衍了事，而且非常理性。在选购物品时，首先是产品的质量（功能），其次才是产品价格，与常规消费心理正好相异。我们开发具有改善____功效的产品是“酒”，所以只能针对这个群体中的部分能适应酒精并对酒精不过敏的人，不胜酒力的妇女、学生、商政界人士排除在这个群体之外。

（3）市场消费渠道简析

购买渠道：大型购物中心的保健品超市、药店的OTC类药品专柜以及在线购买。

购买方式：患者自己购买或者礼品赠送为主。

消费场所：家庭消费者居多，一般是按照说明使用。

至少在产品上市一年后，再考虑在普通的购物场所上架零售。

5. 产品设计定位

（1）基本定位：新型保健酒

____金酒具有改善________的作用，它的产品定位是特定功能保健酒，主要效果是能改善________质量，从而实现延缓________的效果。传播

点就是改善 ________，延缓 ________ 等。

从其保健作用来看，它更应像一种与药品打擦边球的功能消费品。但因为是保健食品，我们就不能将其做得过分像药品。

在市场宣传和推广的时候，要突出其功效宣传，但不能使消费者误以为是一种药，避免实际使用后如果不能达到期望值而产生负面效果。

在宣传时，我们要反复提示消费者“长期饮用，效果更佳”。

____ 金酒是一种功能酒，是经过精选药材通过新工艺新技术研制而成，因此口感好，而且，功效会很明显。饮之要控制量，不能暴饮，所以，我们的终端目标是家庭消费，而不能试图将“____ 金酒”向餐桌上引导。

消费形式基本上是消费者自己购买和礼品购买。

（2）酒体要求

酒的黏度要稍高，能挂杯；酒的颜色要偏深；酒精度（V/V）：____% ~ ____%。

（3）特别卖点

酒体高雅，具国际品位。用葡萄酒做功能型保健酒基酒，对中国乃至世界来说，是一项创新。在保健酒领域，这是领先的技术，并使产品更具有天然、绿色的特征。

生物技术的应用，能迅速产生睡眠需求。

基本具备新一代保健酒的特征，即时尚性、科技性、功能性。

6. 产品基本内涵

（1）特殊功能型保健酒的概念结构：优质葡萄酒 + 现代生物技术 + 传统中药养生文化。

（2）建议使用国际流行治疗 ____ 的新功能因子，有改善 ____ 质量的效果。

（3）酒精度低，口感具有天然浓郁的葡萄酒风味。

（4）坚持长期饮用不仅可以缓解 ____ 的痛苦，还具有较好的养生（延缓 ____）效果，是一种物有所值的健康饮品。

7. 产品组成成分

（1）基酒：优质原汁葡萄酒。

（2）成分：黄芪、枸杞、五味子等具有药食同源的中药材。

8. 包装设计格调

（1）基本分析

包装的风格与目标消费群体的文化背景应是相统一的关系。我们的产品生产给谁喝，就应该按照谁的欣赏水平定位包装风格以及设计产品的外观，绝对不能按照生产者自己的喜好而设计。产品必须具备“科技含量高、效果明显、物有所值、美观（值得鉴赏）”等信息。

（2）创意思考

走“洋”路：借鉴洋酒的格调，使用水晶玻璃瓶和包装方法，整个风格是时尚化、经典化、高档化，具有较高的欣赏价值，包装已经超出了产品的概念；整个格调明快、亮丽，给人愉悦感。

走“传统”路：充分发扬中国保健文化特色和风格，以代表中国五千年文化的景泰蓝（主要是仿景泰蓝）为焦点，延伸包装思想；整个格调以蓝色为主题，幽雅、宁静，犹如深山峡谷的回音，又似泉水的叮咚，俨然是一件精湛的工艺品。令人爱不释手，拍案叫绝，无论是拿在手上还是放在桌上，都能无声地展现一种身份。

以上两种风格，都要避免故意的豪华、故意的奇特，不能有任何“故意”之嫌。无论是“洋”还是“古”，都要求自然、流畅、平静，具有越看越美、越看越有品位的感觉。要求起点高，深入浅出，具有看似简单实际精湛的欣赏、收藏价值。当然还可以突破这两种设想，比方说金色、银色或者其他格调。

文字设计上要尽可能简洁明了，一看就明白产品的内涵。坚决排除故意的华丽修饰。

9. 价格定位

根据以上分析，____ 金酒我们认为应该采取高价策略，因为 ____ 金酒就是一个针对较高层面消费者进行功能消费而设计的一个特殊保健品，而产品自身技术含量较高，所以 ____ 金酒必须采取物有所值的价格策略。

10. 销路结构

（1）____ 金酒的销路，主要是以特殊的保健酒销售场所的深度分销为主，如销售 OTC（非处方药）销售场所、药店、商超内保健品专销店中店。

（2）____ 金酒将避免普通食品行销模式，将不在低档消费场所销售。同时，也不使用普通酒水分销渠道。销售部将积极开展直销、网上直销等直接影响目标消费群的促销活动。

产品定价分析文案

价格是众多营销要素中最为敏感的一个因素。营销人和决策者在给产品定价前需要做大量的调研和准备工作。其中一项工作就包括产品定价分析。

撰写产品定价分析文案，可以从下面三个方面着手：

一、新产品上市定价策略

1. 渗透定价策略

它是指设定最初低价，以便迅速和深入地进入市场，从而快速吸引来大量的购买者，赢得较大的市场份额。渗透定价策略目的在于渗透市场，立即提高市场营销量与市场占有率，并能快速有效地占据市场空间。这种薄利营销多策略以高市场占有率为最主要目标，营销利润为次要目标。

2. 撇脂定价策略

所谓“撇脂定价法”又称高价法或吸脂定价，即在产品刚刚进入市场时将价格定位在较高水平（即使价格会限制一部分人的购买），在竞争者研制出相似的产品以前，尽快地收回投资，并且取得相当的利润。然后随着时间的推移，再逐步降低价格使新产品进入弹性大的市场。

其目的在于立即赚取丰厚的市场营销利润，正如海绵吸水或奶油蛋糕的脂肪一般，从中赚取高额利润。此种定价建议可以在极短的时间内，立即赚取暴利，不过市场营销量与市场占有率可能会低于同类产品。

二、价格管理建议

价格一经确定后，仍要设定“收放自如”的弹性管理策略。

1. 折扣与折让

（1）数量折扣。

（2）交易折扣。

（3）现金折扣。

（4）季节性折扣。

2. 运费负担

（1）工厂交货定价。

（2）统一交货定价。

（3）基点定价。

3. 产品线定价（略）

4. 价格控制

（1）统一转售价格。

（2）价格保证制度。

三、价格竞争建议

1. 价格竞争的考虑因素

企业实行“价格竞争”时，必须考虑下列因素，以避免陷入“恶性价格竞争”。

（1）期望利润之大小。

（2）市场潜能与特性。

（3）客户与竞争者的预期反应。

（4）市场需要性之高低。

（5）竞争压力大小。

（6）成本高低。

（7）市场细分化的问题。

（8）阶段性营销传播或长久性调价。

2. 竞争者先采用价格竞争时

（1）研究背景资料。

了解竞争者的营销策略特征，对利润的看法、财务状况、销售业绩，公司产能等。分析竞争者价格竞争的用意与周期的长短，研究竞争者在每年的营销传播办法是否有固定的特征。

（2）评估竞争者。

根据销售情况、消费者反应，评估对手的效果以及对消费者、本公司产品以及业界所造成的影响。只是单纯价格或是尚有配合其他的营销传播活动，决定不予理会或采用“价格竞争”“非价格竞争”，分项进行加以应战。

（3）迎接挑战。

（4）心理备战。

3. 企业本身先采用价格竞争时

（1）配合因素。

由于企业利润组成因素有成本、销售单价和销售数量三项，其配合关系如下：

利润＝（销售单价－成本）× 销售数量

就长期观点而言，“降低价格”必须确保下列因素配合：销售数量的提升（需要了解消费者对价格变动的敏感程度）；成本的降低（需要了解成本降低的技术基础或扩大产量后带来的成本降低因素）。

（2）事先做好应对竞争者的跟进措施。

降价规划之时，就应考虑对手会采取何种反击方式，本公司可事先备妥数种应战方案，不仅可避免在仓促应战下的措手不及和错失良机，更可发挥机动灵活迅速的反击行动，保持企业在竞争中处于主动位置。

撰写模板：

——产品定价分析文案

前言：

早在 2012 年年初，国际葡萄酒与烈性酒信息公司就曾发布有关统计数据称，2011 年中国人（中国内地和香港地区）共计消费了 19 亿瓶葡萄酒。也正是在那一年，在葡萄酒的消费上，中国超越英国，成为全球第五大葡萄酒消费国。

虽然葡萄酒的销量在中国有了很大幅度的提升，但从市场表现来看，葡萄酒在中国还未形成人群细分的格局。消费者购买的随意性比较大，主要表现在哪家产品有了促销活动，葡萄酒销量就会有很大的提升，这表示，在中国葡萄酒的消费人群中，价格往往成为决定他们购买与否的主要因素。

一、影响企业定价的因素

（一）定价目标

由于本公司产品为新产品上市，所以在制订利润目标时，我公司把重点放在建立长期稳定发展的目标上，以获取利润为近期目标，以获得市场占有率为未来目标。因此，不宜把价格定得过高。

1. 利润目标

（1）获取预期收益目标。

预期收益目标是指企业以预期利润（包括预交税金）为定价基点，并以利润加上商品的完全成本构成价格出售商品，从而获取预期收益的一种定价目标。预期收益目标有长期和短期之分，大多数企业都采用长期目标。预期收益高低的确定，应当考虑商品的质量与功能、同期的银行利率、消费者对价格的反应以及企业在同类企业中的地位和在市场竞争中的实力等因素。预期收益定得过高，企业会处于市场竞争的不利地位；定得过低，又会影响企业投资的回收。一般情况下，预期收益适中，可能获得长期稳定的收益。

预期收益主要是通过预期收益率计算出来的。预期收益率，又叫投资收益率或销售收益率，是计算预期收益的一种具体方法，能准确地反映企业经营的好坏。

（2）获取最大利润目标。

最大利润目标是指企业在一定时期内综合考虑各种因素后，以总收入减去总成本的最大差额为基点，确定单位商品的价格，以取得最大利润的一种定价目标。最大利润是企业在一定时期内可能并准备实现的最大利润总额，而不是单位商品的最高价格，最高价格不一定能获取最大利润。当企业的产品在市场上处于绝对有利地位时，往往采取这种定价目标，它能够使企业在短期内获得高额利润。

单位商品的最高价格是企业获取最大利润的一种方式。但在竞争激烈的市场上，想长期维持不合理的高价几乎是不可能的。因为不合理的高价势必会遇到各方面的对抗行动，诸如需求的减少、代替品的盛行、政府的干预等。因此，最大利润一般应以长期的总利润为目标，在个别时期，甚至允许以低于成本的价格出售，以便招揽顾客。

2. 市场占有率目标

据相关资料显示，我国近五成葡萄酒消费者喜欢喝葡萄酒的原因在于葡萄酒的保健功能，也有四成消费者纯粹从口味出发。国内三大葡萄酒巨头张裕、长城和王朝占据了中国葡萄酒市场70%的份额。

（1）以低价占领市场。

以低价占领市场为目标，就是在提高产品质量、降低产品成本的前提下，使商品的价格低于主要竞争者的价格，以低价迅速打开销路，挤占市场，从而提高企业商品的市场占有率。待占领市场后，再通过增加和提高某些功能的方式逐步提高商品价格。

（2）以高价占领市场。

以高价占领市场为目标，就是在产品上市初期，以高于竞争对手的商品价格，利用消费者的求新、求名心理，尽可能在短期内获取最大利润。待竞争激烈时，以先期获得的超额利润为后盾，调低价格，从而扩大销售，占领市场，击败竞争对手。

（3）以竞争价格占领市场。

以竞争价格占领市场为目标，就是在制订商品价格之前，认真研究竞争对手的营销策略，根据企业自身实力，用针锋相对的方式与对手抗衡，以便占领市场或保护既得市场。这种价格目标，易导致价格大战，风险较大。

在市场占有率方面，我公司采取以竞争价格占领市场。据了解，张裕红酒的价格低至几十元，高至几百元，王朝包括至尊系列、橡木桶系列、樽御系列、金品诺系列等，以至尊系列的整体定位最高，产品价格区间在80～200元/瓶之间。

（二）成本

在成本分析中，我们要综合考虑固定成本和变动成本，其中固定成本包括：企业软、硬件设施的建设费用、管理费用、水电费用、固定资产摊销、购买办公用品费用等。变动成本包括关税、运费、劳动力成本、能耗费用、维护保养设施工具费用等。

（三）需求

在中国，葡萄酒被很多人视为“酒中艺术品”，据相关资料调查显示，在喝酒的中国人里，偏爱葡萄酒的人占 23.3%，近六成中国人只喝国产葡萄酒，价格便宜是其主要考虑因素，只喝进口葡萄酒的市民仅占 4.3%。

（四）竞争状况

我国比较有名的葡萄酒企业有长城、张裕、王朝、龙徽、云南红、白洋河等 20 多家。

（五）其他因素

白酒、啤酒在中国人的酒类消费中仍占主导地位，红酒的消费与白酒、啤酒的消费不同，它与一个地区的经济发达程度有关，与当地人均可支配的收入水平有关。所以，若某地区人民生活水平普遍不高，红酒的销售必然受到打击。因此，红酒的价格定位为中高收入的消费人群。

二、产品竞价的方法

1. 成本导向定价法

以成本为中心的定价方法是以成本加利润为基础，完全按卖方意图来确定商品价格的方法。其优点是保证企业不亏本，计算简单。但所定价格，国际市场的顾客未必接受。成本导向定价法往往需要根据企业特定的目标利润、目标市场的需求状况、竞争格局和政府法令作相应调整。

（1）成本加成定价法。

将产品的单位总成本加上预期的利润所定的售价，售价与成本之间的差额，即是加成（销售毛利）。其公式为：

单位产品销售价格 = 单位产品总成本 ÷（1－ 税率 － 利润率）

该算法适用于产量与单位成本相对稳定，供求双方竞争不太激烈的产品。

（2）投资报酬率定价法。

根据企业的总成本和计划的销售量（或总产量）及按投资收益率制订的目标利润而制订的产品销售价。再加单位产品目标利润额。其公式为：

单位产品销售价格 =（总成本 + 目标利润总额）÷ 总产量

2. 需求导向定价法

以需求为中心的定价方法，是根据消费者对商品价值的认识和需求程度来确定价格的。一般先拟定一个消费者可以接受的价格，然后根据所了解的中间商成本加成情况，逆推计算出出厂价。这种定价方法常常导致商品价格与价值的背离幅度偏大，但仍以买卖双方可以接受为限度。

3. 习惯定价法

购买葡萄酒的人群各种年龄段的都有，老年人为了保健，选择每瓶 25 元左右的红酒，中年人选择价位在 60 元左右，而年轻的时尚一族则会选择价钱高一些的国产葡萄酒，价格在 250 ～ 300 元之间。

综上所述，根据我公司红酒的实际情况，新产品定价将选用成本加成定价法。因为红酒的成分相当复杂，最多的是水分，占 80% 以上，其次是酒精，一般在 10% 至 13%，剩余的物质超过 1000 种，比较重要的有 300 多种。红酒其他重要的成分有酒酸、果性、矿物质和单宁酸等。成本价格固定，可以避免因价格引发竞争。我公司决定采用成本加成定价法，采取稳定价格策略。

三、产品的定价策略

1. 新产品定价

（1）取脂定价策略。

新产品上市之初，将价格定得较高，在短期内获取厚利，尽快收回投资。这种方法适合需求弹性较小的细分市场，其优点有如下三点：第一，新产品上市，顾客对其无理性认识，利用较高价格可以提高身价，适应顾客求新心理，有助于开拓市场；第二，主动性大，产品进入成熟期后，价格可分阶段逐步下降，有利于吸引新的购买者；第三，价格高，限制需求量过于迅速增加，使其与生产能力相适应。缺点是：获利大，不利于扩大市场，并很快招来竞争者，会迫使价格下降，好景不长。

（2）渗透定价策略。

在新产品投放市场时，价格定得尽可能低一些，其目的是获得最高销售量和最大市场占有率。

当新产品没有显著特色、竞争激烈、需求弹性较大时宜采用渗透定价法。这种定价法的好处在于能够使产品迅速为市场所接受，打开销路，增加产量，使成本随生产发展而下降。再者低价薄利，也能使竞争者望而却步、减缓竞争，获得一定的市场优势。

2. 折扣定价法

根据我公司策划的促销宣传方案，我们将在 ____ 广场举行现场试饮互动，届时，凡现场购买红酒产品的客户将得到20元现金券一张，多买多送。

3. 关系定价法

（1）长期合同。

运用长期合同向顾客提供价格刺激和非价格刺激，一是双方进入长期关系之中，或者加强现有关系，或者发展新关系，使企业和顾客形成一种长期稳定的关系。

（2）多购优惠。

目的在于促进和维持顾客关系，它包括同时提供两个或两个以上的相关商品，从中获得三个方面的利益：第一，能降低成本；第二，吸引顾客从一个企业购买相关的多种商品，顾客可以节省时间和金钱；第三，多购优惠能够有效增加一个企业同它的对方之间联系点的数目。

产品促销策划文案

所谓的产品促销就是为了促进某种商品或服务的销售而进行降价或是

赠送礼品等的行为活动。产品促销的活动可以加强与消费者的沟通，引导消费者的购买行为，企业能在短期内达到促进销售、提升业绩、增加收益的目的。

在制订产品促销策划文案时，需要思虑周全，促销的目标、宣传词、时间、地点、氛围渲染、促销的各个细小环节，组织和配合人员都应该做详细的安排。这样才能保证策划文案的全面性，保证促销活动的有效性。

另外，产品促销也要对市场现状及活动目的进行阐述。市场现状如何？开展这次活动的目的是什么？是处理库存？是提升销量？是打击竞争对手？是新品上市？还是提升品牌认知度及美誉度？只有目的明确，才能使活动有的放矢。

撰写模板：

产品促销策划方案

一、总体思路目标

本次自助餐会活动，要着重突出“节日”的成分，营造“节日”的氛围，体现“节日”的欢快。人员基本控制在 ____ 人左右，达到能坐下、不拥挤，使顾客感到不是来 ____ 酒店用餐，而是来这里过节。给顾客的总体印象是：华贵、优雅、热闹、祥和、温馨、轻松。把整个自助餐会办成类似春节团拜、联欢的形式，为春节再次举办活动打下良好的基础。宣传、扩大星级酒店的影响力和知名度，充分发挥餐饮服务行业龙头作用，想方设法拉动酒店经济，占领消费市场，力争创造一定的经济效益和社会效益，是本次“两节”活动的目的所在。

二、活动主题宣传词

1. 到 ____，过圣诞；品美食，迎新年。

2. 激情圣诞夜，狂欢在 ____；平安幸福年，相约在酒店。

3. 火树银花贺圣诞，灯红酒绿迎新年。

三、举办时间

____ 年 ____ 月 ____ 日 ____：____~____：____

地点：____ 国际大酒店 ____ 宴会厅

四、场地布置

1. 酒店大厅（内、外待定）摆放大型圣诞树、圣诞老人各一对。

2. 酒店大厅内摆放大型花篮一个。

3.____ 宴会厅右侧摆放圣诞树 ____ 棵，树上悬挂用酒店广告内容包装的苹果若干枚，亲情祝福卡若干张。

4. 宴会厅左侧悬挂红灯笼 ____ 个，附加有奖灯谜若干条。灯谜以 ____ 大酒店特制的精美贺年卡形式出现，正面为 ____ 酒店祝福，背面为灯谜内容。

5. 宴会厅舞台上方拉电丝若干条，电丝上悬挂装满雪花纸屑和彩色纸条的气球。

6. 舞台两侧摆放香槟塔及大型烛台。

7. 选 2 名男服务员扮“圣诞老人”，选一男一女服务员扮“散财童子”，所穿特制服装均有“____ 酒店”标志。

五、气氛渲染

为使本次自助餐会活动取得圆满成功，达到预期的效果。____ 酒店 F 宴会厅 LED 大屏两边循环打出本次活动的三组主题宣传词（对联式竖排），大屏中间反复播放《圣诞故事》《新年祝福》等内容，并穿插播放酒店宣传短片。同时选择有关圣诞、新年的典型曲目，作为背景音乐一直循环播放。

整个现场气氛调控、具体操作可按“三个乐章”进行，也是三个高潮。

第一乐章：同度“两节”，共享美食。

客人基本到齐后，LED 电子屏打出第一乐章的内容，此时主持人及两名“圣诞老人”、两名“散财童子”同时登场亮相，在主持人致欢迎词、祝酒词期间，“圣诞老人”和“散财童子”有欢迎、祝福动作，两组分别完成倒香槟酒和点蜡烛的环节。当主持人祝酒词结束后，工程人员推动电丝闸刀，引爆舞台上方的气球，让气球内的纸屑和彩条洒落，形成雪花飘飘和天女散花之仙境，从而形成活动的第一个高潮。

第二乐章：惊喜回报，抽取大奖。

当自助餐会进行到一定阶段，选择合适时间推出第二乐章。本乐章是本次活动高潮中的高潮，既实惠，又热闹。主持人在不停宣布灯谜竞猜结果的同时，穿插宣布各项大、中、小中奖信息。在此时间段，酒店摄像师可免费为中奖人员同“圣诞老人”“散财童子”免费拍照合影，形成第二个高潮。

第三乐章：激情狂欢，采摘“平安”。

这个时间段部分客人已经陆续离开，大厅内已有较多空间。此时主持人宣布采摘“平安”活动开始，同时宣布采摘苹果的寓意和简要注意事项。为切实形成第三个高潮，不至于使整个活动出现虎头蛇尾现象，酒店可事先安排一定数量擅长歌舞的服务人员，登上舞台进行歌舞表演，有目的地同客人进行互动。但时间不宜过长，气氛把握要适度。

六、广告宣传

借鉴酒店历次举办营销活动的经验，本次“两节”活动仍按《____电视台》《____早报》等传播形式进行为期三至七天的广告宣传。

七、抽奖配合

本次活动设

一等奖：____名，实物为：____，价值约：____元。

二等奖：____名，实物为：____，价值约：____元。

三等奖：____名，实物为：____，价值约：____元。

制作精美贺年卡 ____ 张，背面分别标有代金券、生日蛋糕、北京烤鸭等赠送内容，定做生日蛋糕、北京烤鸭可补找差价，本城内免费送货。

八、营销人员宣传、销票

按以往惯例，组织相当数量的营销人员走街巷、进单位，广泛宣传。有目的地推销，此次活动预计销票 ____ 张。

九、部门配合，明确分工，责任到人

人资部：制订详细方案，设计广告、餐票，配合场地布置，配合现场检票。

责任人：____________。

餐饮部：全程服务，菜品订制，用餐场地布置。

责任人：________________。

客房部、前厅：现场组织指挥，引领、疏散客人。

责任人：________________。

婚庆公司：现场气氛布置，书写欢迎词、祝酒词、灯谜内容，“圣诞老人”“散财童子”服装制作及人员挑选，LED 大屏内容策划，背景音乐选制，主持串台，奖项宣布等。

责任人：________。

园艺部：配合现场布置。

责任人：________。

工程部：自制舞台电丝气球悬挂简单设施并掌握推闸引爆时间，保证活动用电及安全工作。

责任人：________。

网络信息部：舞美灯光，LED 大屏操作，音响设备调控。

责任人：________。

康体部：奖品保存及发放，配合引导、疏散客人。

责任人：________。

保安部：场外车辆指挥与停放，现场安保及人员疏散。

责任人：________。

财务部：售票、检票、钱票总控。

责任人：________。

各部门：营销宣传、销售餐券。

责任人：________。

十、活动总结

活动结束后，由总经理安排合适时间，进行全面、细致的工作小结，总结经验，找出不足，发现问题，以便整改。

促销效果评估文案

促销效果评估是企业促销工作的一项重要内容。通过促销效果的评估可以让企业总结经验，寻找不足之处，为企业改进促销工作提供依据，也为企业今后的促销工作提供宝贵的经验。促销效果评估具有非常重要的意义，在撰写促销活动评估报告时要注意以下几个方面的内容：

1. 要对整个活动进行总体概述，这样可以让领导者和员工有一个大致的了解。

2. 活动的准备工作是评估文案的重点内容。通过回顾准备过程，从中能够找到相应的优缺点，对下次活动的开展是一种借鉴。

3. 对活动的执行过程进行评估，总结活动中的成功和失败之处，从而为今后更好地开展活动提供参考。

4. 活动的费用计算问题不可马虎，要力图精确具体。精确计算活动经费可以让你的评估报告更具时效性和现实依据，从而让你的评估报告更具说服力。

5. 评估整个活动的效果以及以后改进的建议，为下一次的活动举办提供更为有价值的参考。

撰写模板：

____ 促销活动评估报告

活动评估说明

评估目的：通过对整个活动开展的评估，找出活动开展过程中的不足。为今后类似活动的更好开展积累经验。

评估内容：

1. 活动的准备工作评估。

2. 活动执行过程评估。

3. 活动费用评估。

4. 活动效果评估。

评估人：市场部 ____。

活动评估报告

一、活动概述

为了进一步在“十一黄金周”期间有效提升庄园品牌在 ____ 市的知名度、提高新品 ____ 的市场竞争力，同时有力打击竞品，经营销部 ____ 申请，于 ____ 月 ____ 日至 ____ 月 ____ 日在 ____ 站 ________ 路步行街开展了“____，____”的活动。

二、活动准备工作评估

（一）准备工作

1. 活动参与人员

（1）活动责任人：市场部 ____。

（2）活动执行人：市场部 ____ 及 6 名临时促销员。

（3）活动监控：市场部、营销部 ____ 中心。

2. 活动准备事项

（1）安排 ____ 顶帐篷促销点。

（2）“____，____”帐篷围板 6 个。

（3）常温、低温经销商提供送货。

（4）纸巾 ____ 张，手帕纸 ____ 张。

（5）____ 牌矿泉水 ____ 瓶。

（6）促销人员招聘培训。

（7）活动 POP 设计。

（二）准备工作评估

整个活动的前期准备工作均依据方案于 ____ 月 ____ 日活动开展前准时安排到位，包括人员、物料、产品配送等；各岗位人员及时到位，活动的准备工作均按照方案严格执行，同时在 ____ 月 ____ 日 ____ 活动当天市场部经理 ____ 前来督战指导，也起到了鼓舞销售士气、增强客户信心的重要作用。前期充分的准备为活动的正常开展提供了坚实基础。

三、活动执行过程评估

（一）活动执行

1. 人员安排

此次活动 ____ 名促销人员负责产品推荐销售（其中 1 名为 ____ 专职

促销），每个帐篷 ____ 人。市场部 ____ 负责货物配送补给、货款收取和促销物料管理。

2. 产品配送

产品配送原计划是活动每天 ____ 点送到活动场地。实际执行中，则是根据销售情况安排产品配送。

3. 销售流程

活动的销售工作依据流程执行。活动负责人按要求填写销售考核表格。

4. 活动交接

依据活动的开展情况，为了更好地完成工作，负责人在每天活动结束后和促销人员对赠品数量进行核对，整个活动结束时间为 ____ 月 ____ 日 ____ 时 ____ 分。

5. 活动核准

____ 月 ____ 日，活动负责人负责对整个活动执行的核准工作，包括赠品、赠饮数量上的核对、表格的审核、促销物料的回收等。

（二）活动执行评估

在整个活动的执行过程中，细节上出现了很多问题，对活动的顺利开展和活动的效果产生了不小的影响。首先是招聘的促销人员素质、仪容参差不齐，没有经过严格的培训，部分人员在工作期间工作散漫、形态随意，严重影响了公司的品牌形象。其次是和活动产品分销商沟通工作较为混乱，没能做到清晰明了，影响了活动执行和后期核准的效率。最后是活动场地的安排考虑欠周全，活动场地四周较为混乱，在一定程度上影响了宣传的效果。

四、活动费用评估（略）

五、活动效果评估

（一）活动取得的成绩

1. 影响人数

此次活动参与的消费者每天约为 ____ 人，活动 ____ 天合计约 ____ 人。

以参与的一个消费者影响3个家人来计算，活动直接影响人数为____人；产品宣传单页的散发量约为____份，即现场影响人数约为____人。

2. 影响面

此次活动的场地____为____市最具影响力的商业区，每天人流量很大，加上活动场地位于步行街入口处，所以整个活动的影响范围较大，达到了活动的要求范围。

3. 品牌提升

此次活动的开展，对于市场基础一直就较好的____市来说，无论是对于____品牌在当地的提升还是维护，都达到了很好的效果。

4. 促进销售

活动的开展扩大了影响面，提高了知名度，这些无疑对销售起到了很好的促进作用，同时也增强了客户对产品的信心。

（二）活动存在的不足

1. 宣传不足

对于本次活动的前期信息没有进行媒体宣传，这从传播原理的角度上说，是无法给消费者留下深刻印象的。同时活动场地没有配备扩音器等关键设备，因此在活动的当天，很多消费者反映根本不知道有这样的活动。

2. 执行力不强

整个活动的执行过程中出现了很多偏差，包括配送延误，活动场地的安排没有做到定点、明确，聘用人员的素质参差不齐，执行的效率低，使活动的效果大打折扣等。

3. 重点不突出

本次活动的重点是推广宣传________，但实际执行中无论是产品配送，还是物料宣传都没有突出这一重点，导致活动中________产品的销售情况不佳。

（三）问题的原因

1. 执行人员缺乏类似活动的组织经验，很多细节没有考虑到。

2. 经销商配合度不够，导致活动开展的效率较低，活动中很多事情就是由于经销商这个环节没有捋顺而未达到预期的效果。

3. 执行人力不足，整个活动中公司人员较少，导致很多事情不能得到及时沟通处理。

六、改进建议

1. 活动的方案必须要求周全、详尽，重点突出。

建议必须在活动正式开展前半个月完成方案草案，以便于领导有充足的时间调整修改。同时完善活动的物资准备工作，如统一展台、帷幔、服装等。

2. 类似活动要做到宣传充分

建议加大活动前期的媒体预热宣传力度。

3. 加强执行力

为了使活动能够得到很好的执行，建议在以后的活动方案中引进奖惩制度。对于执行较好的人员和部门给予奖励，反之给予一定的处罚。

市场部 ____

____ 年 ____ 月 ____ 日

客户接待方案

客户接待是企业从事商务活动的一个重要组成部分，也是企业进行商务洽谈、客户沟通的有效载体。一次考虑全面、服务周到的客户接待活动不仅能展示公司的品牌形象和综合实力，而且对销售工作的推进起着举足轻重的作用。在撰写客户接待方案时，关键要根据接待对象来进行划分。在一般的接待活动中，客户的吃住以及对企业的参观都是必备项目，所以在接待时一定要特别注意。

撰写模板：

____ 接待方案

____ 客户将于 ____ 年 ____ 月 ____ 日到公司考察指导，特安排日程如下：

接待对象：____ 抵达时间：____ 年 ____ 月 ____ 日

一、接待负责人

____

二、接待事项

1. 来回机票预订，至少提前 20 天预订商务舱。

2. 确定嘉宾入住时间，食宿安排，提前预订。

3. 迎接车辆安排，嘉宾到达前 10 分钟，相关人员须做好迎宾工作。

4. 机场接待。注意检查监督，落实接待责任人，制订相应的费用预算并落实到每一位负责人手中。

三、接待的几个方案

1. 住宿（接待人员负责预订酒店）

酒店：________________

电话：________________

2. 就餐（了解客户的身份、习惯、餐式、用餐时间以及其他注意事项，选择客户喜好用餐）

选择一：

特色：____、____ 菜；____、____ 酒；____、____ 烟；____、____ 茶

电话：________________

地址：________________

房间：________________

订购人：______________

选择二：

特色：____、____菜；____、____酒；____、____烟；____、____茶

电话：____________

房间：____________

订购人：__________

地址：____________

选择三：

特色：____、____菜；____、____酒；____、____烟；____、____茶

电话：____________

地址：____________

房间：____________

订餐人：__________

四、主要日程安排

1. 上午：接待客人，入住休息。

2. 下午：公司会谈、参观。

3. 晚上：餐饮、为客户订制晚宴，突出客人的重要地位。

五、会议前的筹备工作

1. 选择会议厅，根据会议参加人员的人数确定会议厅规模。

2. 会场布置：根据会议内容，可在会场内摆放适当的青松盆景、盆花以使会场更加庄严。

3. 桌面上需摆放纸笔、饮料，擦洗干净，摆放统一。

4. 会议前的接待礼仪，提前准备礼仪人员做好相关接待工作。

5. 会前检查：提前检查音像、文件、锦旗等是否准备齐全。

六、会议接待

1. 提前 30 分钟清洁并布置会场，保持会场整齐有序、空气清新。

2. 欢迎词（电子屏幕）提前 15 分钟播放“热烈欢迎 ____ 嘉宾莅临我公司考察指导”。

3. 安排会议座位：主位一般确定在第一排座位的中心，会场名字牌摆放顺序，以主位为中心，按左右次序摆放。

4. 提醒会场接待人员，每隔 15 ~ 20 分钟提供一次茶水服务。

七、景点参观

1. 确定参观时间，通知司机做好准备。

2. 根据参观内容，提前 2 小时与景点相应负责人联系，告知参观事宜及注意事项。

3. 实地参观时固定参观路线，统一解说词，陪同讲解，专家提问，尽量解答。

八、座谈

1. 企业宣讲（集团，产业宣传片，企业介绍 PPT）。

2. 技术交流（技术人员 PPT 讲解，互动）。

3. 会场服务（每 20 ~ 30 分钟添加茶水或视情况而定）。

4. 拍照。

5. 摄像。

九、会后服务准备

做好会后服务的准备。提前将场地、椅子等布置好，摄影师做好摄影准备。会后用车在会议结束前妥善安排。

十、会后服务

会议结束，摄影师做完摄影工作后，由接待人员负责将领导嘉宾送回入住酒店。会后整理（会场整理，如客户需要资料，装袋赠送）。

十一、送客

参观结束，或回会议室继续座谈，或回酒店及就餐，提前 10 ~ 15 分钟准备车辆。

十二、后期工作

1. 满意度调查，通过分公司或客户反馈，了解客户对本次参观的满意度及改进建议。

2. 总结提升，接待完毕，召开总结会（尤其重要或大型客户接待），总结经验，以改善不足。

3. 宣传报道，重要客户参观（特级，高级级别）需在 24 小时之内进行宣传报道。

4. 汇款跟踪，接待过程中产生的费用，如香烟、水果、礼品、就餐、住宿等及时跟踪汇款情况，并登记，进行费用核算、结算等。

客户联谊活动策划文案

所谓联谊其实是指以情感交流为手段组织起来的较为松散的群体。在每年的年终，很多企业都会以这样的形式与客户建立起一个宽松、良好的交流氛围，同时也借此增进与客户之间的感情。

在撰写客户联谊活动策划文案时，一般要注意以下几个方面：

1. 活动举办的背景要交代清楚。

2. 明确活动的目的。

3. 对活动的主题进行必要的介绍。

4. 对活动的时间、地点、人物进行介绍。

5. 制订活动流程，对活动进行财政预算。

这些准备工作是举办一场成功联谊会的重要前提和基础。

撰写模板：

企业客户联谊会策划方案

策划背景：

1. 由于在 ____ 年年度的市场运作中取得了辉煌的成就，公司可借此机会真诚答谢所有合作伙伴、回报社会；同时，采用联谊会形式，可以树立公司企业形象，宣传企业经营优势，构建一个畅通的客户关系沟通渠道，营造宽松、良好的交流氛围。

2. 基于社会传统思维习惯的现状，每年岁末阶段，各个企业都争相举办形式多样的春节联欢活动，但主题和形式上皆大同小异，只有具有创新意义、雅俗共赏的联谊会才能给人留下深刻的印象，继而对主办单位（企业）产生美好印象并自发成为企业口碑。

一、前言

客户联谊会是加强终端建设的重要组成部分，是密切客户关系的一种有效手段。

二、活动时间选择

避开星期六、星期天，以星期 ____、____ 下午 ____ ： ____ 开始为宜（最好两天，以便更多的营业员参与）。

三、活动方式

1. 活动目的：塑造企业社会形象、巩固客户关系、增强内部员工凝聚力。

2. 活动主题：____ 公司 ____ 年合作伙伴联谊及慈善晚会。

3. 活动时间：____ 年 ____ 月 ____ 日 ____：____ 至 ____：____。

4. 活动地点：____ 酒店 ____ 会场。

5. 参加人员：公司领导、合作伙伴负责人、特邀嘉宾、企业员工总计 ____ 人。

四、活动前的准备工作

1. 内部组织

文字类：公司简介，主持、拍卖解说词，新闻发布稿。

物品类：标志，号牌，请柬，零食；奖品、纪念品。

人员类：节目表演人员、辅助服务人员、组织协调人员。

2. 外部联系

活动场所：时间，地点，费用，音响灯光设备，会场布置，物料，人员准备。

节目准备：主持人，文艺表演人员的来源、条件、费用协调。

拍卖准备：拍卖师选择，“希望工程”项目的活动实施协商谈判。

新闻媒体：与当地有影响力的 ____ 家报纸记者联系。

3. 发放请柬

（1）发放时间：活动 2 日前发放。

（2）发放要求：

根据本地区的实现情况，统计参与本次活动的人数。

根据人数准备请柬。

发送请柬时，要告知参与的利益点。

发送请柬时，要同时邀请其爱人和孩子一起参加。

五、客户联谊会程序

1. 程序

（1）签到，凭请柬赠送纪念品一份、专刊一份、电视报一份、小册子一份。

（2）礼仪小姐引导客人就座。

2. 开场阶段（____ 分钟）

（1）董事长（总经理）致辞并介绍公司业务及业务开展情况。

（2）业务负责人介绍双方合作情况。

（3）主要客户介绍合作情况。

3. 表演阶段（____ 分钟）

（1）主持人——当地电视台（电台）首席主持人。

（2）节目表演：外聘魔术、小品、相声、杂技 ____ 个、歌舞 ____ 个（公司内部组织 ____ 个）。

（3）以来宾圆桌小组为评选单位，对每个节目进行评分。

（4）奖品设置：最佳评委团队 ____ 个，最佳表演节目 ____ 个。

4. 拍卖阶段（____ 分钟）

（1）前场铺垫：____ 主题音乐、道具物品整理。

（2）拍卖介绍：目的是捐赠希望工程的慈善义举；拍卖品由公司免费提供，竞拍者出钱得物；竞胜者现场获得“荣誉捐赠证书”；新闻媒体做相关报道。

（3）拍卖活动：介绍拍卖规则、展开拍卖活动、预期成交额 ____ 元~ ____ 元。

六、晚宴阶段

公司领导致辞祝福，宴会开席、发放纪念品，活动结束。

1. 费用预算

（1）费用：计 ____ 元。

（2）基础费用：简介、请柬、标牌、横幅制作：____ 元；交通费 ____ 元。

（3）礼品费用：纪念品 ____ × 100 元 = ____ 元；奖品 ____ × 200 元 = ____ 元。

（4）拍卖标的：艺术品 ____ × ____ 元 = ____ 元，日常用品 ____ × ____ 元 = ____ 元。

（5）茶水零食：寻求赞助商和宾馆提供 ____ 元。

2. 人员费用：计 ____ 元。

（1）演出人员：____ 个节目 × ____ 元 = ____ 元，主持人 ____ 元，拍卖师 ____ 元。

（2）新闻媒体：记者 2 个 × ____ 元 = ____ 元。

（3）希望工程：前期协调费用 ____ 元。

3. 晚餐费用：____ 元。

4. 费用合计：____ 元。

七、活动后期

将本次活动进行录像，制作成光碟，送给参与单位（每单位 1 ~ 2 盘）。

客户关系管理文案

客户关系管理的定义是：企业为提高核心竞争力，利用相应的信息技术以及互联网技术来协调企业与顾客间在销售、营销和服务上的交互，从而提升其管理方式，向客户提供创新式的个性化的客户交互和服务的过程。

优质的客户关系管理文案可以帮助企业吸引新客户、保留老客户，也可以将已有客户转为忠实客户，增加市场份额。

撰写模板：

客户关系管理方案

一、客户关系维护流程

（一）建立客户资料档案

附：客户资料档案表

序号	姓名	性别	住址	联系方式	性格	人际交往情况	工作情况	交易情况	备注
1									
2									
3									
……									

（二）对客户进行评估分级

客户关系管理人员根据企业对客户的分级标准，对客户进行分级，确定客户等级；并将分级信息记入客户档案，以便对客户进行分级管理和维护。

附：客户关系评估表

评估指标	指标权重	得分	等级	得分依据	备注
合计			标准分		
评估结果及建议	□发展关系□维持关系□终止关系				

附：客户分级表

客户等级分类	关键客户（销售额所占比例 80%以上）	产品种类					
		客户名称					
		客户代码					
	普通客户（销售额所占比例 15%左右）	产品种类					
		客户名称					
		客户代码					
	小客户（销售额所占比例 5%左右）	产品种类					
		客户名称					
		客户代码					

（三）重点客户的筛选

附：重点客户管理表

序号	销售额前 10 名		销售增长率前 10 名		销售利润前 10 名	
	客户名称	销售额	客户名称	增长率	客户名称	利润率
1						
2						
3						
4						
5						
6						
7						
8						
9						
10						

重点管理客户	销售额目标	将其列为重点客户的原因	实现目标的行动措施
备注			

附：重要客户对策表

序号	客户名称	负责人	销售情况	问题所在	应对策略
1					
2					
3					
4					
扩大重要客户数量的基本方针	1. 2.				
备注					

（四）问题客户

附：问题客户对策表

序号	客户名称	负责人	销售范围	所在位置	恶化趋势	问题表现	应对策略
1							
2							
3							
4							
备注							

客户投诉处理文案

当客户对企业发起投诉时，原因可能是售后服务不周到，也有可能是对产品质量不满。投诉的行为一旦做出，不论对客户，还是对企业而言，都是一件不愉快的事情。

有人说，客户宛如企业的免费广告，当客户有好的体验时会告诉5个其他客户，但是一个不好的体验可能会告诉20个。因此企业应该高度重视客户的投诉事宜，事先拟定客户投诉处理方案。客户投诉一旦发生，一定要依照处理方案及时挽救客户对企业以及产品的信心，同时最大限度地降低客户投诉带来的负面影响。

撰写客户投诉处理方案时要注意以下内容：

1. 引述处理方案的要点，主要是说明自身情况。

2. 表明己方态度，同时说明具体原因所在。

3. 提出最终的双方都能够接受的处理意见。

撰写模板：

客户投诉处理文案

名称：____ 制造厂客户投诉处理文案

编号：____

执行部门：________ 监督部门：________ 考证部门：________

一、目的

为了改善客户售后服务流程，提高售后服务质量，提高客户满意度，特制订本控制程序。

二、客户投诉处理原则

1. 有章可循，依章行事。

有专门的制度和人员来管理客户投诉问题，另外要做好各种预防工作，防患于未然。

2. 及时处理

对于客户投诉，各部门应积极合作，迅速作出反应，力争在最短的时间内全面解决，给客户一个圆满的结果。

3. 责任明晰

分清造成客户投诉的责任部门和责任人，并且明确处理投诉的各部门、各类人员的具体责任与权限以及客户投诉得不到及时圆满解决的责任。

三、接到客户投诉

1. 客户服务部安排专人受理客户的各类投诉，并且建立轮班制度，确保 24 小时受理客户投诉。

2. 客户投诉方式

（1）电话投诉。

（2）电邮投诉。

（3）现场投诉。

（4）其他投诉。

3. 客户投诉记录

客户不论以何种方式投诉，客户服务人员均须填写《客户投诉记录单》，《客户投诉记录单》的格式如下。

客户投诉记录单

投诉客户名称：________________________

营业地址：________________________

受理日期：________________________

受理编号：________________________

投诉方式：________________________

客户联系方式：________________________

投诉理由（事件经过）：________________________。

投诉要求：________________。

部门受理人员（签字）：________

四、分析投诉原因

客户服务部人员针对投诉事项，判断客户投诉事项的责任。

1. 若客户投诉事项的责任不在公司方面，要耐心、认真地向客户做出解释，征得客户的认同。

2. 若客户投诉事项的责任确实在于公司，则应根据投诉事项的性质判定投诉处理时间，并及时将投诉解决期限通知客户。

五、确定投诉处理部门

1. 内部责任判断

客户投诉受理人员根据投诉事项描述和客户提供的相关证明判断造成客户投诉的主要原因和负责部门，主要责任部门包括生产部、质量管理部、技术研发部以及市场营销部等。

2. 客户服务主管向相关责任部门送达《客户投诉处理单》副本，相关责任部门根据部门业务流程详细调查造成投诉的原因。

六、提出处理方案

1. 客户服务部及时同投诉处理部门进行沟通，了解投诉处理的进度。

2. 投诉处理部门及时向客户服务部提出客户投诉处理的结果和建议。

3. 客户服务部会同相关主要责任部门形成客户投诉处理具体方案。

4. 主管领导对客户投诉处理方案进行审核后，提出实施意见，并上交客户服务部。

七、方案实施

1. 客户服务部在承诺的投诉处理期限内完成投诉处理，并向投诉客户及时通告投诉处理的结果和方法。

2. 客户服务部认真听取客户对投诉处理方式的意见，双方达成一致意见后，客户在《客户投诉处理单》上签字，客户服务部代表公司履行投诉处理责任。

3. 客户投诉处理单应包含以下信息。

（1）客户名称，处理单编号，处理部门，处理日期。

（2）投诉处理结果。

（3）受理人员意见。

（4）部门经理意见。

（5）客户意见。

八、收集客户反馈信息

1. 客户服务部在客户投诉处理后一周内就客户服务的态度和结果向客户进行回访，了解客户对投诉处理的满意度。

2. 客户服务部及时将客户回访的意见填写进表格，并将表格进行汇总和整理，作为对客户服务部工作的评价依据之一。

九、总结改进

1. 客户服务部定期对客户投诉的受理和处理情况进行汇总和统计，填写《客户投诉统计表》，《客户投诉统计表》的具体内容如下表所示。

____年____月客户投诉统计表

序号	客户名称	产品名称	交货数量	不良比例	客户投诉内容	原因分析	短期对策	相关部门			备注
								生产部	技术部	销售部	
1											
2											
3											
4											
5											
6											
7											
8											
9											
10											
11											
……											
注：此统计表总经理批准后送财务部，财务部核算个人业绩											

日期：__________ 批准：__________

2. 客户服务部根据客户投诉过程中形成的各种表格和记录，改进客户服务流程和管理制度。

3. 客户服务部根据相关制度和规范对客户服务人员进行培训，提高其客户服务意识和工作能力。

分销渠道设计文案

在西方经济学中，分销的含义是建立销售渠道的意思。两位西方经济学家肯迪夫和斯蒂尔给分销渠道所下的定义是：当产品从生产者向最后消费者或产业用户移动时，直接或间接转移所有权所经过的途径。

可以说，分销渠道是连接生产者和消费者或用户的重要桥梁和纽带。因此，在设计分销渠道设计文案时需要注意以下几个问题：

1. 确定渠道模式。

2. 确定中间商的数目。

3. 规定渠道成员彼此的权利和责任。

4. 综合考虑市场、产品、企业自身、中间商、环境等因素。

撰写模板：

可口可乐分销渠道设计文案

一、可口可乐在中国的现状

可口可乐已经连续多年成为中国最著名商标之一，根据1999年在中国进行的盖洛普调查显示，81%中国消费者认识可口可乐品牌，并且连续9年被权威机构评选为“最受欢迎饮料”。可口可乐目前是中国市场最畅销的饮料，公司拥有中国饮料市场9%的市场占有率，以及中国碳酸饮料市场33%的占有率。可口可乐长期拥有中国碳酸饮料最知名四大品牌中的三个（可口可乐、雪碧、芬达）。

二、可口可乐分销渠道的结构特点

可口可乐公司是一个大型的跨国快速消费品公司，因此，其营销渠道结构是一个非常复杂的结合体。概括地说，它是以间接渠道和密集型渠道为主要形式，多级渠道并存的多渠道组合。

1. 间接渠道的优点：企业可以利用其他组织机构的分销渠道和营销经验，迅速将产品推向市场，在短时间内取得良好的经济效益；减少了企业所承担的市场风险，对资金的使用有一定的安全性；企业不必设置专门机构或专门人员，可以节省人力、物力和财力，集中精力搞好生产。缺点：由于企业不能直接接触用户，因此获得信息迟缓。而且由于企业不是独立地进行渠道管理，因而对营销缺乏足够的控制。

2. 密集型渠道结构特点：密集性分销的特点是尽可能多地依托商店销售产品或提供服务。密集型分销渠道能扩大产品的市场覆盖面，网点的密度高，方便消费者购买。可口可乐公司的产品出现在百货公司、连锁超市、便利店、小商店等地方，总之，在任何地方人们只要想买饮料，就能买到可口可乐的产品。这种十分密集的渠道策略，增强了可口可乐的竞争力，为可口可乐公司提供了广阔的市场覆盖面。密集型分销渠道存在的缺点是容易导致市场混乱，渠道管理成本较高。

三、可口可乐分销渠道设计

1. 确定渠道的目标

可口可乐公司的目标市场是无差异市场，所以该公司的目标消费者是所有人。渠道的目标是为企业总战略服务的，所以我们设计的渠道要符合可口可乐公司的市场划分策略，及加大市场渗透能力，大面积地接触顾客，使顾客能够就近购买。

2. 制订渠道方案

制订分销渠道方案需要对影响渠道选择的一些因素进行分析。

（1）产品的特性：可口可乐公司生产的产品，单价低，消费效用价值高，属于消费者频繁购买品；自然生命周期长；体积小重量轻；技术服务低；市场生命周期长。

（2）市场因素：由于可口可乐公司采取的是无差异市场划分，所以其市场容量大，但消费者每次购买数量少；市场区域范围大，顾客比较分散；市场规模大，发展趋势更大。

（3）竞争者因素：目前能和可口可乐公司竞争的就是百事可乐。

（4）生产者因素：生产者的实力和声誉、生产者的经营能力、生产者愿意提供服务的多少、生产者对渠道控制程度的要求。

3. 选择渠道方案

公司应该充分利用各级中间商，采取长而宽的分销渠道，最大限度地进行市场渗透。由于拥有强大的实力，所以为了获得更多的市场份额，抵制竞争对手的争夺，公司应该利用奖励中间商的方法巩固其现有的分销渠道，然后适时地建立自己的渠道，开辟新的渠道，紧紧地抓住原有市场份额，不断抢占获得新的市场，才能打败竞争对手，从而立于不败之地。

选择方案适用以下标准：

（1）经济性标准：找到最大效益点。

（2）控制性标准：厂商对分销商能否进行有效控制。

（3）适应性标准：通路选择适应变化和环境。

4. 评估渠道方案

（1）顾客满意评价：有形资产、可信赖感、十分负责、保障安全、感情交流。

（2）运行状态评价：畅通性、覆盖率和流通力。

（3）财务绩效评价：销售分析、占有率分析、费用分析、盈利分析、资产管理效率分析。

（4）渠道价值评价：收益现值法和重置成本法。

四、分销渠道的具体设计

具体来说，可口可乐公司采用了以下 22 种渠道，将可口可乐产品分销到市场每一个角落。

1. 传统食品零售渠道。食品店、食品商场、副食品商场、菜市场等。

2. 超级市场渠道。包括独立超级市场、连锁超级市场、酒店和商场内的超级市场、批发式超级市场、自选商场、仓储式超级市场等。

3. 平价商场渠道。经营方式与超级市场基本相同，但区别在于经营规模较大，而毛利更低。平价商场通过大客流量、高销售额来获得利润，因此在饮料经营中往往采用鼓励整箱购买、价格更低的策略。

4. 食杂店渠道。通常设在居民区内，利用民居或临时性建筑和售货亭来经营食品、饮料、烟酒、调味品等生活必需品，如便利店、便民店、烟杂店、夫妻店、小卖部等。这些渠道分布面广、营业时间较长。

5. 百货商店渠道。即以经营多种日用工业品为主的综合性零售商店。内部除设有日用品超市、食品柜台外，多附设快餐厅、休息冷饮厅、咖啡厅或零食柜台。

6. 购物及服务渠道。即以经营非饮料类商品为主的各类专业店及服务行业，经常顺带经营饮料。

7. 餐馆酒楼渠道，即各种档次的饭店、餐馆、酒楼，包括咖啡厅、酒吧、冷饮店等。

8. 快餐渠道。快餐店往往价格较低、客流量大，用餐时间较短，销量较大。

9. 街道摊贩渠道。即没有固定房屋、在街道边临时占地设摊、设备相对简陋、出售食品和烟酒的摊点，主要面向行人提供产品和服务，以即饮为主要消费方式。

10. 工矿企事业渠道。即工矿企事业单位为解决职工工作中的饮料、工休时的防暑降温以及节假日饮料发放等问题，采用公款订货的方式向职工提供饮料。

11. 办公机构渠道。即由各企业办事处、团体、机关等办公机构公款购买，用来招待客人或在节假日发放给职工。

12. 部队军营渠道。即由军队后勤部供应，以解决官兵日常生活、训练及军队请客、节假日联欢之需，一般还附设小卖部，经营食品、饮料、日常生活用品等，主要向部队官兵及其家属销售。

13. 大专院校渠道。即大专院校等住宿制教育场所内的小卖部、食堂、咖啡冷饮店，主要向在校学生和教师提供学习、生活等方面的饮料和食品服务。

14. 中小学校渠道。指设立在小学、中学、职业高中以及私立中、小学校等非住宿制学校内的小卖部，主要向在校学生提供课余时的饮料和食品服务（有些学校提供课余时的饮料和食品服务；有些学校提供学生上午加餐、午餐服务，同时提供饮料）。

15. 在职教育渠道。即设立在各党校、职工教育学校、专业技能培训学校等在职人员再教育机构的小卖部，主要向在校学习的人员提供饮料和食品服务。

16. 运动健身渠道。即设立在运动健身场所的出售饮料、食品、烟酒的柜台，主要向健身人员提供产品和服务；或指设立在竞赛场馆中的食品饮料柜台，主要向观众提供产品和服务。

17. 娱乐场所渠道。指设立在娱乐场所内（如电影院、音乐厅、歌舞厅、游乐场等）的食品饮料柜台，主要向娱乐人士提供饮料服务。

18. 交通窗口渠道。即机场、火车站、码头、汽车站等场所的小卖部以及火车、飞机、轮船上提供饮料服务的场所。

19. 宾馆饭店渠道。集住宿、餐饮、娱乐为一体的宾馆、饭店、旅馆、招待所等场所的酒吧或小卖部。

20. 旅游景点渠道。即设立在旅游景点（如公园、自然景观、人文景观、城市景观、历史景观及各种文化场馆等）、向旅游者和参观者提供服务的食品饮料售卖点。一般场所固定，采用柜台式交易，销售较大，价格偏高。

21. 第三方消费渠道。即批发商、批发市场、批发中心、商品交易所等以批发为主要业务形式的饮料销售渠道。该渠道不面向消费者，只是商品流通的中间环节。

22. 其他渠道。指各种商品展销会、食品博览会、集贸市场、庙会、各种促销活动等其他销售饮料的形式和场所。

五、分销渠道管理

（一）分销渠道成员管理

1. 可口可乐的渠道成员的选择

（1）制造商：制造商自己生产，寻找合作伙伴实行就地联营生产。

（2）批发商：大型的综合批发市场，如在贵阳可以选择三桥，浙江商城等批发市场；或在每个地方直接设立公司的经销商子公司。

（3）零售商选择：传统食品零售渠道，如食品店、食品商场、副食品商场、菜市场等；超级市场；娱乐场所，如旅游景点、健身场所等；街道摆摊，如小橱窗商店等。

（4）代理商：制造代理商、销售代理商、采购代理商、佣金代理商、进口和出口代理商、信托代理商。

2. 可口可乐分销渠道成员的培训

可口可乐公司的用人策略，最为独特的一点就是“本土化”。其精髓就是：在市场当地设立公司，所有员工都用当地人；销售方针、人员培训由总公司统一负责。

（1）基础培训方面，包括入职培训、公司规章制度培训、公司企业文化培训、个人激励培训等。通过这些培训，员工可以了解到可口可乐发展的历史、可口可乐（中国）有限公司发展的状况、企业精神、可口可乐管理系统、可口可乐质量系统、可口可乐生产系统和检验系统、可口可乐人文文化、可口可乐营销文化、可口可乐规章制度等。

（2）可口可乐公司的业务技能培训，就是根据公司发展所确定的各种岗位工作的需要，对在岗人员进行业务技能培训。培训的目标是着重提高在岗职工实际工作能力或劳动技能，使之岗位成才，满足岗位要求，适应企业发展需要。

（3）在管理技能培训方面，主要是对专业人员进行持续不断的继续教育。根据需要，有不同的培训类型：一是知识扩大型培训，用以改变人才智能结构和培养复合型人才。二是知识更新型培训，适时更新知识体系，走在时代的前面，使可口可乐系统永远是时代的领跑者。

3. 分销渠道成员的激励

主要采取一般企业的激励模式：利益激励、发展激励、关系激励、渠道支持、用内部营销和企业文化推广激励渠道成员。如经常为员工提供各类奖励，包括礼品卡、印有公司标志的物品、运动会门票等。

（二）分销渠道物流管理

可口可乐在中国有三大合作伙伴：嘉里集团、太古集团和中粮集团，拥有分布在全国不同区域的装瓶企业已超过 30 家。从地图上来看，公司在中国的布局，算是基本完成了。

在可口可乐建立销售运作模式的前提条件下，销售和物流分成了“销售中心”及“销售中心外”两种运作模式，占总销量 40% 以上的销售中心城市，由装瓶厂直接负责销售。虽然可口可乐的物流全部交由第三方物流公司来做，但在这些城市，公司还是保留了少数的自备车辆，为需要个性化服务的客户提供服务。比如对游乐中心、家乐福这样的大卖场，或特别高档的酒店的配送，都由销售中心的装瓶厂直接运送，对库存等方面也亲自管理，这种针对大客户终端的直销方式，大大提高了可口可乐的市场反应能力。

（三）分销渠道预售制管理

制订有序管理到有效管理。

1. 有序地开发客户

由业务代表定期按区域、按线路拜访客户（零售客户和经销商客户），先订货后送货。

2. 有序地建立销售渠道

分区划定线路，划分销售区域。

3. 有序地管理业务代表

一个销售区域配一位区域经理或主任，每一条销售线路配一位业务代表和一位驾驶员。

4. 有序地管理市场

（1）差异性管理：由于不同销售区域、销售线路存在地段繁华程度不相同、客户分布不均匀等情况，易造成销量与付出不成比例、苦乐不均的问题，可口可乐采用下面几个办法来解决：

一是线路范围大小调节。市中心一类商业区销量潜力大的，线路范围就小一些；二三类商业区的线路范围就大些。

二是销量指标调节。每条销售线路的销量指标不搞一刀切，采用系数，销售线路之间销量指标最高的与最低的相差一倍。

三是按完成率考核，不按绝对数考核，销量第一的并不一定是完成率第一的。

四是奖金考核按完成率计算，而且完成率最高只占奖金的 60%，奖金的其余 40% 是生动化、客户关系、建议等软性指标。

（2）区别对待跨区域销售问题

对客户总部在某个区域、某条销售线路，分店在另一个销售区域、另一个销售线路上，由总部总店配送的情况，总部总店在谁的区域、谁的线路上销量就归谁。

对偷袭其他区域、其他销售线路客户的情况，一是不发现不管，二是发现后归还客户，三是没收销量。对跨区杀价抢客户的情况，一旦发现立即停止送货，并扣当事业务代表及其主管奖金，或警告处分、调离线路。

六、分销渠道的总结

可口可乐是运用预售制方法有序地开发客户、有序地建立销售渠道、有序地管理业务代表、有序地管理庞大的市场，使铺货、订货、送货、收款有序运转，使可口可乐系列产品随处可见。

多元渠道策略文案

生产商将产品通过两个或两个以上的分销渠道系统与同一细分市场接触，就形成了多元渠道系统。多元渠道从每一种渠道都能得到销售收入，但由于不同的渠道面对的是同一市场，因而会发生渠道间的利益冲突问题。

企业必须认识到的一点是，实施多元渠道模式，并非只是将一堆缺乏战略规划和统筹的渠道模式拼凑在一起！

在理解多元渠道运作模式时，企业领导人在策划此类文案的时候一定要避免几个误区：

1. 策划人在撰写多元渠道文案前，必须对不同区域的消费者需求有所了解，在企业整体市场定位的基础上满足目标消费群的需求。

2. 策划人必须从整体综合考虑不同区域的多元渠道运作模式，而不是任由各区域的分支机构或者经销商自发、零散地开展。

3. 策划人必须在充分了解不同区域特性的基础上整体规划产品体系，而不是完全由各区域自行确定产品结构，否则势必会削弱企业的综合竞争力。

4. 策划人在有力地贯彻战略方针的同时，也可就战略思想提出一些合理化建议，从而更好地展现策划的战略核心点。

撰写模板：

____公司多元渠道策略文案

一、销售目标

信息传播最大化，媒体覆盖最大化，经济效益最大化。

二、营销状况

随着城市建设和人民生活水平的不断提高，在炎热的夏天，空调受到越来越多家庭的青睐。

________地处中国的中部，受以下原因影响，空调需求量非常大：

1.________地区夏秋炎热，春冬寒冷。

2. 近几年来________地区房地产业发展迅速，特别是中高档商居楼、别墅群兴建较多较快。

3.________地区纳入西部开发、将增加各种基础工程的建设。

4.________地区大量兴建工业园和开发区。

5. 人们对自身生活要求的提高。

综上所述，空调在________地区的销售发展潜力很大。

三、营销方式

总体来说，空调产品销售的方式不外乎三种：工程招标、房产团购和私人项目。工程招标渠道占据的份额很大，而房产团购和私人项目两种渠道也发展迅速，已经呈现出多元发展的局面。

四、营销目标

1. 空调自控产品应以长远发展为目的，力求打入________地区。________年以建立完善的销售网络和样板工程为主，销售目标为________万元。

2. 跻身一流的空调产品供应商，成为快速成长的成功品牌。

3. 以空调自控产品带动整个空调产品的销售和发展。

4. 市场销售近期目标：在很短的时间内使营销业绩快速成长，到年底使自身产品成为行业内知名品牌，取代省内同水平产品的一部分市场。

5. 致力于发展分销市场，到 ________ 年底发展到 ________ 家分销业务合作伙伴。

五、营销策略

要实现空调自控产品的快速增长，且还要取得竞争优势，最佳的选择必然是采取“目标集中”的总体竞争战略。随着湖南经济的不断快速发展和城市化规模的不断扩大，空调自控产品市场的消费潜力很大，目标集中战略对我们来说是明智的竞争策略选择。围绕“目标集中”总体竞争战略，我们可以采取的具体战略包括：市场集中策略、产品带集中策略、经销商集中策略以及其他为目标集中而配套的策略四个方面。为此，我们需要将 ________ 地区市场划分为以下四种：

战略核心型市场—— ________

重点发展型市场—— ________

培育型市场—— ________

等待开发型市场—— ________

总的营销策略：全员营销与采用直销和渠道营销相结合的多远渠道营销策略。

六、营销方案

1. 公司应好好利用自身品牌，走品牌发展战略。

2. 整合 ________ 地区各种资源，建立完善的销售网络。

3. 培养一批好客户，建立良好的社会关系网。

4. 建设一支好的营销团队。

5. 选择一套适合公司的市场运作模式。

6. 抓住公司产品的特点，寻找公司的卖点。采用阵地战，建立与经销商长期利益关系的品牌化运作模式，对每个地区市场都精耕细作，稳扎稳打。

媒体整合营销文案

如今，移动互联网迅速崛起，传播途径和渠道发生了很大的变化。据相关的数据显示，2008 年中国网民总数突破 1 亿大关，网络媒体至此成为不可忽视的主流媒体。而电视、报纸、杂志等传统媒体不再是品牌营销的宠儿。为了更好地适应受众的生活形态和品牌的接触点，需要通过电视、报纸、杂志、广播、互联网、体验、促销、口碑营销等多种方式来进行整合营销。

可无论营销方式如何变换形态，策划者都应该明白一个道理：“文案是承载着企业品牌发展、促进销售而存在的，这是文案传播的根本目的。”因此在创作此类文案时首先应将商品的优势描述清楚。其次，是要让客户觉得商品的性价比非常高，值得购买，从而让客户看了之后就有立即购买的欲望。

撰写模板：

____花园项目媒体整合营销文案

前言

一、____楼市分析

个性化、形象化竞争日益激烈，将成为 ____ 市地产发展的潮流。物业项目要取得优异的销售业绩，就必须把握时机，尽量利用自身的个性资本和雄厚的实力，把自身打造成极富个性和口碑，拥有良好公众形象的楼盘。

二、项目物业概述（略）

三、项目物业的优势与不足

（一）优势

1. 位置优越，交通便捷

（1）位置优越：处于 ____ 区的成熟社区之中心；徒步 3 分钟即可到达酒店、食府、剧院、商场、超市等，场所社区设施一应俱全。

（2）交通便捷：公共交通比较便捷，有三条公交线路途径本小区。

2. 小区内康体、娱乐、休闲设施一应俱全

（1）室外设施：活动广场、小区幼儿园、医院、购物广场、篮球场。

（2）室内设施：桑拿浴室、健身室、乒乓球室、桌球室、KTV、酒吧。

3. 小户型

拥有 2 房 2 厅、3 房 2 厅，面积为 68.79 ~ 106.92 平方米的小户型，同时提供菜单式装修，对于事业有成、家庭结构简单、时尚、享受型的目标购房群极具吸引力。

（二）不足：

1. 环境建设缺乏吸引性景观

环境建设缺乏吸引性景观，不利于引发目标购房群兴趣；不利于提升 ____ 花园在公众中的知名度、美誉度和给消费者留下深刻印象；同时也不利于满足区内居民的荣誉感（现代住宅不仅要满足居住的需要，还要满足居住者特殊的心理需求）。

2. 物业管理缺乏特色服务

物业管理方面未能根据目标购房群的职业特点和实际需求（事业有成、时尚、享受）开展特色服务，使 ____ 花园在服务方面缺乏应有的个性和吸引力。

四、目标购房群

1. 年龄在 35 ~ 60 岁，经济富裕、有投资意识或有习惯在北城生活的中老年人。

家庭构成：1 ~ 3 口、中老年夫妻或带一小孩、单身中老年。

2. 年龄在 28 ~ 45 岁，事业蒸蒸日上、月收入在 3000 元以上，追求时尚、享受，在北城工作的管理者或小私营业主。

家庭构成：1 ~ 3 口、中青年夫妻或带一小孩、单身中青年。

五、项目物业营销阻碍及对策

1. 阻碍

（1）____ 花园内朝向差、无景、背阴的单位难于销售。

（2）区内商铺经营状况不景气，销售业绩不佳。

2. 解决办法

（1）把区内朝向差、背阴、无景的单位作为特别单位重新命名炒作，作为特价单位适时限量发售。通过广告炒作、整体形象和价格之间的落差以及增值赠送来促进销售。

（2）商铺经营不景气，销售业绩不佳，究其原因有二。一是区内人气不旺，二是 ____ 花园离大型购物中心太近。故对策有二：

①引爆住宅销售，带旺区内人气，促进商铺的经营和销售。

②根据区内居民的职业特点、年龄结构、心理特征、追求喜好和实际需求开展特色经营。例如：高品位的酒吧、咖啡厅等。

六、形象定位

根据物业项目的自身特点和目标购房群特殊的身份、社会地位和所处的人生阶段，我们把物业项目定位为：凸显人生至高境界，完美人生超凡享受的非常住宅。

主体广告语：

辉煌人生，超凡享受

____ 花园提供的（给您的）不止是称心满意的住宅。

辉煌人生：

____ 花园的目标购房群大部分是事业有成的中青年老板和管理阶层，或者是有固定资产投资的中老年人。因此，他们的人生是与众不同的，是辉煌的。

超凡享受：

享受入住方便；

享受交通便捷；

享受特别服务；

享受都市繁华；

享受至尊荣誉。

七、两点整体建议

1. 建 ____ 广场和 ____ 喷泉

针对 ____ 花园缺乏吸引性景观这一点，建议在二期工程中建 ____ 广场和 ____ 喷泉。为北城区增一处别致夜景，给项目周边居民添一处夜来休闲、散步散心的好去处。

试想：当夜幕降临的时候，一路走来，远远地看到 ____ 广场上灯火一闪一闪地跳动着“辉煌人生，超凡享受”的字幕。近处听着“哗哗哗”的水声。走进广场，或立于水边，或坐于石墩，感受都市的繁华，呼吸夜的气息，怡心怡情，岂不妙哉。主干道广告推广要有力度。

如此一来，一方面能够增加 ____ 花园的吸引性，提高 ____ 花园在公众中的知名度、美誉度和记忆度；另一方面也有利于赢得目标购房群的认同，满足区内居民的荣誉感。

2. 物业管理方面提供特色家政服务

____ 花园的目标购房群大部分是事业有成的中青年，他们通常没有太多时间料理家务、清扫居所、照看孩子。故 ____ 花园在物业管理方面可以根据居民的实际需要提供有偿送早、午、晚餐，定期清扫住宅，清洗衣物，钟点家教等特色家政服务。一方面切实解决住户的实际问题，另一方面有利于增强 ____ 花园对目标购房群的吸引力。

八、广告宣传

____ 花园的广告宣传要达到以下三个目的：

1. 尽力传达 ____ 花园的优势与卖点。

2. 尽快树立起 ____ 花园“辉煌人生，超凡享受”的物业形象。

3. 直接促进 ____ 花园的销售。

基于以上三个目的和 ____ 市区房地产市场一直以来的广告情况，我们建议把锦绣花园的广告宣传分为两个阶段，即广告切入期和广告发展期。

在广告切入期，主要通过报纸软文章和报纸硬广告形式传达 ____ 花园的优势与卖点。

在广告发展期，一方面利用密集的报纸、电视、电台等媒体广告，车身、路牌、建筑物、灯柱等户外广告以及各种公共活动打造 ____ 花园“辉煌人生，超凡享受”的形象；另一方面利用各种促销活动和现场 POP 直接促进楼盘的销售。

4. 广告切入期（1 ~ 2 个月）

（1）报纸软文章

主题 1：辉煌人生，超凡享受。

“我”为什么选择 ____ 花园。

主题 2：事业生活轻松把握。

____ 花园特别的家政服务。

（2）系列报纸硬广告（待选）

主题 1：辉煌人生，超凡享受。

这里离购物休闲广场只有 45 分钟。

主题 2：辉煌人生，超凡享受。

家里面的娱乐休闲。

主题 3：辉煌人生，超凡享受。

____ 广场就是我们家的后花园。

（3）网络宣传同样突出相应的主题，对项目进行丰富多彩的、小型的讨论和发表文章，为硬广告的投放提供素材。同时可以尝试对广告的诉求卖点的市场考察，为广告的投放降低风险，保证广告的宣传效果。

5. 广告发展期（3 ~ 4 个月）

（1）报纸

从各个侧面打造锦绣花园“辉煌人生，超凡享受”的品牌形象。

（2）电视

配合促销活动，采取对开发公司的专访等形式，对项目从工程设计、工程质量、开发商实力、开发理念和项目的优势方面进行正面宣传，建立项目及开发商的良好口碑。

（3）电台

通过电台配合 ____ 网的购房者俱乐部活动和配合项目的形象，给目标受众以声音和感官的信息传达。

（4）单张

采用商业信函投递、售楼处发送、报刊杂志夹送、活动资料派送形式，使单张广告进入每一个意向客户手中，扩大项目自身的影响范围。

（5）户外广告

①在项目周边沿线各人行天桥及繁华路段作灯柱、路牌、建筑物广告。

②在北城中心作巨幅建筑物或路牌广告。

③在北城生意火爆的大酒店对面树巨幅广告牌。

（6）车身广告

6. 公共活动

举办各种公共活动，树立 ____ 花园美好形象，迅速提升 ____ 花园的知名度、美誉度和记忆度。

（1）____ 广场落成剪彩仪式。

邀请北城区各界知名人士及 ____ 花园新老业主荣誉出席（有文艺表演及娱乐节目等）。

（2）喷泉征名及题名活动。

以各种方式（信函、热线、现场、邮件等）大张旗鼓地向社会各界征集 ____ 广场喷泉的名称。之后，在一个令人瞩目的日子里，开展现场题名活动。在题名现场向热心参与并支持征名活动的群众致以感谢并奖励（根据所提供的名称与所题名称的接近程度进行奖励）。

（3）____ 花园“文化活动月”活动。

一方面丰富项目周边居民的文化活动，有益于地方文化事业，易博得社会各界的支持，造成极大的社会效应，博得民众的好感，有利于迅速树立 ____ 花园美好的公众形象；另一方面吸引新闻媒体的注意，为新闻报道提供了很好的素材，有利于大范围内提高 ____ 花园的知名度留下深刻印象。

7. 网络

通过 ____ 搜房进行全面宣传，配合网络炒作和 ____ 市购房者俱乐部的会员看房活动，消化一部分产品。

（1）____市购房者俱乐部“假日看房班车”活动（目前有效会员近千名，并且数字还在以每周 5 ~ 10 人的速度增加，消费能力不可低估）。

（2）项目网站或是网页的制作（建立廉价互动的沟通平台）。

（3）网站论坛同时进行讨论，使开发商和未来业主进行全面沟通，以便于了解客户的基本情况，更好地拉动销售。

8. DM 直投杂志

____ 市房地产信息杂志的定向投递，通过强大的派发网络进行宣传，杂志本身的信息量大、保存时间长和阅读量高的优势能够将宣传目的表现得淋漓尽致。

九、专业精神和职业水准将为您带来不一样的效果

我公司联合 ____ 市的各强势媒体，促成立体报道的舆论合力网络——报纸、电台和电视台联动合作组织，互相提供新闻线索，联合采访，充分利用双方的新闻资源，充分发挥各自媒体的传播优势，以达到最佳宣传效果；共同策划新节目、新栏目。

网络、报纸、电台和电视台的结合有利于争取更多的潜在受众。所谓潜在受众是指目前尚无受传行为，而在一定时间内可能通过受传条件成为受众的人。几个媒体的潜在受众虽不尽相同，但若结合起来，其潜在受众的数字将是十分巨大的。将潜在受众转变为实在受众，既是传媒提高传媒效果的需要，也是传媒拓展市场，提高社会效益和经济效益的需要。

网络、报纸、电台和电视台充分利用各自的传播优势，进行立体报道，形成舆论合力，这是媒体整合的主要目标。在网络、报纸、电台和电视台的整合过程中，网络、电视将通过栩栩如生的动感画面和快捷性的长处，使观众尽快得到初步的、鲜明的、直观的感性认识；电台、报纸则克服电视瞬间性的缺陷，利用报纸能反复阅读、具有稳定性的文字报道和犀利评论的特点，引导读者深入思考；杂志针对性强、生命周期长的特点将有利

于开发商和相关行业商家依据自身的情况特点，选择合适的信息传递给目标受众，同时保证广告容易被目标受众接受。媒体联动既发挥了各自的特长，又交叉互补，弥补了各自的不足和局限性，从而扩大了传播的深度和广度，形成立体传播的推广合力。

我们秉承如下方面原则：

1. 经济节约。最大限度为客户省钱。

2. 追求创新。广告形式力求创新，同时与创意进行很好的结合。

3. 努力建立品牌与目标群之间的关系。对于大众媒体，通常可以有效地帮助建立品牌的知名度。而对于小众媒体，则可以针对某些特定人群，而且它可以很好地建立起消费者与产品或品牌的某种内在联系，让消费者感觉亲切，感觉这是专为他而做的广告。

4. 建立协作关系。巧妙融入媒体中去，不单单进行硬广告的宣传。

5. 巧妙利用媒体本身的广告作用。适当的公关活动可以更好地提升公司形象，巧妙地利用软性文章的形式可以增强品牌的置信度和广告效果。

在整合营销传播中，“整合”是基础，互动才是双赢，需要在营销中产生拉力的同时与消费者建立起良好的互动关系。

品牌发展规划文案

品牌发展规划是为建立以塑造强势品牌为核心的企业战略服务的，将品牌建设提升到企业经营战略的高度，其核心在于建立与众不同的品牌识别，为品牌建设设立目标、方向、原则与指导策略，为日后的具体品牌建设战术与行为制订路线。

我们可以看到，国内很多企业普遍缺乏品牌战略规划，缺少品牌建设的一致性方向，即使出资进行传播和推广，往往随意性也很大，“换个领导人，换个 logo”“换个广告公司，换个品牌定位”，尽管品牌建设投入巨大，但品牌资产却未得到有效提升，品牌资产更是难以积累。因此，对于企业而言，品牌战略规划就显得尤为重要。

在品牌发展规划时，我们要注意以下几点：

1. 提炼品牌的核心价值，作为企业的灵魂，贯穿整个企业的所有经营活动。

对品牌核心价值的提炼，必须要进行全面科学的品牌调研与诊断，为品牌战略决策提供详细、有说服力的依据，一旦核心价值确定，在传播过程中，就要把它贯穿到企业的所有经营活动里。

2. 规范品牌识别系统，并把品牌识别的元素执行到企业的所有营销传播活动中去。

以品牌核心价值为中心，规范品牌识别系统，让品牌识别元素执行到企业的所有营销传播活动中，使每一次营销传播活动都演绎和传达出品牌的核心价值、品牌的精神与追求。

3. 建立品牌化模型，优选品牌化战略；通过整合所有的资源，实现品牌价值的提升。

建立品牌化模型，是品牌战略规划中一项重要的工作。它不但能规划好品牌的属性、结构、模式、内容及品牌愿景等问题，而且在营销策略决策中，能够提供具有指导性、科学性和操作性的依据。

4. 进行理性的品牌延伸扩张，避免"品牌稀释"的现象发生，追求品牌价值最大化。

对品牌延伸进行科学和前瞻性的规划，只有用科学的态度与高超的智慧来规划品牌延伸战略，才能实现品牌价值的最大化。

总之，策划人在撰写品牌发展规划文案的时候，一定要抓住上面四点，再结合公司具体情况来进行。

撰写模板：

____品牌发展规划文案

一、公司目前现状

当前公司的发展规划和发展方向一直以特许加盟代理作为公司发展的主体，这样发展的优势是便于公司的资金回笼，也便于公司借助客户的地区优势充分提升品牌市场占有率，在短期内占有一定的市场份额。对于公司前期的发展起到了一定的推动作用。但是也有不足之处，后期的客户管理和二级客户的控制上都有一定的难度，因此结合公司的目前状况和市场的发展规律，初步确定公司________年下半年的工作重点如下：

1. 整合资源

整合公司现有资源，充分发挥现有客户的优势，占领国内市场。而对一些不能适应公司发展的客户要适当地调整，给客户一定时间进行改善，公司协助管理，提升店铺的市场竞争性。若客户在限定的时间内未能达到公司标准，公司可在一定时间寻找新的客户来替代原来的客户，使公司品牌在当地有良好的市场占有率。

2. 优化店铺服务

完善管理已有店铺，增加单店的销售业绩，突出店铺的管理开发模式，争取店铺的销售业绩在原有基础上，再增加 20% 左右。通过现有店铺发挥形象店铺的作用。

二、________年公司发展规划

主要的工作重点在于加大公司对客户和直营店铺的管理力度，计划在________月中旬上系统管理软件，将公司的所有销售数据进入电脑，通过电脑分析管理货品，在最合理的范围控制库存数量和所有直营店铺的货品库存量，充分合理地调剂所有店铺的货品数量，对代理客户给予合理指导调剂，加快资金的回流。

到________年年末，审定公司重点培育的骨干品牌，跟踪品牌市场表现，着手开展品牌申报工作，多方吸取国内外知名品牌企业创牌经验，了解企业发展动态，加强品牌培育知识的宣导，营造公司文化氛围，推进 5S 质量管理办法。

到________年年末，全面开展创名牌工作，加强标准化体系建设，引用国际先进标准，以标准带动创牌。进一步加强质量管理体系建设，坚持质量效益并进，扩大企业规模，推行先进的科学质量管理方法，实施“卓越绩效”管理，实现优势互补与良性发展。

三、品牌培育发展的对策措施

1. 发挥支柱产品、特色产品带头优势

立足公司的现实基础，精心包装现有优势产品系列，加强对传统优势产品的改造和提升，以符合国家产业技术政策，具有节能、环保以及资源综合利用的特种余热锅炉为发展重点，发挥支柱产品、特色产品带头优势，打造产业配套、技术支持和人才保障的综合平台，调整优化产品结构，壮大公司品牌。以品牌引领经济发展，努力打造具有国际竞争力的出口产品。采用国际先进标准，实施国际通行的质量管理体系和行业认证，推进国内品牌向国际品牌延伸。

2. 以科技创新为动力，不断增强品牌培育的实力和活力

（1）企业加快科技创新，以高科技产品占领市场创品牌。把技术改造、技术引进、技术开发和采用新设计、新工艺、新材料紧密地结合起来，提高产品的技术起点和实物质量。

（2）强化质量管理，以高质量产品占领市场、发展壮大创品牌。以质量效益为中心，树立“质量第一”的经营理念，提高名牌意识和精品意识，建立现代企业制度，强化内部管理，改进经营方式，运用质量成本的经营思想，进一步推进质量认证和标准化工作，不断完善公司质量管理体系和质量保证体系，提高质量管理水平，促进企业质量上台阶。

（3）建立健全激励机制，为人才开展技术创新、管理创新、营销创新、产品创新提供大舞台。

3. 以品牌服务体系建设为途径，不断夯实品牌培育的技术基础

进一步加强标准化体系建设。瞄准世界先进水平，积极采用国际标准或国外先进标准，制订高于现行国家标准或行业标准的企业内控标准，形成一批高质量、高档次的名优产品，提高市场占有率。

4. 以加强品牌宣传和稳定的质量为保障，努力营造品牌培育的良好环境

编制公司形象和系列产品宣传手册，加大宣传力度，为公司创牌营造氛围。积极履行社会责任，支持公益事业。另外，企业要依托质量协会、消费者协会，借助行业展会、研讨会等活动，宣传公司品牌，提升公司品牌的知名度和影响力。

销售工作流程文案

销售流程指的是目标客户产生销售机会，销售人员针对销售机会进行销售活动并产生结果的过程。这是整个市场营销中很重要的一部分。在撰写销售工作流程文案的时候，可以参考下面的这个模板依次展开。

撰写模板：

销售工作流程文案

一、总则

为了更好地对公司产品进行宣传、推广、销售，进一步提升公司的形象，提高销售工作的效率，特制订本流程与制度。所有的销售员及相关人员均应以本流程与制度为依据开展工作。销售部经理对所属销售员进行考核和管理。

二、销售部工作流程

1. 拜访新客户与回访老客户流程

（1）销售员按照销售考核指标自行设计和计划个人月、周和每天的客

户拜访计划并书面记录每天工作日志。

（2）销售员在每周六上午的工作例会上向销售部经理汇报下周的客户拜访重点情况，并接受销售部经理的指导，最终确定下周客户拜访与回访的重点。

（3）销售员按照客户拜访计划对客户进行拜访与回访。

（4）在拜访与回访结束后，应将相关信息如实记录并正确填写《目标客户基本信息情况统计表》。

（5）销售员在每周六上午的工作例会上将拜访与回访信息向销售部经理汇报。

（6）销售部经理对销售员的工作予以指导和安排。

2. 产品报价、投标的流程

此项流程主要针对外协产品及政府农业管理部门统一采购的产品。

（1）销售员在得到用户询价或招标的信息后第一时间向部门经理汇报，由部门经理决定是否参加比价或投标（重大比价或投标须向公司领导请示）。

（2）对用户的询价书或招标信息进行整理（必要时由采购部和技术部协助）。

（3）技术部对疑难产品的型号、技术参数给予协助和支持。

（4）采购部对重点产品的原材料采购价格及交货期进行调研。

（5）销售部经理对最终报价或标书进行审核（重大比价或投标须向公司领导请示），确认后方可进行打印。

（6）制作出正规的报价单或投标书，装订成册盖章后参加比价或投标。

3. 商务谈判与签订合同的流程

（1）销售员在给客户报价或投标后，根据实际情况可进行商务谈判。

（2）销售员在与客户商务谈判的过程中应及时向销售部经理通报相关情况（重大合同须向公司领导请示）。

（3）与原报价或投标文件发生偏离的任何技术和商务条款须经销售部经理或公司领导再次确认。

（4）待销售部经理或公司领导对所有问题确认后方可签订销售合同。

（5）正式《销售合同》经销售部经理确认后由销售内勤于当日保管存档。

（6）对于因客户原因无法签订正式《销售合同》或客户电话、传真通知订货的必须由销售部经理（必要时向公司领导请示）确认后方可执行。

4. 发货流程

（1）销售员或分部销售内勤根据《销售合同》填写《需货申请单》。

（2）《需货申请单》经分部经理审核确认后上报销售部。

（3）由销售部经理审核《销售合同》及《需货申请单》。

（4）由销售内勤根据销售部经理审核的《需货申请单》开具《销售出库单》，并将第二联交与库管。

（5）库管办理出库手续。

（6）将由客户签字的《客户确认单》交销售内勤存档。

5. 回款流程

（1）销售员催款。

（2）销售员填写收款申请单。

（3）销售部和财务部确认。

（4）反馈给客户。

（5）客户回款。

6. 开票流程

（1）销售员填写开票申请单。

（2）销售部审核。

（3）财务部开票。

（4）交客户签收。

7. 售后服务流程

（1）接客户售后服务申请，由销售部经理确认。

（2）销售内勤填写《售后服务申请表》后发给技术部。

（3）技术部和客户沟通。

（4）技术部将服务状况、处理结果反馈给销售部经理及内勤。

（5）销售内勤与所属销售员进行内部沟通。

8. 退货（换货）流程

（1）客户提出申请，由销售员报销售分部经理确认。

（2）由销售员核对欲退货（换货）产品的品名、规格、数量。

（3）由销售员配合技术部鉴定退货（换货）产品的真伪。

（4）由销售分部将核实无误后的《退货详单》，即红字的《需货申请单》报销售部经理审核。

（5）由销售内勤根据审核的《退货详单》开具红票的《销售出库单》，并将第二联交于库管。

（6）库管办理退货（换货）手续。

销售计划纲要文案

我国古代著名的军事家孙武曾说："用兵之道，以计为首。"作为一个公司，做任何事情之前都需要有一个计划和打算。计划纲要既有指导作用，又有推动作用，它是建立正常的工作秩序，提高工作效率的重要手段。

在撰写销售计划纲要时，一般要围绕以下几个方面展开。

一、产品业绩

总结相对于去年计划的产品业绩，对于实际与计划的差异要做出解释说明，针对产品业绩或质量所做的任何调查都应被包括在本部分之内。

二、背景

包括背景分析的要点（尽可能地使用加重符号），最好能够把营销分析、竞争分析、历史业绩作为补充材料。

三、问题与机遇

1. 问题：列出达到目标过程中可能遇到的各种问题以及消除风险的措施。

2. 机遇：有助于达到目标的各种机遇。

四、预测目标

列出下一年度财政的产品销售预测。如果有几种产品或产品线，则使用表格形式。

五、营销目标

对于下一财政年度的产品或产品线各项目标进行简要陈述。可以从收入或利润、新产品测试、现有客户保持率等方面来说明。

六、营销计划

1. 市场定位

进行市场定位，要确保列出产品的特色（也就是产品在客户心目中的形象），市场定位说明一定要明确，从而能够把各项内容联系起来。

2. 目标市场

需要有几段文字，对主要和次要的目标市场进行描述和说明。

3. 产品战略

这一部分可以分为几个小节，取决于公司和产品的要求。

4. 定价战略

关于定价战略的整体陈述。

5. 广告战略（略）

6. 促销战略

除广告之外，营销计划中还有其他诸如宣传材料、商业展示计划及各种促销手段，格式要与其他部分保持一致。

7. 实地销售计划

实地销售计划一般编成单独的计划文件，包括对销售计划造成直接冲击的任何信息。例如，应在标准销售计划之外说明的或是作为预算支出一部分的任何培训和激励措施。

8. 分销战略

应包括各种有关分销渠道的变化（包括增减中间商），还应包括激励分销商的计划和通过其收集最终用户的信息的计划，主要包括目标和战略两部分。

9. 产品支持

介绍有关产品质量保证、消费者服务变化，或其他可能影响产品目标实现的产品支持问题，仍用以前的格式，主要包括目标和战略两部分。

七、培训

任何未列入营销计划中的培训。

八、财务小结

提出一份损益预测表。（略）

九、时间进度表

提出一份进度表，让每一位员工都能够各司其职。同时要留出一定的空白，让当事人签上名字和日期。

撰写模板：

____公司____年度营销计划纲要

一、营销中心的运营方向

我们的最终目的是什么？

1. 公司最初的计划

用城市的资源来打造农村，用农村的文化来回报城市。通过城市带动农村、农村服务城市的方式，让农民收入增长，生活环境改善。让城市人享受到更多健康的食品，体验到浓浓的乡土文化，达到政府得到政绩、运营商得到利润多方共赢的结果。

2.____公司现在的思路

几年来项目的运营过程中，在最初想法的基础上，____总经理又大胆提出了“资源变资产，资产变资本”的模式。通过资本的运作促进更多的社会资源投入进来，共同改造农村，让更多的农民收入增加，生活环境得到改善。让更多的城市人享受到健康，体验到浓浓的乡土文化。

3. 政府的介入

今年，随着____项目在公众视线逐步呈现，____项目的特色已引起了政府领导的重视。在公司高层管理者听取了项目汇报，对项目进行多方考察和调研后，公司明确要求，要把福村项目打造成国内及全世界一流的新农村建设示范点。

从以上三方面的情况来看，我们公司最终目的和主要任务就是：整合各方资源（政府、风投、城市人、商业机构、科研机构、学院学校），打造 ____ 新农村，让农民幸福地生活在这里。让城市人因这里而体验到生活的幸福。这就是我们的任务和使命，让更多乡村的农民和城里的市民越来越多地享受到生活的幸福。

二、公司的定位

如果上述的使命就是我们的追求，那么我们的定位就主要体现在以下几点：

1. 幸福生态新农村的建设。

2. 农民生活环境的改善和收入的增加。

3. 让城里的人体验到更多生活的幸福。

公司在 ____ 年的经营目标：

（1）幸福生态农村建设的目标（建 ____ 个）。

（2）农民生活环境改善和收入增加的目标（为这些乡村带来 ____ 元销售收入）。

（3）让城里人体验到更多幸福生活的目标（吸引 ____ 城里人去体验）。

三、营销中心的运营目标

1. 围绕 ____ 年公司的经营目标，营销中心能做什么？

围绕幸福生态新农村建设有以下几个关键节点：

（1）拿到建设项目。

（2）赢得农民支持。

（3）争取政策的支持。

（4）筹备建设用的资金。

从以上四个关键节点中，我们可以明显看出，营销中心唯一可以做的就是在资金的招募上帮忙，主要从以下三个方面人手：

（1）土地上各板块的合作招商。

（2）通过主妇联盟私募。

（3）预售 ____ 计划的地块。

2. 围绕农民生活环境改善和收入增加，营销中心能做什么？

在此项经营目标上，营销中心唯一能做的就是通过现在的产品和项目，以及新开发的产品和项目的运营，为建设好的园区带来尽可能多的营业额。

3. 围绕让城市人体验到更多幸福生活，营销中心能做什么？

这一阶段是营销中心的重点工作，也是营销中心的主要工作任务：通过各种手法，把城市人组织起来，到农村去体验生活的幸福；通过各种渠道和方式为城市人提供更多安全、无污染、有机绿色的农副产品。

四、营销中心的运营模式

1. 通过上面营销中心运营目标的分析，可以看出营销中心的运营主要有三大板块：

（1）以项目资金招募为中心的合作招商、项目投资和产品预售。

（2）以园区产品销售为中心的园区产品销售。

（3）以城市群体服务为中心的服务项目开发和营销。

2. 围绕这三个板块，可以把营销中心的工作分为三个部分：

（1）资金招募：专门负责园区各生产板块的合作招商，各个新园区 ____ 预售，____ 项目投资。

（2）园区产品销售：专门负责园区所有产品和项目的销售。

（3）服务项目开发和营销：专门针对城市群体进行项目开发和营销。

*注：园区销售和服务项目开发和营销的区别在于园区销售是针对现有产品找人来消费，是围绕园区产品来做的，局限于所在园区销售半径和自己园区仅有的产品。而服务项目开发和营销则是针对所在城市的消费群

体的需求而开发产品和服务项目来为城市消费群体服务的，没有区域和产品的限制。

3. 三个板块人员的设置：

（1）资金招募板块：可设合作招商专员，产品预售。

福村主妇生活合作社：项目投资组。

（2）园区产品销售板块：根据园区现有的产品，为每个产品设一个销售专员，统一接受园区的销售经理的管理，销售经理还要协调园区的活动策划和客户服务。

（3）项目开发营销板块可设：

城市 ____ 项目开发营销组（以田间教育为撬动点）。

城市 ____ 项目开发营销组（以周末乐逍遥为撬动点）。

城市 ____ 项目开发营销组（以 ____ 为撬动点——____ 合作社：社员发展组，活动策划组）。

城市 ____ 项目开发营销组（和老年协会合作）。

城市 ____ 项目开发营销组（以 ____ 为撬动点——____ 合作社：产品采供组）。

五、____ 年营销中心组织规划（略）

六、各部门职能

1. 市场活动策划部：主要负责所在园区活动、市场活动的策划、指导，负责各项目、各产品的市场推广，品牌宣传的执行。

2. 区域市场营销部：主要负责所辖区域（如重庆）目标群体的项目开发和营销，为目标群体提供产品和项目的服务。

3. 主妇联盟运营部：主要负责所辖区域内 ____ 主妇生活合作社的组建和运营，大力发展社员，为社员提供各项服务。

4. 生产项目招商部：主要负责所辖区域园区生产项目的招商，地块产品的预租售。

5. 园区产品销售部：主要负责所在园区产品和服务项目的销售，通过产品和服务项目的销售提升园区营业额。

七、营销中心工作开展步骤

年前重点抓 ____ 课堂筹备，____ 合作社筹备，营销中心运营模式确定和运营系统搭建。

春节期间，主抓田间课堂业务，____ 合作社组建和启动，营销中心关键人员的配置，各项业务工作的分配。

第一季度，力争 ____ 课堂正常启动，并进入高峰，____ 合作社成功组建并试运营，周末乐逍遥能完成年度目标的 ____%，____ 计划完成年度目标 ____%。

第二季度，田间课堂黄金季节，应完成年度目标的 ____%，周末乐逍遥完成年度目标的 ____%，____ 计划完成年度目标的 ____%。城市小孩项目以田间课堂为主，通过渠道收集客户数据，同时开发新的小孩项目（家长陪同）。城市白领主要以周末乐逍遥为主，开发企业团队客户，收集客户数据，同时开发一些新的城市白领项目。城市老人项目主要和老年协会联系，组织一些老年人的活动。家庭项目主要以公司其他项目的老客户（如学生、白领、主妇）为主，配合媒体推广，做一些家庭的活动项目，同时开发一些其他的家庭活动项目。

第三季度，田间课堂和城市小孩主攻夏令营，周末乐逍遥主攻企业团队，同时加强和老客户的沟通，增进老客户销售。____ 计划照常规推进。无论城市小孩、城市白领、城市老人、城市家庭，通过第二季度、第三季度的累积都是一个高峰。

第四季度，本季度一方面在年前加推一把，争取为 ____ 年画上一个完美的句号。同时也是最后的冲刺，如团购年、农副产品等。为 ____ 年的营销做规划，做调整，做准备。

八、营销中心 ____ 年年度运营预算（略）

九、____ 年年度营销中心运营目标达成保障

目标达成的关键在于执行任务的人，因此对各板块执行任务的人员选择非常关键，如果人没选对，不管如何，目标都完不成。

专人、专职、专事：一个任务，就让一个人来专门负责，集中精力，才能实现目标并超越目标。不管任何一件工作，都要落实到专人负责。

公司各部门要围绕营销中心的营销工作，全力提供支持和协助（如人事、行政、后勤、生产、服务等）。

严格的目标任务考核机制：以正激励为主，达成目标奖励（80% 为一个级，100% 为一个级，120% 为一个级），对于不能胜任或不主动执行任务的，应立即调离岗位或辞退。

激发动力的奖金制度：佣金要有吸引力，而不是象征性，更要杜绝"创多创少一个价"的薪酬制度。佣金与任务挂钩，完成任务有奖金，没完成任务就没有奖金。

对于项目责任人，要随时跟进项目进展，一旦发现其无法胜任该项目或不主动去执行该项目，就要第一时间把项目分给能胜任、愿意主动去完成项目任务的人去做。

收益分成：公司愿意把项目收益的多少分给项目组，这决定了项目组成员对项目执行的动力，毕竟公司收获的无形收益远多于有形的收益（如品牌、客户关系、营销网络、运营系统、公众影响力等）。

系统、有序地推进营销工作：三天一个思路，两天一个决策，只会让营销团队无所适从，最终影响目标的达成。一个项目一旦决定下来，所需要的就是循序渐进去努力、去执行。

以上就是营销中心 ____ 年的运营思路和想法，谢谢大家的参与和讨论！

____ 营销中心

____ 年 ____ 月 ____ 日

销售目标管理文案

所谓的销售目标管理就是通过设定合理的销售目标，并对其进行合理的分解，通过合适的手段予以实施和监控，并关注最终结果和评估的一种管理过程。在写销售目标管理方案时，要注意以下几个要素：

1. 制订管理方案的总则，目的是最大限度地调动销售人员的积极性，从而使公司在最短时间内获得最佳的效益。

2. 要确定方案的使用范围。如果没有特殊的规定，销售人员均按照本方案所规定的实施考核。

3. 要制订相应的销售员编制。一般来说销售队伍由管理岗位的销售总监、销售代表和非销售岗位三部分组成。

4. 对各部门下达销售任务，让其在一定的时间内完成相应的目标。

除此之外，还要注意绩效工资、奖金、商务宴请、欠款回收、薪资计算、商务用车等注意事项。

撰写模板：

____公司销售目标管理文案

一、总则

1. 制订目的

为了最大限度调动营销人员的工作积极性，鼓励先进，从而提高绩效，获取最佳的经营业绩，特拟定以下公司销售部绩效考核办法。

2. 使用范围

公关销售部人员的考核，除另有规定外，均依照本办法所规定的体制进行考核。

二、销售目标管理业绩核算范围

1. 与销售人员签订协议的客户在公司自己经营场所的各项消费。

2. 会员在公司自己经营场所的各项消费。

3. 销售人员收回的挂账消费。

4. 销售人员电话预订的所有消费。

5. 公司免费卡和代金券部分不计入部门业绩。

三、销售部编制

1. 管理岗位：销售总监 ____ 名。

2. 销售岗位：销售代表 ____ 名，经理 ____ 名。

3. 非销售岗位：美工企划 ____ 名。

四、部门销售任务

1. 销售部总体月度任务额为（按目前销售岗位编制人数，如有销售人员增加则另行调整任务）：

淡季：____ 万元整 / 月（至少与公司整体盈亏平衡点保持一致）。

旺季：____ 万元整 / 月（至少与公司整体盈亏平衡点保持一致）。

注：开业前 ____ 个月，销售任务按 ____ % 计。如部分开业，销售任务另行核算确定。

2. 销售总监对销售部总体销售任务负责，部门当月未完成销售任务的，销售总监按完成的任务比例领取任务底薪和各项补贴，但最低不低于 ____%。

3. 开业后，销售总监享有任务底薪 ____ 元 / 月；筹备期，销售总监薪资另行确定。

4. 销售部连续 2 个月不能完成月度销售任务的 ____%，或连续 4 个月不能完成销售任务的 80% 的，销售总监将被辞退或调整到其他岗位。

5. 销售部连续 3 个月不能完成基本业绩的 ____%，从第三个月开始将停发销售总监各项补贴及津贴。

五、销售岗位绩效工资的考核

1. 销售部新招聘销售人员必须有 ____ 行业销售从业经历。新录用的员工试用期为 ____ 个月，连续 ____ 个月完不成销售任务的，将予以辞退；对个人能力严重不足的，可当月解除聘用合同。试用期员工在试用期第一个月完成规定销售任务的，可提前结束试用期，当月转正。

2. 销售人员月业绩要求及提成比例见表一、表二、表三（销售总监无个人任务）：

表一：（试用期）

岗位	销售任务	绩效工资	提成区间	提成比例
初级销售代表	____万	____元	完成任务，任务额度内	____%
			超出任务，10 万以内的部分	____%
			超出任务，10 万以上的部分	____%

表二：（普通销售代表）

岗位	销售任务	绩效工资	提成区间	提成比例
普通销售代表	____万	____元	完成任务，任务额度内	____%
			超出任务，10 万以内的部分	____%
			超出任务，10 万以上的部分	____%

表三：（高级销售代表）

岗位	销售任务	绩效工资	提成区间	提成比例
高级销售代表	____万	____元	完成任务，任务额度内	____%
			超出任务，10 万以内的部分	____%
			超出任务，10 万以上的部分	____%

3. 销售代表未完成销售任务的，按完成的任务比例领取基本工资和各项补贴，但最低不低于 50%。

4. 高级销售代表连续 2 个月不能完成个人销售任务的 ____%，将予以降级；普通销售代表连续 2 个月未能完成个人销售任务的 ____%，或连续 4 个月未能完成个人销售任务的 ____% 的，将实行末位淘汰或调整到其他岗位。

5. 销售总监个人的销售业绩按高级销售代表提成方案执行，但不再享受额外底薪。

6. 兼职销售人员不发底薪及补贴，业绩提成 ____%。

六、绩效奖金的核算

1. 销售部完成公司规定的月度销售任务目标，按销售额的 1% 提成作为绩效部门绩效奖金。

（1）绩效奖金的分配比例为：销售总监 ____%；各销售代表总计 ____%；未完成个人任务的销售代表无奖金，该剩余部分奖金用于销售部部门建设，所有支出明细年底将由财务部提供清单。

（2）部门绩效奖金总额的 ____% 作为非营销工作岗位绩效奖金，如有缺岗人员，则按比例提取作为部门建设费用。

（3）部门绩效奖金总额的 ____% 作为每季度最佳销售员的奖励。

2. 销售部完成公司规定的月度销售任务目标后，部门销售额高于月度销售任务以上的部分，另提 ____% 作为销售总监的绩效奖金。

七、福利补贴标准及报销程序

1. 补贴明细（以下金额均为每月报销最高限额，实际发生金额低于此金额则实报实销）

（1）销售总监通信补贴 ____ 元 / 月，交通补贴 ____ 元 / 月。

（2）销售代表通信补贴 ____ 元 / 月，交通补贴 ____ 元 / 月。

（3）高级销售代表通信补贴 ____ 元 / 月，交通补贴 ____ 元 / 月。

（4）试用期内的销售人员，不享受各项补贴。

2. 补贴报销程序

（1）凭当月话费汇总账单报销通信费用。

（2）凭当月报销凭证报销交通费用。车票、油票背面须注明起止地点，客户名称、联系方式以备审核。

（3）每月 ____ 日前完成上月通信补贴、交通补贴的报销工作。

（4）销售部总监每月汇总部门各项支出费用，并制作明细表格备档。

八、宴请费用报销标准及程序

1. 销售部每月店内宴请额度为 ____ 元，超出部分于次月宴请费用中扣除。招待费用按实价（当季折后价格）从销售员当月销售业绩中扣除。

2. 销售部人员宴请客户，应先填写“部门内部宴请单”，经部门负责人批准后方可实施；如确因工作需要超出宴请标准限额，应先填写“酒店宴请单”并上报总经理审批方可实施。如特殊情况下未经请示发生费用，应及时补办，否则不予报销。

3. 每月 10 日前完成上月宴请费用的报销工作。

九、欠款回收

1. 销售人员做好所分管签单挂账客户的相关协调工作，按照合同结款期协助计财做好收款工作，签单挂账客户的消费按结账日期纳入销售人员销售业绩。

2. 销售人员应认真维护好所分管签单挂账客户的客户关系，超过 ____ 个月未产生消费客户的，销售部可根据情况调整销售人员重新跟进。

3. 超过 ____ 个月未收回的款项，在 ____ 个月内收回，按 ____% 计算销售人员业绩；超过 ____ 个月内未收回的款项不计算销售人员业绩，财务部将从此销售人员的薪资内逐月扣除此笔款项，待该笔款项收回后再予以返还；销售总监对未收回款项承担收款连带责任。

4. 如已办卡会员出现退卡的，则对相关销售代表处以相当于退卡额度 ____% 的经济处罚；如因服务质量等原因导致客人退卡的，相关责任人负连带责任。

十、薪资计算

1. 效益工资计提应按税法规定计算个人所得税。

2. 销售人员提取提成工资每月结算一次并按 ____% 发放，剩余 ____% 年终前兑现。

3. 每月 1 日由销售部与财务部确认上月销售额、计提销售工资额，上报总经理，每月 ____ 日发放工资、提成和奖金等。

4. 提成基数为客户已支付金额，比如房费、餐费、康体等公司自营项目，不含客户支付杂项费用，比如，支付的电话费、洗衣费、商品部购物、提现等。

十一、商务用车

销售人员如使用公司车辆，应按相关规定填写《用车申请单》，车辆保险、保养、油料由公司负责，其他费用自付。

十二、解释与修订

1. 本管理办法由财务部负责解释。

2. 本管理办法自公布之日起实行，如有变动公司另行制订修订方案。

销售业务管理规程文案

一个优秀的企业一定是一个制度完善、管理规范的企业。可以说一份有效的、合理的销售业务管理规程是规范企业销售人员日常行为的一个重要工具，也是提高员工的工作效率和质量的关键所在。在进行销售业务管理规程的写作时要注意以下方面：

1. 目的。注明制度出台的目的，对员工的日常行为有一个明确的规定。

2. 范围。对销售业务注意事项的范围进行明确界定。

3. 正文。制订规范的销售业务管理规范，并切实落实到员工身上。

4. 结尾。标明该规范实施的具体时间。

撰写模板：

____公司销售业务管理规程文案

第一条　本公司销售业务处理须依照本规定进行。

第二条　本规定的目的在于明确销售活动中的事务基准及手续，使销售营运得以顺利进行。

第三条　销售业务属于销售经理的管理范围。

第四条　销售业务的事务范围如下：

1. 处理销售方面的事项。

2. 从估价到货款回收为止的一切与销售有关的事务。

3. 因销售而发生的会计记账事务。

4. 代理店与特约店的管理。

5. 广告、宣传业务。

第五条　销售计划在编制之前，应先对一般经济情况进行预测，对过去销售业绩进行分析，进行市场调查，对企业设备及生产状况进行调查。

第六条　估价时除对企业的成本进行调查外，还需参照其他同行业公司及市价，以求准确。

第七条　受理订货的契约，原则上以文书方式为主，双方互相交换。

第八条　交货的日期务必严格遵守。为达此目的，应不断与客户及技术部门保持密切联系。

第九条　产品销售后的货款回收务必确保其顺利进行，因此除尽快采取催款手续外，直到贷款收齐之前，必须经常留心其发展。

第十条　账簿的记载，传票资料发出及整理，须以互相牵制为根本，在整理方式上必须求其统一与合理化。

第十一条　代理店及特约店通常设置在较偏远的地方，以销售标准规格品为主。

第十二条　广告、宣传的目的在于提升公司信誉及产品的知名度，以此引发需求，保证销售计划完成。在实施广告或宣传时，必须依据统一的计划，重点实施，使经费得到最有效的利用。

第十三条　开发新产品时要让消费者认识新产品，引发他们的需求，以扩大销售。

第十四条　在本规定中，销售科是指事业所及负责销售实务的机构；业务科如果没有特别规定，通常指负责业务的机构。

第十五条　销售经理须依据规定，与相关部门进行联络、协议、策定销售计划。

第十六条　销售计划中须定期制订半年度的订货受理及销售计划表、各月份销售计划表、半年的进款计划表及各月份的进款计划表。

1. 半年度订货受理计划及销售计划表须于每年的 ____ 月及 ____ 月，依月份、产品种类分别编制。

2. 月份销售计划表内容依照出货月份、产品种类等编制。

3. 半年度收款表于每年的 ____ 月及 ____ 月，依照月份、客户分别编制。

4. 各月份进款计划表于每月初将各销售科及客户的当月进款预计计入表中。

第十七条　店长、事业所所长及销售科长应将上述各计划的资料及计划表提交给销售经理。

第十八条　销售部为了制订第十六条中的各项计划，应收集过去的销售实绩资料，分析市场动向，进行各方面的预测。

第十九条　销售部经理应定期召集相关的负责人员，召开半年订货受理会议、月度销售会议及每月收款会议，讨论和修改销售计划。

1. 半年度订货受理会议于每年的____月及____月初召开，会议目的在于商议下年度的订货受理计划的方案。

2. 月份销售会议于每月初举行，目的在于商议销售计划。

3. 每月进款会议于每月初举行，目的在于审议每月的收款计划。

销售合同范本

所谓的销售合同是指平等主体的自然人、法人、其他组织之间设立、变更、终止民事权利义务关系的协议。签单销售合同是买卖双方在营销活动中常见的一项法律活动。

因为销售合同不仅关系到营销员的个人经济利益，同时牵连到企业的经济效益。所以，合同的签订一定要慎之又慎。一份好的、规范的合同范本应符合以下几个要求：

1. 遵守国家的法律和政策。

2. 遵守平等互利、协商一致、等价有偿的原则。

3. 遵守诚实信用原则。

4. 销售合同的条款详细明确，具体规范买卖双方的责任和义务。

撰写模板：

产品销售合同

合同号：____________

需方（甲方）：____________

供方（乙方）：____________

双方本着相互尊重、共同发展、互利互惠的合作原则，经双方平等协商签定本合同，同时双方承诺按下列合同条款进行公平交易。本合同共

____ 页，附件共 ____ 页。

1. 经确认甲方同意向乙方购买如下所示产品：

序号	名称	型号及配置	单位	数量	单价（元）	合计(元)	备注
1							
2							
3							
合同含税价总金额：￥							
合同含税价总金额（大写）							
合同应收款：￥							

2. 乙方承诺根据合同条款按时提供合同所列货物及完整的随货附件。

3. 产品质量及技术标准：合同标识厂商之相应产品技术规范；乙方对所供合同产品负责的维修期限：厂商标准。

4. 收货事宜：

（1）需方指定本合同项下的货物完整收货地址为：

____

（2）需方指定本合同项下的货物收货联系人 / 电话为：

____

5. 交货日期：____________

签订合同之日起 ____ 个工作日内。

6. 运输及提货费用的负担：

（1）供方送货。

（2）所有合同货物的运输及提货费用的负担由供方承担。

7. 产品验收方法及异议期限：

（1）所有合同产品均应在交货地点现场拆验，如有质量异议可在三日内提出。乙方将协助甲方解决因产品质量问题所带来的争议。

（2）甲方验货时除非因产品质量问题，否则不得以任何理由提出拒付货款，包括验收后。

8. 付款、开票及违约责任：

（1）需方在收讫货物后____个工作日内，向供方付清所有货款（____________元）；如需方未在合同规定时间内付款，供方将按货款总额的每日3‰收取滞纳金。

供方收到全额含税总货款后向需方交付等值合法的发票。对于供、需双方交接发票、结算票据事宜，双方一致认同：需方取得发票并不代表需方货款已付清。

（2）如由不可抗拒力导致乙方不能按时交货，双方在互相谅解的基础上协商解决，供方不承担违约责任。

（3）如需方未能在合同约定的付款期限付清应付给供方之款项，供方有权收回货物，并不返还需方已付款项，同时不免除供方向需方进一步要求赔偿损失的权利。

（4）违约责任：

①供方不能按时提供货物，或提供货物的种类和质量不符合合同约定，视为违约。

②任意一方违约将承担合同总金额的百分之三十作为违约金。

③任意一方违约将承担对方的律师等相关费用，费用为合同总金额的百分之十。

9. 对执行本合同若双方有争议时，不能协商解决的，由供方公司所在地法院管辖。

10. 本合同如需补充，双方可以附件的形式说明。未尽事宜，双方协商解决。

11. 本合同一式两份，甲乙双方各持一份，经双方签字盖章之后生效。

12. 本合同于 ____ 年 ____ 月 ____ 日以正本方式签订及合同附件，都具备相同法律效力。

13. 除签名、签时间外手写及涂改无效。

需方单位（甲方）盖章：　　　　供方单位（乙方）盖章：

经办人：______　　　　经办人：______

时间：________　　　　时间：________

回款策划文案

回款是一种资金流动形式，也是销售中的一种业务模式。商家通过先销售后收款的方式提高销量，通过催缴回款用于再生产或投资，以实现第二次销售业务。回款是企业业务的核心工作之一，也是企业生存、发展的要素之一，只有不断提高回款质量，不断提高业绩，企业才能健康发展。

要知道，在市场竞争中，尽管赊销有时是必要的，完全杜绝赊销会失去很多盈利机会，但厂家必须制订严格的赊销政策，切勿随意；对赊销总规模要进行控制，确定警戒线，一般应收账款不超过资产的 20%；货一旦赊出去，就必须密切关注客户的运作情况，对一些不良征兆要高度警惕，切勿赊销期满才想起来过问，否则，很可能受到损失。

因此，对于企业而言，回款工作一定要有计划。那么回款文案怎样才能如愿做好呢？如果是指经营性回款，那么可以依照公司经营或销售计划，策划回款的文案，按时间或商品的种别进行分类，填写相应的数量和数字，就构成了回款计划的框架，再分析回款中可能遇到的问题，准备如何解决，这样，就可以完成一篇完整的回款文案。

撰写模板：

——公司回款策划文案

为了防止企业的大量货款滞留在销售渠道中，及时回收所发生的销售款项，避免公司出现经营困难，最大限度地降低经营风险，公司销售部特制订以下销售回款管理方案。各营销下属机构、分公司等应以此方案为指导，及时回收销售款项。

一、预防拖欠款的发生

1. 约定预付款

这是防止欠款发生的最直接方法。销售人员在与客户商讨销售协议时，最好将预付款作为成交的条件，并在合同中明确说明。只有客户货款到账，我公司才会按照订单要求发货。

2. 其他预防措施

（1）合同中要明确各项事宜，尤其是付款方式和付款时间，防止客户借口不付款；即使客户不按时付款，诉诸法律时也有据可依。

（2）做好业务记录，每一次出货、发货都做好记录并让客户方签字（当面或传真方式），明确在哪一天客户购买了哪些品种，合计多少钱；每一笔货款按约定又该何时回笼等，以免日后发生争议。

（3）时刻关注客户一切异常情况。如客户企业法人代表易人、经营转向、办公地点更换、企业破产等。一有风吹草动，销售人员应马上采取措施，防患于未然，杜绝呆账、死账的发生。若相关负责人离职，销售人员务必要让其办好还款手续。

二、销售回款监控

对于销售回款，各部门销售经理应做好控制工作，及时统计各销售人员业绩及回款情况，并与财务部及时沟通，了解货款到账情况，并采取相应的奖惩措施，以激发销售人员的积极性，促进货款的及时回笼。

1. 月度回款目标监控

（1）销售回款目标的设定

销售部经理应根据销售活动的实际情况、部门销售目标及企业销售回款任务要求，制订每月销售目标及销售回款目标，并进行分解，具体到销售人员，让每一位销售人员明确了解自己的任务目标。

具体的月度销售回款目标可设置为：部门销售目标 ____ 万元，销售回款率应达到 ____%～ ____%；个人销售目标 ____ 万元，销售回款率应达到 ____%以上。

（2）回款奖惩办法

本企业的货款回收与销售人员的业绩考核直接挂钩。

销售人员在 ____ 销售过程中，其回收款项业绩不仅与个人利益挂钩，还和回收账款的管理联系在一起，使应收账款处在合理、安全的范围之内。下表所示的是随着销售人员所回收货款的多少而制订的相应的奖惩措施。

2. 当天回款当天报告

销售人员收到货款之后，必须立即将其交到所在销售公司、销售单位的财务人员处。各分公司出纳设置回款登记簿，详细记录并及时核对分公司下属的各个分区的回款情况。

销售回款回收统计表

公司销售区域	销售人员姓名	业务款项	回收金额	财务人员统计	财务主管核实是否属实
A 区					□是□否
B 区					□是□否
C 区					□是□否
D 区					□是□否

第 3 章
资本运作实用文案

投资可行性报告

做出投资决策之前必须有一个切实可行的分析报告。一般来说，投资可行性报告包括投资项目介绍、市场分析、财务预算、融资方的组织结构及运作模式、投资资本的介入和退出方式、投资风险分析以及一些相关的附件等。它是投资决策的重要依据，也是进一步开展工作的前提和基础。

在编写投资可行性报告的时候，需要用大量数据来论证，所以收集材料的详细与否，将在很大程度上决定投资报告的质量。

撰写模板：

____企业投资可行性报告

一、企业简介

1. 企业名称：________

2. 地址：________

3. 法定代表人：________

4. 员工人数：________

5. 企业发展过程：____________________

6. 企业股本变化情况和最新股本结构。（略）

7. 企业目前组织结构。（略）

8. 企业最近 3 年主营业务收入、主营业务利润、利润总额、税后利润、总资产和净资产。

9. 企业最近 3 年的研究开发费用。

10. 企业的新产品、新技术开发计划及费用估计。

目前，企业正在进行的新技术研发项目主要是 ____。此项目已进行了 ____ 年，投入 ____ 万元；预计 ____ 年完成，后续还需投入资金 ____ 万元。

另外，企业同时进行的项目还有 ____ 及 ____。二者前期投入均不大，分别为 ____ 万元、____ 万元。计划 ____ 年完成，后续还需投入 ____ 万元、____ 万元。

11. 企业今后 3 年内的发展规划及关键要点

今后 3 年内，企业要坚持服务于市场，争取做市场的龙头企业，做到“人无我有，人有我优”，以一流的品牌、一流的产品占领市场。具体实施步骤如下：

（1）以 ____ 项目的研发为契机，先发制人，力争在 ____ 市场上抢占先机。

（2）开拓我国 ____ 的巨大市场，以 ____、____ 为中心，向周边地区辐射。在 ____ 年，中部地区的市场份额应占企业份额的 ____%，利润额应占总利润的 ____%。

（3）发展国外市场，至少在欧美国家设立 ____ 个办事处。到 ____ 年，国外的市场份额力争扩大至 ____%，利润额为 ____%。

二、产品的市场分析

1. 产品的主要内容和性质。（略）

2. 产品的规格及核心技术。（略）

3. 产品及其相似产品在国际 / 国内的发展情况。（略）

4. 企业主要产品最近 2 年的销售情况。（略）

5. 企业（项目）的产品成本和盈利分析。（略）

6. 产品未来 1 ~ 5 年的市场前景预测。

随着国内市场准入机制的进一步完善，国外的许多优秀企业纷纷进入国内市场，所以未来 5 年的市场竞争将更加激烈，行业的整合洗牌不可避免，这对于一些中小企业将是致命的冲击。我们的产品已经在行业内站稳了脚跟，对企业而言，未来 5 年正是进一步开拓国内市场，打开国际市场的良好契机。我们预测，在未来的 1 ~ 5 年，产品销量大致会沿着 ______ 的数据呈逐步上升的趋势。

7. 产品或企业的独特性及市场竞争力。

企业最大的竞争力就是 ____ 技术，此项技术处于国内领先水平，而且在国际上也鲜有企业能够拥有。这项技术比德国 ________ 公司的 ____ 技术在 ____ 方面更具有优势……

8. 竞争对手的优、劣势分析。

企业最大的竞争对手是德国的 ____ 公司和日本的 ____ 公司。

____ 国的 ____ 公司是一家拥有百年历史的大企业，在国际市场上拥有良好的声誉。虽然近年来由于 ____ 事件的影响，其企业声誉受到一定的影响，但在全球仍拥有数以万计的忠实客户。

当然，其百年的历史是优势也是劣势。机构臃肿，行动缓慢成了 ____ 公司亟待解决的问题。它们的技术开发虽然先进，但却在很多方面都做着无用功。比如在 ____ 年研发了 ____ 技术，由于 ____ 国际标准的改变，其投入的人力、物力都成了“无用功”。仅此一项，给其造成的损失就高达 ____ 万元。

____ 国的 ____ 公司是一家刚成立不久的新公司，虽然规模较小，但冲劲十足。其在进入内地市场之前，已成功地在韩国和中国台湾等地区取得了十分可观的市场份额，可谓是 ____ 行业的一匹黑马……

三、财务预算

1. 企业目前的财务状况和资本结构。（略）

2. 企业（项目）目前的财务预算。（略）

3. 企业（项目）未来 3 年的盈利预测。（略）

4. 企业（项目）未来 3 年的负债预测。（略）

5. 企业（项目）的投资周期以及回报率分析。（略）

四、企业的组织结构和运营模式

1. 企业的发展战略。（略）

2. 企业的人力资源规划。（略）

3. 生产管理模式。

企业生产管理模式采用固有模式和机动模式相结合的原则……

4. 企业主要产品的销售手段和销售渠道。

产品销售主要采用原有的销售渠道，并与当地政府进行合作，在帮助当地经济发展的过程中实现企业自身的发展……

五、资本的投入和退出

1. 资本的投入方式、金额及时机。

资本将以现金的形式在 3 年内分 3 次投入。

在 20____ 年 ____ 月，投入资金 ____ 万元，以完成 ____ 项目的研发。

在 20____ 年 ____ 月，投入第二笔资金 ____ 万元，以完成国际市场的开拓工作。

在 20____ 年 ____ 月，第三笔资金 ____ 万元将用以……

2. 资本在今后 5 年内从企业（项目）的获利及来源。（略）

3. 资本在今后 3 ~ 8 年内退出的可能性和退出方式。（略）

4. 资本撤出的条件、时机和方法。（略）

5. 投入资金的风险和规避措施。（略）

6. 有关的验证材料。（略）

投资风险分析报告

投资风险评估报告，又称投资风险评审报告、投资风险评定与规避报告，是对项目风险全方位地进行科学分析，以评估项目所面临的风险等级，为投资方决策提供科学、严谨的依据，降低项目投资的风险。

在编写投资风险分析报告时要实事求是，既不能危言耸听，夸大风险，使有可能盈利的投资活动因为潜在的风险而搁浅；也不能忽视风险，为了获得投资许可而忽视风险的存在。一般来说，投资风险分析报告应当以事实为依据，逐条说明存在的风险即可。

撰写模板：

____公司投资风险分析报告

____在我国已有____多年的历史，是我国非常重要的____，其产业链很长，是我国粮食主产区新的经济增长点。

然而，目前国内____业依然存在着的一些问题必须引起我们的注意。

1.____产量低、生产规模小。

我国一直将____作为____，这导致了____的发展没有得到足够的重视，____产业在____等基本设施建设、品种培育与改良、栽培技术和新技术的推广应用方面还存在升级改进的空间。

在____方面投入较少，____总体品质较差，单产量较低。我国的____单产比世界平均水平要低近30个百分点，而单产水平低直接影响到____的生产规模。

2. 成本高。

我国 ____ 在种植单产量低且没有形成规模效应之前，成本自然相对较高。以 ____ 省为例，生产 ____ 每吨成本为 ____ 元，比巴西南部的 ____ 元高出 ____ 元、巴西北部的 ____ 元高出 ________ 元、阿根廷的 ____ 元高出 ____ 元。

3. 混种混收。

我国 ____ 没有形成专业化生产，____ 品种的混种，产品的混收、混储、混销现象很严重，这直接影响了 ____。

4. 没有跟上人们消费习惯的变化。

如今，人们的消费水平和消费结构都发生了显著的变化，____ 已经成为人体 ____ 来源的重要补充、优质 ____ 的主要来源以及高品质食用植物油的主要生产原料。因此，人们对 ____ 的品质也提出了更高的要求，但长期滞后的 ____ 和 ____ 加工业还处于落后水平，没有跟上人们的消费需求和变化。

基于以上四方面的原因，投资 ____ 加工业其中的风险也是显而易见的。

（1）经营风险。

（2）行业风险。

（3）环保风险。

（4）政策性风险。

（5）关联性行业的风险传递。

总之，投资 ____ 加工业还是存在着一定风险的，不容小觑。

投资前景预测报告

投资前景预测报告的写作应当包括行业现状和发展趋势两大部分，其写作的关键点在于收集资料，保证内容的严谨、翔实。

撰写模板：

____ 行业投资前景预测报告

1.____ 行业现状

____ 年 ____ 行业在结构调整、技术进步方面成效显著，特别是名牌战略取得了重大进展。今年也是 ____ 行业推进名牌战略成效最为显著的一年，共有 ____ 种产品，____ 家企业被确定为 ____ 名牌产品，产品包括 ____、____、____ 等，是历年来 ____ 行业获得 ____ 牌产品品种最多的一年。

根据统计结果，____ 年 ____ 市场容量为：____ 大于 ____ 万平方米，主要用于 ____。____ 约 ____ 万平方米，主要用于 ____ 项目，部分将用于 ____。

在工装方面，____ 年以前，____ 新楼盘施工、涉外酒店装修、旧房改造等项目，都用上了大量的 ____。毫无疑问，____、____、____ 等作为 ____ 产业高端产品的材料，将与 ____ 行业紧密地联系在一起，有着广阔、持久的市场。

（1）行业发展周期分析。（略）

（2）行业盈利性分析。（略）

（3）行业存在的主要问题。（略）

（4）行业的竞争分析。（略）

（5）行业重点企业分析。（略）

2.____ 行业的市场前景

在 ____ 产业高速增长，产品不断创新以及个人收入水平显著提升等因素的影响下，预计到 ____ 年，____ 市场将会以最快的年均增长速度急剧扩张，而 ____ 的市场需求在 ____ 业迅猛发展的有利形势的驱动下增长也会相当可观。____ 面临良好的发展前景。

融资方案选择文案

融资方案选择报告的写作包括标题和正文两大部分。标题通常由拟制融资方案的单位和文种组成，正文部分由开头、主体、落款三部分组成。

融资方案选择报告需要计算出每一种融资方案的融资成本；相对于不同的融资方案，计算出每一种投资方案的净现值；根据更高的投资回报率和更低的融资成本原则，找出最佳投资方案与融资方案的匹配组合。

撰写模板：

____ 公司融资方案的选择报告

为了进行 ____ 项目，开发部和技术部提出了两种融资方案。现按董事会指示，对这两种融资方案的选择问题提出如下建议，以供董事会参考。

1. 公司资金构成。（略）

2. 两种融资方案的成本核算。

按公司规划，年度期望股息为 ____ 万元，预计以后每年股息增加 ____%，企业所得税为 ____%，发行证券、股票融资将增资 ____ 万元。按开发部和技术部的意见，有两种方案可供选择。

方案一：

发行长期债券 ____ 万元，年利率为 ____%，另发行普通股 ____ 万元，股息也增加到 ____ 元，以后每年股息增加 ____%。这样，随着企业信誉的提高，普通股升值的空间也很大。现在，普通股市价已升到 ____ 元。

方案二：

发行长期债券 ____ 万元，年利率为 ____%，普通股股息增加到 ____ 元，以后每年股息增加 ____%。但是，现阶段股市动荡无疑增加了企业承担的风险。现在，普通股市价已跌至 ____ 元。（计算略）

为了更加明显地看出两种方案的优劣，我们首先对年初综合资金成本做出计算。

综合资金的成本计算。（计算略）

3. 结论

通过成本计算，可以清楚地看出，方案一的综合资金成本不仅低于方案二，而且低于年初综合资金成本。因此，方案一是可行的，我们建议公司采用方案一进行资金筹措。

________公司财务部

____年____月____日

筹资申请文案

所谓的筹资申请是指向可以直接拨、贷款的上级金融机构申请拨款或给予贷款等进行筹资活动时使用的一种公文。筹资申请一般包括补借流动资金的申请、借款申请等申请文书。

在编写筹资申请文案的时候必须要标明申请的理由、目的、依据以及筹资的方式、金额和相关项目的可行性及收回投资的进度。

撰写模板：

关于开发新产品的借款申请

中国建设银行____市分行：

为了调整产品结构，增加产品品种，增强企业市场应变能力，提高经济效益和出口创汇能力，我公司在____年新产品试制工作中，对____产品采用____法成功地分离出纯度大于____%的合格的____新产品，并取得了工艺控制参数，为我省化工行业填补了一项空白。我公司开发的____新产品具有以下几个特点：

一、产品质量高，销路广。该产品系合成____和____原料，国内生产该产品的只有____公司，年产量仅____吨，而国内实际需求量则为____吨，缺口____吨。该产品由于质量好，国内销路好，更可销往国外市场，故已充分具备了新产品开发的条件。

二、产品经济效益好。该产品市场销售价格每吨____～____元，而其原料____的成本每吨只有____元。如____的年产量达到____吨，即可创税利____万元，经济效益相当可观。

三、产品原料有保证。该产品原料____，本公司每年可生产____吨，如____提取率按____%计算，可产____吨。这充分说明，原料供应也是有相当保证的。

四、产品投资较少，建设工期短。该产品借____车间____年一次大修机会进行技术改造，建设期只用____个月，预计在____年____月____日即可投产。项目总投资仅需____万元，属于投资少、见效快的项目。

五、产品还款能力强。该产品每年可盈利____万元，年内即可增加经济效益____万元。基于本公司____新产品属于科技开发项目，有投资少、工期短、见效快、效益高、还债能力强等特点，基本具备科技开发贷款资格。

现特向贵行申请给予科技开发贷款____万元，本公司保证在____年____季度末全部予以还清，恳请支持，以确保该新产品开发项目能如期投产受益。

____化工集团股份有限公司

____年____月____日

招商引资策划文案

招商策划是指采用一定的科学技术方法为招商决策、招商计划、招商活动、招商项目进行的构思、设计、制作方案的过程。招商策划是招商引资过程中很重要的一步，策划的成功与否关系着引资目标的完成情况。

在撰写招商引资策划文案时需要注意以下两个要点：

1. 要有明确的目标。只有目标确立了，策划工作才能做到有的放矢。

2. 广泛搜集各方面资料。一个好的招商引资策划案一定是建立在深入调研、搜集各方面资料、知己知彼的基础上的。

撰写模板：

招商引资文案

项目名称：________

签订地点：____________

甲方：________ 办事处；　法定代表人：________

乙方：________ 工程有限公司；　法定代表人：________

甲、乙双方经过认真考察和磋商，本着互惠互利、共同发展的原则，现就乙方在 ____ 县兴办企业的有关事宜达成一致，特签订如下合同：

一、项目名称、投资规模和生产经营规模

1. 企业名称：____________

2. 企业规模：总投资 ____ 万元，注册资本金：____ 万元。（注：投资可分期，但所供土地原则上应在两年内使用完毕，特殊情况经批准后可展期一年）。

3. 生产经营规模：日产 ____ 吨。

4. 经营期限：____ 年。

5. 经营范围：____________________。

二、企业地址及土地使用

1. 乙方兴办企业地址位于 ________。

2. 乙方通过租赁国有土地 ____ 亩（具体面积以项目占地红线图为准），土地使用期限 ____ 年，土地性质为临时用地。

三、甲方的权利和义务

1. 甲方负责协助乙方申请办理本项目的批准文件和工商、税务等相关证照登记手续，相关费用由乙方承担。

2. 甲方协助乙方在国土部门完成临时用地手续。

3. 甲方承诺在乙方取得临时用地批准书之前，为乙方协调供水、供电、道路、通信等部门将相关设施铺设到乙方厂区门口，所涉费用由甲方协助解决。

4. 甲方应协调处理好本项目建设过程中及企业生产期间所涉民事纠纷以及其他相关问题。

5. 甲方应依法保障乙方员工人身、财产安全，保障乙方的合法权益，提供良好的投资环境和服务，落实好国家、省市以及 ____ 县规定的各项优惠政策（政策有变化的，以各级政府制订并对外公布的相关文件为准）。

四、乙方的权利和义务

1. 乙方在本合同签订之日起 30 日内进场组织建设前准备工作。

2. 乙方享受国家、省市相关优惠政策和 ____ 县外来投资相关优惠办法。

3. 乙方须在取得建设用地批准书之日起 30 日内开工建设，并在 18 个月内完成工程建设并投产。否则，乙方不享受 ____ 县的优惠政策。

4. 乙方须依法建设，依法经营，企业建设和生产须符合国家产业政策。

5. 乙方可自行设计企业厂房规划，但应符合县城建设规划要求，并报规划建设部门备案，在建设中乙方如需变更，应经规划建设部门批准。

6. 乙方须办理好环评手续，搞好企业排污处理设施，确保企业“三废”达标排放。

7. 乙方生产的产品须以当地注册公司的名义出口或销售。

8. 乙方必须保证每亩固定资产投资强度达 60 万元人民币以上。

9. 乙方所取得的土地需经过 ____ 县 ____ 办事处批准后方可转租。

五、违约责任

1. 若乙方违约，甲方有权收回土地使用权及合同其他条款的承诺，并按土地及地面附着物所需的费用补偿给甲方。

2. 若甲方违约，未能为乙方提供相应服务，应对乙方因此造成的实际损失给予合理的补偿。

六、合同的修改、变更与解除

1. 对本合同及其附件的修改，必须经双方签署书面合同，才能生效。

2. 由于不可抗力，致使合同无法履行，可以解除合同。

3. 由于政策的调整导致无法在原来的基础上履行该合同，双方可协商变更或解除合同。

4. 一方违约，另一方可以解除该合同。

七、合同争议解决方式

本合同在履行过程中发生争议，由双方当事人协商解决，协商不成的，依法向 ________ 地人民法院提起诉讼。

八、合同生效及其他

1. 本合同未尽事宜，可由双方当事人协商后签订补充合同，补充合同与合同正本具有同等法律效力。

2. 本合同经甲、乙双方或授权代表在 ____ 县签订，经双方签字、盖章后生效。

3. 本合同一式两份，甲、乙双方、引资单位和 ____ 县文峰办事处各执一份，复印件分别报送有关部门。

甲方（公章）：________

法定代表人（签字）：________

签约时间：____ 年 ____ 月 ____ 日

乙方（公章）：________

法定代表人（签字）：________

签约时间：____ 年 ____ 月 ____ 日

合资经营可行性分析报告

合资经营可行性分析报告是企业资本运作很重要的依据。在编写之前必须进行深入的调查研究，掌握充分的资料，运用切合实际的预测方法，科学地预测未来前景。另外报告中涉及的内容以及反映情况的数据，必须绝对真实可靠，不允许有任何偏差及失误。其中所运用的资料、数据，都要经过反复核实，以确保内容的真实性，否则很有可能给企业造成巨大的经济损失。最后，合资经营可行性分析报告还需要论证严密，宏观和微观的分析都是必不可少的。

撰写模板：

中外合资经营可行性研究报告

一、基本概况

1. 合资公司名称、地址和经营情况

名称：____ 丝织有限公司

法定地址：____ 市高新技术开发区

经营范围和规模：生产各色丙纶丝织带及丙纶丝成品。自产自销、外销。年产各色丙纶线 ____ 吨，各色丙纶带 ____ 吨，总计为 ____ 吨。

2. 合营双方及负责人

内地方：____ 市 ____ 采购供应店（以下称甲方）

法定地址：____________ 市 ________ 路 ________ 号

法定代表人：________________________________

国籍：中国

主管部门：____________ 市 ____________ 贸易公司

外方：____ 贸易有限公司（以下称乙方）

法定地址：香港 ____ 道 ____ 号 ____ 中心 ____ 室

法定代表人：________________________________

国籍：____

3. 合营公司投资总额及注册资本

合营公司投资总额为 ____ 万美元。投资总额包括：建设投资 ____ 万美元，流动资金 ____ 万美元。合营公司注册资本总额为 ____ 万美元。双方出资比例及盈利分成：甲方占投资总额的 ____%，其中需投资外币 ____ 万美元。乙方占投资总额的 ____%，计 ____ 万美元。盈利按双方出资比例分成。流动资金 ____ 万美元由合资企业从中国银行贷款解决。双方以资金为投资方式，合营双方应在从营业签发之日起的 ____ 个月内缴清。合营合同规定分期缴纳出资时，合营各方第一期出资不得低于各自认缴出资额的 ____%，并在从营业执照签发之日起 ____ 个月内缴清。甲、乙双方将资金和双方确认的实物凭证汇入 ____ 银行“____ 有限公司”账户。在当地工商、税务部门注册登记。

4. 合营期限

双方商定合营期限为 ____ 年，自签发公司营业执照之日起计算。

5. 合营的背景及双方企业条件

（1）合营的背景

在 ________ 年 ____ 月 ____ 节期间，____ 贸易有限公司总经理应邀来 ____ 参观。____ 省外经委、____ 市外经委、供销合作社的主要领导与 ____ 总经理进行了两次有诚意的洽谈，对双方合资兴建丙纶丝织带的项目取得了一致意见，并签订了意向书。之后经 ____ 市 ____ 贸易公司、____ 供销合作社同意，甲方于 ________ 年 ____ 月 ____ 日提出了《关于在 ____ 高新技术开发区兴建 ____ 合资聚丙烯纺织带生产项目申请报告》，于 ________ 年 ____ 月经 ____ 市高新技术开发区管理委员会 ____ 开管文〔____〕____ 号文《关于在 ____ 高新技术开发区兴建"____ 丝织有限公司"项目建议书的批复》批准后，甲方对国内原材料及产品市场进行了充分的调查，并了解了国外市场的现状。对生产设备的价格、性能也进行了询问和了解，又进行了本项目经济效益的初步分析，并按规定委托中国银行 ____ 国际信托咨询公司对乙方进行了资信调查。

在以上工作的基础上，甲、乙双方于 ________ 年 ____ 月在 ____ 再次对可行性研究中的有关情况、产品销售、国内外产品销售价格、经济分析等问题进行了充分的协商和研究，并取得了一致意见后，双方真诚地表示愿共同投资，共同经营，共担风险，高效率地完成项目建设，使产品早日投入国内外市场。

（2）合营的必要性（略）

（3）双方企业条件

甲方创建于 ____ 年，属市供销社领导的国有企业，现有员工 ____ 人，固定资产 ____ 万元，流动资金 ____ 万元，总建筑面积 ____ 平方米，年销售额 ____ 亿元，利税达到 ____ 万元，有较高的生产管理水平和丰富的外贸经验，资金来源充足。

目前，甲方为适应国内外市场的变化，寻求境外企业合作，以发展规模生产为重点，引进先进设备和先进技术，生产高质量产品，返销国际市场，为国家创取外汇。乙方为 ____ 注册公司，注册时间为 ____ 年 ____ 月，有进出口业务经营权。乙方为专营化纤制品的专业公司，拥有先进的工艺技术和生产设备，有较好的资信和较强的返销能力。在中国香港、泰国等地已开办 ____ 个工厂，经济实力雄厚。

6. 可行性研究报告的主要结论

通过对本项目进行的合营条件、产品方案、生产规模、市场需求、材料供应、厂址、能源供应、交通运输条件、技术设备、工艺条件以及经济分析、财务评价等一系列可行性研究，确定本项目符合国家利用外资的方针政策，并且条件有利、建设周期短、效益显著，产品绝大多数外销，可为国家创收大量外汇。部分产品内销，对推动和促进经济发展，增加企业收入和国家税收都有明显效果。

二、产品和生产安排及其依据

1. 生产计划规模

（1）产品名称、规格：各色丙纶丝、各色丙纶丝织带。规格：符合国际通用标准。

（2）两年产量规划

每年按 ____ 个工作日（常年生产），每日三班制（法定假日除外），生产量为 ____ 吨。第一年度为 ____ 吨，第二年度以后达 ____ 吨。

2. 市场研究与预测

（1）国内市场

通过国内市场调查，发现高强力丙纶丝用途广泛，而国内很少生产。该产品可用于制造工业、农业、生活等所需品，如旅行包（袋）用布、各种背包带、旅游帐篷、海上用品和装饰用品，可以代替棉纺、丝织品，多年畅销不衰，因此市场前景良好。

（2）国外市场

国际上丙纶丝的销售市场较好，________ 年世界丙纶丝产量为 ____ 万吨，预计到 ________ 年为 ____ 万吨。日本、韩国有少量生产，不能满足日益增加的需求量，因此本产品由乙方负责返销 ____% 用于出口，打入国际市场，特别是东南亚市场是完全有把握的。

3. 产品销售方案

本项目年产量的 ____%，即 ____ 吨由乙方负责销售出口，其中 ____%，即 ____ 吨的产品除可在国内市场销售外还可直接对外销售或委托外贸公司对外销售。内销部分由甲方负责。

三、物资供应安排（略）

四、生产技术工艺及设备（略）

五、合资企业组织机构

1. 董事会

自本项目可行性研究报告批准和甲、乙双方签订合同生效后，由甲、乙双方组成董事会，董事会为合营公司最高权力机构，决定合营公司一切重大事宜。董事会由 ____ 名董事组成，其中甲方委派 ____ 人，乙方委派 ____ 人，董事长由甲方担任，总经理由乙方担任，双方共同参加企业经营和管理，确保公司经营方针得以实施。

2. 机构及员工总数（略）

（1）组织机构

全部管理人员和生产工人 ____ 人，其中高级管理人员 ____ 人，中级管理人员 ____ 人，职员 ____ 人，固定工人 ____ 人。总经理、副总经理、总工程师由董事会任命，其他各类管理技术人员、工人由总经理聘任，其人员来源，采取向社会招聘合格人员的方式解决。

（2）工资水平

为进行财务评价及经济分析的可行性研究，甲、乙双方对记入本报告的总成本预测表中的工资额水平协商结果为：暂按每人每月 ________ 元人民币计算，其中包括员工劳动保险、福利费用和国家员工的各项补贴等。

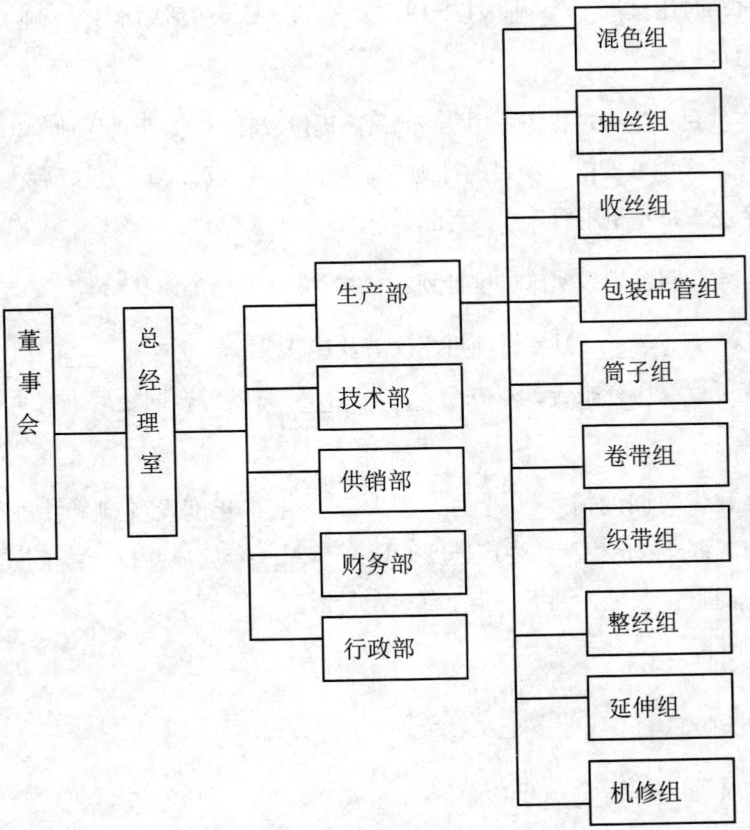

六、环境污染治理和劳动安全

本项目在生产过程中无有害有毒废水、气体排出，故不产生环境污染。

七、建设方式、建设进度安排

本项目由甲、乙双方合资建设，并充分利用 ____ 市高新技术开发区的有利条件，合资企业采用厂房租赁形式（包括水、电、气等供应的设施配套工程），以减少基建投资资金和施工时间，达到投资省、效益快的效果。

1. 本项目用地 ____ 亩左右，建筑面积 ____ 平方米。

2. 建筑物：厂房 ____ 平方米，仓库 ____ 平方米，办公楼及其他 ____

平方米。

3. 动力：根据港方提供的设备清单，本项目用电负荷为 ____kW。本项目每小时用蒸汽 ____ 吨，生产用水 ____ 吨 / 日，生活用水 ____ 吨 / 日，年需用水 ____ 吨。

本项目在生产过程中不用蒸气，只需提供取暖用气。所需用地、电、水、气由开发区统一安排。项目的征地、基建由甲方负责，工厂建好后，租给合资企业，每年租用费 ____ 万元。

4. 本项目的建设实施进度计划：

于 ____ 年 ____ 月签订项目建议书及签订双方的意向书，____ 年 ____ 月完成可行性研究报告，双方于 ____ 年 ____ 月签订合同之后进行生产设备考察。

5. 建设时间约需 ____ 个月，于 ____ 年上半年度设备到货并进行安装、调试、投入试生产。生产进度计划：于 ____ 年完成并投产，生产量为 ____%，即 ____ 吨，到下一年全部生产量达到 ____ 吨。

八、资金筹措

1. 投资总额

本项目投资为 ____ 万美元。

建设投资：____ 万美元。

流动资金：____ 万美元。

2. 资金来源和筹措

甲方：自行筹措 ____ 万美元，占建设投资 ____%。

乙方：出资 ____ 万美元，占建设投资 ____%。

流动资金 ____ 万美元，由合营企业向银行贷款。

本项目所需厂房、场地、水电配套设施等均采取租赁方式，故不计算到投资中，租赁费用、场地使用费等均纳入产品成本。

九、外汇收支安排

外汇收入为合营公司产品由乙方包销出口总产值 ____% 的产品而得，合营 ____ 年内外汇收入为 ____ 万美元。外汇支出为 ____% 产品所需的主要原、辅材料，乙方利润分红，乙方股本等。合营期 ____ 年内外汇支出为 ____ 万美元。合营期 ____ 年内外汇节余为 ____ 万美元。因此，本项目有很好的创汇能力，同时有偿还银行外汇贷款的能力。

十、财务评价与经济分析

本项目的财务评价与经济分析采用动态和敏感性分析等方法，全面对项目的财务、经济效益、风险程度、盈亏平衡、外汇平衡等作出分析和结论。结果如下：

1. 销售收入、成本及利润

（1）合营期 ____ 年内，总计销售收入 ____ 万美元。

（2）合营期总成本为 ____ 万美元。

（3）合营期提取折旧费为 ____ 万美元。

（4）合营期缴所得税为 ____ 万美元。

（5）合营期提取三项基金为 ____ 万美元。

（6）合营期可分配利润 ____ 万美元。

合营期双方可分配项目：可分配利润 + 折旧费 + 三项基金，总计为 ____ 万美元。甲方占 ____%，分配 ____ 万美元。

乙方占 ____%，分配 ____ 万美元。（扣除 10% 汇出税）销售利润率为 ____%。

2. 财务成果

（1）净利润计算和分配表。

（2）现金流量测算表（包括还本期测算）。本项目还本期为 ____ 年（静态）。

（3）大陆方贷款还本付息估算表。

本项目贷款偿还期为 ____ 年，自 ____ 年开始至 ____ 年初全部还清本息。

3. 经济收益率

内部收益率为 ____%。

4. 不确定性对全部投资收益率的影响

（1）敏感性分析

固定资产投资增加 ____% 时，内部收益率为 ____%，比基本数值减少 ____%。销售价格减少 ____% 时，内部收益率为 ____%，比基本数值减少 ____%。经营成本增加 ____% 时，内部收益率为 ____%，比基本数值减少 ____%。

（2）盈亏平衡分析

本项目盈亏平衡点为 ____%。

（3）外汇收支平衡表

本项目合营期末（____ 年）外汇结余 ____ 万美元。

5. 基础数据

（1）建设投资估算表

（2）投资总额和资金筹措表

（3）销售收入和工商税估算表

（4）总成本预测表

6. 财务评价及经济分析结论

本项目从净利润、现金流量、内部收益率、外汇收支平衡表等所反映的数字分析，合营公司财务前景比较乐观，平均每年可分配利润 ____ 万美元，占基建投资 ____%。甲方贷款本金和利息共计 ____ 万美元，在 ____

年内即可还清。投资回收期为 ____ 年，盈亏平衡保本点 ____%，内部收益率为 ____%，本项目的经济效益是可观的。

主要附件：

附件一：____ 市 ____ 采购供应站与香港 ____ 贸易公司成立合资企业意向书（略）

附件二：关于在 ____ 高新技术开发区兴建 ____ 合资聚丙烯纺织带生产项目的申请报告（略）

附件三：____ 高新技术开发区管理委员会 ____ 开管文〔 ____ 〕____ 号批复文件（略）

附件四：进口设备清单及投资（略）

企业并购计划范本

企业并购包括企业之间的兼并与收购行为。它是企业法人在平等自愿、等价有偿基础上，以一定的经济方式取得其他法人产权的行为。企业通过并购能够提高资源的配置和使用效率，从而为获得巨额的利润奠定良好的基础。在制订企业并购计划书的时候要着重考虑公司合并、资产收购、股权收购这三个大的方面。

撰写模板：

D 公司与 A 公司合并计划书

一、D 公司与 A 公司初步洽谈，商议合并事项

二、清产核资、财务审计

因为 A 公司是国有控股有限责任公司，应当对 A 企业各类资产、负债进行全面、认真的清查，以清理债权、债务关系。要按照“谁投资、谁所有、谁受益”的原则，核实和界定国有资本金及其权益，以防止国有资产在合

并中流失。因此，必须由直接持有该国有产权的单位即A公司决定聘请具备资格的会计师事务所进行财务审计。如果经过合并后的D公司为非国有公司，还要对公司的法定代表人进行离任审计。A公司必须按照有关规定向会计师事务所或者政府审计部门提供有关财务会计资料原件。

三、资产评估

按照《企业国有资产管理评估暂行办法》第6条，公司合并必须对资产实施评估，以防止国有资产流失。资产评估的范围包括固定资产、流动资产、无形资产（包括知识产权和商誉，但是不包括以无形资产对待的国有土地使用权）和其他资产。

1.A企业应当向国有资产监督管理机构申请评估立项，并呈交财产目录和有关的会计报表等资料。

2. 由国有资产监督管理机构进行审核。如果国有资产监督管理机构准予评估立项的，A公司应当委托资产评估机构进行评估。

3.A公司收到资产评估机构出具的评估报告后应当逐级上报初审，经初审同意后，自评估基准日起8个月内向国有资产监督管理机构提出核准申请；国有资产监督管理机构收到核准申请后，对符合核准要求的，及时组织有关专家审核，在20个工作日内完成对评估报告的核准；对不符合核准要求的，予以退回。

四、确定股权比例

以国有资产监督管理机构确定的评估值为依据，将A公司的股东B公司和C公司所享有的股权折算成资产，从而确定B公司和C公司在合并后的D公司中所占的股权比例。

五、召开股东大会

合并是导致公司资产重新配置的重大法律行为，直接关系到股东的权益，因此参与合并的A公司和D公司必须经各自的股东大会以通过特别决议所需要的多数赞成票同意合并协议。

根据我国《新公司法》第 44 条和第 104 条的规定，有限责任公司股东会对公司合并的决议，必须经代表三分之二以上有表决权的股东通过；股份有限公司股东大会对公司合并作出决议，必须经出席会议的所持表决权股东三分之二以上的通过。

同时 A 公司为国有控股公司，根据《企业国有资产监督管理暂行条例》第 22 条，国有资产监督管理机构派出的股东代表，应当将其履行职责的有关情况及时向国有资产监督管理机构报告，应当按照国有资产监督管理机构的指示发表意见、行使表决权。

六、签署合并协议

在充分协商的基础上，由 A 公司和 D 公司的法人代表或法人代表授权的人员签订企业合并协议书或合并合同。

我国《公司法》没有规定合并协议应该包括哪些主要条款，参照对外贸易经济合作部、国家工商行政管理局《关于外商投资企业合并与分立的规定》第 21 条规定的外商投资企业之间的合并协议的主要内容，认为应包括如下内容：合并协议各方的名称、住所、法定代表人；合并后公司的名称、住所、法定代表人；合并后公司的投资总额和注册资本；合并形式；合并协议各方债权、债务的承继方案；职工安置办法；违约责任；解决争议的方式；签约日期、地点；合并协议各方认为需要规定的其他事项。

七、编制资产负债表和财产清单

八、通知和公告债权人

我国新《公司法》第 174 条规定了通知债权人的程序和公告的方式。该条规定，公司应当自作出合并决议之日起 10 日内通知债权人，并于 30 日内在报纸上公告。债权人自接到通知书之日起 30 日内，未接到通知书的自公告之日起 45 日内，可以要求公司清偿债务或者提供相应的担保。

如果 A 公司和 D 公司在与其他公司、企业签订的贷款合同中写明公司合并必须经债权人同意的，还需要经过债权人的同意。

公司合并后合并各方的债权、债务应当由合并后存续的公司即合并后的D公司承继。

九、核准登记

公司合并后，应当按照法律、法规的规定到公司登记机关办理产权变更登记（包括D公司的变更登记和A公司的注销登记两套程序）和税务变更登记；土地管理部门同时为合并公司办理土地使用权权属证书，如果A公司的用地属于国有划拨的土地，合并后的D公司应当按照房地产法的规定与县级以上人民政府重新签订国有土地使用权出让证书。公司合并后，合并企业应当及时办理A企业的法人注销登记。没有办理注销登记，协议已经履行的，不影响合并协议的效力和合并后D公司对A公司债权债务的承担。

十、职工的安置

应当征求A公司企业职工的意见，并做好职工的思想工作。职工不同意兼并，不影响兼并协议的效力。A公司的职工原则上由合并后的D公司接收。

股权变更协议范本

公司股权变更是股东行使股权经常而普遍的方式，我国《公司法》规定股东有权通过法定方式转让其全部出资或者部分出资。通常来说，股权变更的形式包括：外资企业股权变更、公司股权变更、合资企业股权变更等。

因为股权变更会涉及转让双方巨额的经济利益，因此制订股权变更协议时须多加谨慎。一般而言，股权变更协议必须具备下列条款：

1. 股权转让。

2. 转让支付方式和时间。

3. 转让对价的安排。

4. 股权过户登记。

5. 股权过户的前提条件。

6. 出让方提名或委派董事、监事的更换。

7. 股权过户登记前的股东召集。

8. 双方的陈述和保证。

9. 出让方的额外陈述和保证。

10. 条款和协议无效时的法律后果。

撰写模板：

公司股权转让协议

本股权转让合同由以下双方在友好协商、平等、自愿、互利互惠的基础上，于____年____月____日在________签署。

合同双方：

出让方：________

注册地址：________

法定代表人：________

职务：________

受让方：________

注册地址：________

法定代表人：________

职务：________

鉴于：________原因，现决定将公司____% 的股份转让给受让方。

1.________公司是一家于____年____月____日在________合法注

册成立并有效存续的有限责任公司（以下简称“____公司”）。

注册号为：________

法定地址为：____________

经营范围为：________

法定代表人：________

注册资本：________元

2. 出让方在签订合同之日为____的合法股东，其出资额为____元，占____公司注册资本总额的____%。

3. 现出让方与受让方经友好协商，在平等、自愿、互利互惠的基础上，一致同意出让方将其所拥有的____%的股权转让给受让方，而签署本《股权转让合同》。

定义：

除法律以及本合同另有规定或约定外，本合同中词语及名称的定义及含义以下列解释为准：

1. 股权：出让方因其缴付公司注册资本的出资并具有公司股东资格而享有的中国法律和公司章程所赋予的所有股东权利，包括但不限于对于公司的资产受益、重大决策和选择管理者等权利。

2. 合同生效日：指合同发生法律效力、在合同双方当事人之间产生法律约束力的日期。

3. 合同签署之日：指合同双方在本合同文本上加盖公章、法定代表人或授权代表人签字之日。

4. 注册资本：为公司在登记机关登记的公司全体股东认缴的出资额。

5. 合同标的：指出让方所持有的____公司的____%股权。

6. 法律、法规：于本合同生效日前（含合同生效日）颁布并现行有效的法律、法规，由中华人民共和国政府及各部门颁布的具有法律约束力的规章、办法以及其他形式的规范性文件等。

第一章 股权的转让

1. 合同标的

出让方将其所持有的 ____ 公司 ____% 的股权转让给受让方。

2. 转让基准日

本次股权转让基准日为 ____ 年 ____ 月 ____ 日。

3. 转让价款

本合同标的转让总价款为 ____ 元（大写：________ 整）。

4. 付款期限

自本合同生效之日起 ____ 日内，受让方应向出让方支付全部转让价款。出让方应在收到受让方支付的全部款项后 ____ 个工作日内向受让方开具发票，并将该发票送达受让方。

第二章 声明和保证

1. 出让方向受让方声明和保证：

（1）出让方为合同标的的唯一合法拥有者，其有资格行使对合同标的的完全处分权。

（2）本合同签署日前之任何时候，出让方未与任何第三方签订任何形式的法律文件、亦未采取任何其他法律允许的方式对合同标的进行任何形式的处置，该处置包括但不限于转让、质押、委托管理、让渡附属于合同标的的全部或部分权利。

（3）本合同签署日后之任何时候，出让方保证不会与任何第三方签订任何形式的法律文件，亦不会采取任何法律允许的方式对本合同标的的全部或部分进行任何方式的处置，该处置包括但不限于转让、质押、委托管理、让渡附属于合同标的的部分权利。

（4）在本合同签署日前及签署日后之任何时候，出让方保证本合同的标的符合法律规定的可转让条件，不会因出让方原因或其他任何第三方原因而依法受到限制，以致影响股权转让法律程序的正常进行，该情形包括但不限于法院依法对本合同标的采取冻结措施等。

（5）出让方保证根据本合同向受让方转让合同标的已征得公司其他股东的同意。

本合同生效后，积极协助受让方办理合同标的转让的一切手续，包括但不限于修改公司章程、改组董事会、向有关机关报送有关股权变更的文件。

出让方保证其向受让方提供的全部材料，包括但不限于财务情况、生产经营情况、公司工商登记情况、资产情况，项目开发情况等均为真实、合法的。

（6）出让方保证，在出让方与受让方正式交接股权前，公司拥有开展正常生产经营的政府许可，并应保证此前并未存在可能导致政府许可、批准、授权失效的潜在情形。

2. 受让方向出让方的声明和保证：

（1）受让方在办理股权变更登记之前符合法律规定的受让合同标的的条件，不会因为受让方自身条件的限制而影响股权转让法律程序的正常进行。

（2）受让方有足够的资金能力收购合同标的，受让方保证能够按照本合同的约定支付转让价款。

第三章 双方的权利和义务

1. 自本合同生效之日起，出让方丧失公司的股权，对该部分股权，出让方不再享有任何权利，也不再承担任何义务；受让方根据有关法律及公司章程的规定，按照其所受让的股权比例享有权利，并承担相应的义务。

2. 本合同签署之日起 ____ 日内，出让方应负责组织召开股东会、董事会，保证股东会批准本次股权转让，并就公司章程的修改签署有关协议或制订修正案。

3. 本合同生效之日起 ____ 日内，出让方应与受让方共同完成公司股东会、董事会的改组，并完成股权转让的全部法律文件。

4. 在按照上述第 3 条约定完成本次股权转让的全部法律文件之日起 ____ 日内，出让方应协助受让方按照国家法律、法规及时向有关机关办理变更登记。

5. 公司所负债务以 ________ 会计师事务所有限公司于 ____ 年 ____ 月 ____ 日出具的审计报告（附件 1）为准。如有负债，则由出让方自行承担偿还责任，受让方对此不承担任何责任。

6. 出让方应在本协议签署之日起 ____ 日内，负责将本次股权转让基准日前资产负债表（附件 2）中所反映的全部应收债权收回公司。

第四章　保密条款

1. 对本次股权转让合同中，出让方与受让方对所了解的全部资料，包括但不限于出让方、受让方、公司的经营情况、财务情况、商业秘密、技术秘密等全部情况，出让方与受让方均有义务保密，除非法律有明确规定或司法机关强制要求，任何一方不得对外公开或使用。

2. 出让方与受让方在对外公开或宣传本次股权转让事宜时，采用协商后的统一口径，保证各方的商誉不受侵害，未经另一方同意，任何一方不得擅自对外发表有关本次股权转让的言论、文字。

第五章　合同生效日

下列条件全部成就之日方为本合同的生效之日：

（1）本合同经双方签署后，自本合同文首所载日期，本合同即成立。

（2）出让方应完成本合同所约定出让方应当在合同生效日前完成的事项。

（3）受让方应完成本合同所约定受让方应当在合同生效日前完成的

事项。

（4）股东会批准本次股权转让。

出让方应按本协议相关约定，在本次股权转让基准日前，把资产负债表中所反映的全部应收债权收回公司。

第六章 不可抗力

1. 本合同中“不可抗力”，指不能预知、无法避免并不能克服的事件，并且事件的影响不能以合理的方式予以消除。包括但不限于地震、台风、洪水、火灾、战争或国际商事惯例认可的其他事件。

2. 本合同一方因不可抗力而无法全部或部分履行本合同项下的义务时，该方可暂停履行上述义务。暂停期限应与不可抗力事件的持续时间相等。等到不可抗力事件的影响消除后，如另一方要求，受影响的一方应继续履行未履行的义务。但是，遭受不可抗力影响并因此提出暂停履行义务的一方，必须在知悉不可抗力事件之后____天内，向另一方发出书面通知，告知不可抗力的性质、地点、范围、可能延续的时间及对其履行合同义务的影响程度；发出通知的一方必须竭尽最大努力，减少不可抗力事件的影响和可能造成的损失。

3. 如果双方对于是否发生不可抗力事件或不可抗力事件对合同履行的影响产生争议，请求暂停履行合同义务的一方应负举证责任。

4. 因不可抗力不能履行合同的，根据不可抗力的影响，部分或全部免除责任。但当事人迟延履行后发生不可抗力的，不能免除责任。

第七章 违约责任

1. 任何一方因违反本合同项下作出的声明、保证及其他义务的，应承担违约责任，造成对方经济损失的，还应承担赔偿责任。此赔偿责任应包括对方因此遭受的全部经济损失（包括但不限于对方因此支付的全部诉讼费用、律师费）。

2. 如出让方违反本合同之任何一项义务、声明和保证，须向受让方支付违约金，违约金为转让价款总额的 ____%。如果导致受让方无法受让合同标的，则出让方应向受让方退还已支付的所有款项，并赔偿受让方由此遭受的一切直接和间接损失（包括但不限于受让方因此支付的全部诉讼费用和律师费）。

3. 如受让方违反本合同之任何一项义务、声明和保证，须向出让方支付违约金，违约金为转让价款总额的 ____%。如果造成出让方损失的，则受让方应向出让方赔偿出让方由此遭受的一切直接和间接损失（包括但不限于出让方因此支付的全部诉讼费用和律师费）。

4. 若受让方在合同生效日之后非法单方解除合同，则出让方有权要求受让方支付违约金，违约金为转让价款总额的 ____%。若出让方在合同已生效之后非法单方解除合同，则受让方有权要求出让方支付违约金，违约金为转让价款总额的 ____%。

5. 在本合同生效后 ____ 个月内出让方未能协助受让方共同完成股权转让的全部法律手续（包括但不限于变更登记等），受让方有权解除本合同。合同解除后，出让方应向受让方退还已支付的所有款项，并赔偿受让方由此遭受的一切直接和间接损失（包括但不限于受让方因此支付的全部诉讼费用和律师费）。

6. 所负债务以 ________ 会计师事务所有限公司于 ____ 年 ____ 月 ____ 日出具的审计报告为准。如有负债，则由出让方自行承担偿还责任。若债权人要求出让方依法承担偿还责任且公司也已实际履行给付义务的，则出让方应在公司履行给付义务之日起 ____ 日内，将全部款项支付给公司。若出让方在本条规定期限内不能将全部款项支付给公司，则双方同意由出让方就未支付部分按本次转让 ____% 股权的转让价格标准折算己方所持有的相应股权转让给受让方，出让方未支付款项由受让方向公司支付。

7. 根据本协议第七章各条款的约定，出让方应向受让方支付违约金的，出让方应在收到受让方发出的支付通知之日起 ____ 日内，按本协议第七章规定的违约金标准将全部违约金支付给受让方。若出让方未能在本条规定期限内将全部违约金支付给受让方，则双方同意由出让方就未支付的违约

金按本次转让 ____% 股权的转让价格标准折算己方所持有的 ____ 公司的相应股权转让给受让方。

8. 根据本协议第七章各条款的约定，受让方应向出让方支付违约金的，受让方应在收到出让方发出的支付通知之日起 ____ 日内，按本协议第七章规定的违约金标准将全部违约金支付给出让方。若受让方未能在本条规定期限内将全部违约金支付给出让方，则双方同意由受让方就未支付的违约金按本次转让 ____% 股权的转让价格标准折算己方所持有的 ____ 公司的相应股权转让给出让方。

第八章 其他

1. 合同修订

本合同的任何修改必须以书面形式由双方签署。修改的部分及增加的内容，构成本合同的组成部分。

2. 可分割性

如果本合同的部分条款被有管辖权的法院、仲裁机构认定无效，不影响其他条款效力的，其他条款继续有效。

3. 合同的完整性

本合同构成双方之间的全部陈述和协议，并取代双方于合同签字日前就本合同项下的内容所作的任何口头或者书面的陈述、保证、谅解及协议。双方同意并确认，本合同中未列明的任何陈述或承诺不构成本合同的基础；因此，不能作为确定双方权利和义务以及解释合同条款和条件的依据。

4. 通知

本合同规定的通知应以书面形式作出，以 ____ 书写，并以邮寄、图文传真或者其他电子通信方式送达。通知到达收件方的联系地址方为送达。如以邮寄方式发送，以邮寄回执上注明的收件日期为送达日期。使用图文传真时，收到传真机发出的确认信息后，视为送达。

5. 争议的解决

双方应首先以协商方式解决因本合同引起或者与本合同有关的任何争议。如双方不能以协商方式解决争议，则双方同意将争议提交有管辖权的人民法院处理。

6. 合同附件

下列文件作为本合同之附件，与本合同具有同等的法律效力。

（1）会计师事务所有限公司于 ____ 年 ____ 月 ____ 日出具的 ____ 公司的审计报告。

（2）公司于 ____ 年 ____ 月 ____ 日出具的公司资产负债表。

7. 其他

本合同一式 ____ 份，双方各持 ____ 份，公司存档 ____ 份，交有关机关备案一份，均具有同等法律效力。

合同双方签字盖章：

出让方：________

法定代表人 ________（盖章）（或授权代表）：________

受让方：________

法定代表人 ________（盖章）（或授权代表）：________

____ 年 ____ 月 ____ 日

第 4 章

项目策划文案

项目策划书

通常来讲，项目策划书的正文部分主要包括：策划目的、当前的营销环境状况、市场机会与问题分析、营销目标、营销战略等五个方面的内容。在编写的过程中应遵循逻辑严谨、简单朴实、可操作、创意新颖等方面的原则。

撰写模板：

项目策划书

第一部分：项目介绍

1. 项目概述

请对本项目策划书进行整体概括性陈述（要求简明扼要，重点突出）。

（1）项目主题。

（2）实施对象（目标人群）。

（3）实施区域。

（4）项目期限。

（5）希望解决的问题、预期达到的目标。

（6）计划的活动、预计的成果等要素。

2. 项目背景分析

请对该项目相关的背景进行简要分析。包括项目起因和必要性、实施项目的条件、以前类似项目实施经验教训及相关政策环境等。

3. 项目问题分析（要求简明扼要）

（1）通过项目的实施，希望解决什么具体问题？

（2）导致这些问题的关键原因是什么？

（3）这些问题将会导致什么不良后果？

4. 项目目标

项目所希望达到的目标是什么？（项目目标是对本项目所希望达到的目标的精确陈述，在项目目标的陈述中，应当尽量符合具体、可测量、可达到、有时限的原则。项目目标可划分为总目标和分目标，总目标是对项目整体目标较为宏观的描述，分目标则是为实现总目标而形成的一系列具有严密逻辑关系的具体目标。）

5. 项目策略及活动

项目将通过什么策略实现项目目标？即项目将用什么方式展开哪些活动？

6. 预期风险分析

项目执行过程中会遇到哪些主观或客观的风险？本项目将采用哪些对策来规避这些风险？（简要分析，须有实际意义）

7. 项目创新性

创新性是项目成功与否的重要因素，也是项目是否获得资助的重要因素之一。项目申请方应当明确陈述本项目在本领域内具有哪些显著的创新性。而且这种创新性应当具有可推广、可持续的价值。

第二部分：项目实施计划

1. 为了实现项目目标，将在什么时候开展哪些具体的活动？

2. 活动预期将会产生哪些具体可测量的产出？

3. 简要说明本项目的总目标、预期成果（包括成果指标）、相关活动和资源投入等。

第三部分：项目组织结构

请根据该项目的实际运行策略来简要给出人员组织结构框架，也可以根据运行策略和未来业务部署情况给出人员组织方向的建议。

第四部分：社会资源拓展

1. 项目须整合的其他社会资源。

2. 社会资源可提供的支持或发挥的作用。

3. 社会资源在项目当中的参与形式。

4. 其他与社会资源投入或参与相关的回报预期。

5. 社会赞助或支持可获取的回报。

第五部分、媒体支持及项目宣传

1. 主要宣传方式

2. 阶段策划：项目准备期—项目启动期—项目运行观望期—项目运行稳定期—项目总结评估期。

第六部分：项目经费预算

1. 项目基本费用

主要包含该项目初期的硬件投入、软件开发投入、团队组建投入、场地建设投入等。

2. 宣传推广及日常运行费用

主要包含该项目中期的宣传推广投入费用及除宣传外其他人力及物料日常开销费用。

3. 备急保障及其他费用

主要包含该项目执行过程中产生的用于约定性的额外费用及特别事件预留资金以及其他费用等。

项目引进预测报告

中国有一句古话："运筹帷幄之中，决胜千里之外。"在引进项目之前，公司首先要对这个项目做一番预测和筹划。只有在事前做好正确的部署，才能将项目引进的风险降到最低。

一般来说，企业的项目引进预测报告包括以下两个方面的内容：

1. 建设项目的目的及其意义。

2. 产品需求预测，此部分内容是预测报告的主要部分，为产品设计和确定市场规模提供重要依据，要在调查数据的支持下进行重点说明。

撰写模板：

引进 ____ 油生产项目的预测报告

1. 引进 ____ 油生产项目的目的及意义

目前，全世界每年 ____ 总产量约为 ____ 多万吨，其中 ____% 是 ____，____% 是 ____。数据显示，国外有 ____% 的油脂（约 ____ 吨）用作化工原料生产，主要是生产 ____、____ 等化工产品，并且生产技术成熟，不仅产品质量好，而且排放废气、废水、废渣少，对环境污染小。我国年产 ____ 油 ____ 多万吨，除部分食用外，主要用于表面活性剂、助剂、化妆品等的生产。如果以这些农副产品为原料发展 ____ 的精细化工业，肯定大有作为。

就目前来说，我国仅 ____ 用品，每年就需要进口约 ____ 万吨，按每吨 ____ 美元计算，共计花费 ____ 美元。所以，引进脂肪醇的生产技术和关键设备，不仅可以加速 ____ 的精细化工业发展，为各项工业生产提供原料，也可为国家节省大量外汇。

2. 产品的需要预测

（1）国外市场。（分析略）

（2）国内市场。（分析略）

根据上述事实，____ 生产项目的前景非常好，引进之后可以成为利国利民的好项目。

项目引进申请文书

一个项目在引进之前需要做相关的预测报告，等到项目引进工作确认之后还需要向上级提交申请书，也就是项目引进申请书。在写此类申请文书的时候，立论依据和研究方案是两个必不可少的内容。

撰写模板：

____ 项目引进申请书

项目名称：________________

申请部门：________________

负责人：________________

申报时间：________________

1. 本项目申请的依据和意义（包括资源、市场的预测、意义等）：________________。

2. 技术开发的内容及目标（包括规模、关键技术办法、经济指标、质量标准及排放物处理）：________________。

3. 实现本项预测目标已具备的条件（技术依托单位/部门提供的技术

情况、承担单位的企业性质、人员、固定资产）：________。

4. 经济与社会效益预测（预测产品成本估算、项目完成后承担单位每年新增产量、产值税金、开发规模、纯利润及创汇情况、社会效益、可提供的技术服务）：________。

5. 计划进度（各阶段需完成的内容和验收标准）：________。

6. 经费概算及成效（项目总投资、申请拨款、项目年新增产值、年新增利润）：________。

部门意见：________。

董事会意见：________。

项目实施情况报告

在撰写项目实施报告时首先需要从宏观的角度出发，对项目做一个总体的概述，然后说明项目实施的过程和成果，最后也可以说一下项目的经济效益。这才是一个相对完整的项目实施报告。

撰写模板：

____项目实施报告

一、项目概述

公司是一家大型的____企业。公司拥有世界一流的技术和设备，具有国际化经营能力。

“____项目”是公司领导本着提高企业管理水平、提高工作效率、加大增收节支力度的目的，在____年____月与____公司签订而成。

1. 项目内容。（略）

2. 项目时间

____ 项目中的财务管理部分于 ____ 年 ____ 月开始实施，并于 ____ 个月后基本实施完毕并正式使用。物流业务管理部分于 ____ 年 ____ 月开始实施，并于 ____ 个月后正式运行。

3. 项目实施人员

____ 项目组成人员由 ____ 公司各部门人员及 ____ 公司的实施小组成员组成。____ 公司的实施小组成员由 ____ 人员、____ 人员构成。整个实施过程参与的部门有：____ 部、____ 部等。具体人员安排如下。（略）

4. 应用的技术

____ 项目硬件环境优良，网络技术先进，系统软件及应用软件庞大，在 ____ 公司的统一策划下，结构合理，性价比高。

（1）硬件技术。（略）

（2）软件技术。（略）

（3）网络结构。（略）

二、实施过程及成果

____ 项目实施方法非常直观，它包含 3 个步骤：________、________、________。

阶段一：计划和安装（略）

本阶段的实施成果：（略）

阶段二：教育和业务系统模拟（略）

这一阶段的实施成果：（略）

阶段三：操作规程制订（略）

这一阶段完成的各项工作：（略）

三、项目应用情况

____ 公司在完成 ____ 项目后，____ 产品的账务管理、____ 等系统在我公司得到很好的应用。

下面从财务、物流管理两方面分别介绍软件的使用情况。

1. 财务方面。（略）

2. 物流管理方面。（略）

四、项目效益

____ 项目为我公司带来了如下效益。

1. 业务流程的完善。（略）

2. 对分公司管理的加强。（略）

3. 提高了信息处理的及时性。（略）

4. 减轻了公司员工的劳动强度，提高了工作效率。（略）

项目开发建议文书

项目开发建议是对项目是否可行、如何进行发表自己的意见和建议的文书。当然，这份文书的建议应该是这些意见和建议需要有可靠的调查作为依据。只有充分的证据才能够表明项目的可行性。一般由标题、正文和落款 3 个部分组成。

撰写模板：

关于增设 ____ 客房的建议文书

____ 经理：

由于 ________ 等原因，我 ____ 正处于 ____，适宜 ____，由此增加了大批 ____。目前，____ 客房严重不足，我建议，在 ____ 增设 ____ 客房。

一、选址建议

1. 在 ____ 边增建 ____ 间仿古风格小木屋，可摆放 ____ 张床位。

2. 拆除 ____ 中空置的 ____ 间屋子，改造成 ____，可摆放 ____ 张床位。

二、成本预算

1. 建筑成本 ____ 元。

2. 装修成本 ____ 元。

3. 设备成本 ____ 元。

4. 电网和水管设施成本，总成本 ____ 元。

5. 劳务费。

三、经营预算

以全年平均开房率 ____% 计算的话，每间客房每天售价 ____ 元，每间客房每年可获营业收入 ____ 元，减除成本及相关费用，____ 间客房的年利润可保证在 ____ 元以上。

以上建议，望 ____ 经理考虑。

客房部 ____

____ 年 ____ 月 ____ 日

项目评估报告

所谓的项目评估报告，是指专业评估人员根据项目主办单位提供的项目可行性研究报告，通过对目标项目的全面调查、综合分析和科学判断，确定目标项目是否可行的技术经济文书。项目评估报告需要实事求是，坚持客观性和科学性的写作原则。

撰写模板：

项目评估报告

项目名称：________

项目月均销售额：________

评估月份：________

提交时间：________

公司名称：________

项目专管：________

一、项目介绍（客户介绍、业务合作范围、发展潜力等）

介绍客户大致情况及下列 5 项内容：

1. 开始操作时间：________

2. 运输线路：________

3. 运输方式：________

4. 货物性质：________

5. 操作特点：________

二、盈亏及资金状况分析

财务报表中需包括评估时间上月或前 3 个月的票数、实重、计重、应收、应付、毛利、毛利率、赔偿金额、客服数量、驻点数量、账期等信息，如果亏损须进行原因分析。

三、运作质量分析

KPI 报表中须包括客户规定的各项 KPI 项目的指标和评估时间上月或前三个月实际 KPI 数据，KPI 考核有无奖惩；如有不达标项目需要对不达标情况须进行原因分析。

四、风险和赔偿情况分析

1. 财务风险：主要是账款实际回笼情况分析。

2. 其他风险。比如运费和货物价值的大致比例，货损风险、货损赔偿金额及原因分析。

五、客户业务潜力

项目简称	业务类型	现有份额	潜在份额类型	竞争对手状况

________项目

日期：________

项目招标申请书

招标申请书是招标单位准备向社会发布招标公告前，向招标、投标管理部门或上级有关部门报送的请求批准招标的一种文书。

制作项目招标申请书的目的是加强组织管理，保证招标、投标工作能够顺利有序地进行，也便于有关部门对工程建设进行宏观控制和监督检查。

招标申请书由标题、正文和结尾三部分构成。

1. 标题。

招标申请书的标题由事由与文种两要素构成，比如工程项目招标申请书。

2. 正文：由称谓与主体文两个要素构成。

称谓。即主送单位，指受文单位的称谓，一般都指招标主管单位或部门的名称全称。它的写作规格与一般申请书相同，在正文前面首行，顶格书写。

主体文。即正文的主体，要简明扼要地写清楚需要招标的项目，已具备的招标条件。然后，要表示申请招标的意愿，并希望批准请求的态度。

3. 结尾。招标申请书的结尾，由附件和署名等要素构成。

（1）附件。写明随申请书呈送的文件名称及份数；若附件不止一份，必须依次用序号写明。附件具体的写作方法，同公文的要求基本一致。

（2）署名与日期。

撰写模板：

招标申请书

招标项目编号：

<table>
<tr><td>招标项目名称</td><td colspan="5"></td></tr>
<tr><td>招标人</td><td colspan="5"></td></tr>
<tr><td>建设单位</td><td colspan="5"></td></tr>
<tr><td>项目管理单位或项目代建单位</td><td colspan="5"></td></tr>
<tr><td>招标代理机构</td><td colspan="5">上海____有限公司</td></tr>
<tr><td>项目监督部门</td><td colspan="5"></td></tr>
<tr><td>工程类别</td><td colspan="2"></td><td colspan="2">招标方式</td><td></td></tr>
<tr><td>立项或投资计划批准文号</td><td colspan="2"></td><td colspan="2">规划报建批准文号
（或专业工程的初步设计批复）</td><td></td></tr>
<tr><td>建设用地批准文号</td><td colspan="2"></td><td colspan="2">适应市、区财政性投资是否超过 50%</td><td></td></tr>
<tr><td>资审方式</td><td colspan="2"></td><td colspan="2">是否属电子评标项目</td><td></td></tr>
<tr><td>招标项目规模</td><td colspan="2"></td><td colspan="2">招标项目地点</td><td></td></tr>
<tr><td>总投资</td><td></td><td>预发包价
（万元）</td><td></td><td>拟选取投标人个数</td><td></td></tr>
<tr><td>招标内容</td><td colspan="5"></td></tr>
<tr><td rowspan="2">联系人及电话</td><td colspan="2">招标人</td><td colspan="2">姓名：________</td><td>电话：________</td></tr>
<tr><td colspan="2">招标代理机构</td><td colspan="2">姓名：________</td><td>电话：________</td></tr>
</table>

续表

招标人意见	同意 盖章 ____ 年 ____ 月 ____ 日	招标代理机构意见	同意 盖章 ____ 年 ____ 月 ____ 日
管理部门意见	盖章 ____ 年 ____ 月 ____ 日		

注：上海 ____ 建设工程交易中心制。

本表一式四份，管理机构、交易中心、招标人、招标代理各持一份。

工程项目招标申请表

工程编号：字第 ____ 号

日期：____ 年 ____ 月 ____ 日

招标人概况	招标单位				法人代表	
	单位性质				经办人	
	单位地址				联系电话	
招标人概况	工程名称	建设规模建设地址			结构形式	
	层数	地上	____ 层		檐高	
		地下	____ 层		跨（高）度	
	道路里程	____ 千米	桥梁座数	____ 座	管线直径	
	其他					
项目批准文号及日期						
工程规划、用地许可文件及日期						
设计出图情况						
投资情况	总投资额 ____ 万元，投资来源如下：					
	政府投资 ____%	国有企（事）业自筹 ____%		国外贷款 ____%		
	国家融资 ____%	私企、民间投资 ____%		外商投资 ____%		
拟选择招标方式						

续表

招标单位	经办人（签名）______ （盖章） ____年____月____日
招投标管理办公室审核意见	经办人（签名）______ （盖章） ____年____月____日

说明：本表由招标单位或委托机构填写，一式三份，招投标管理站一份，招标单位（人）一份，委托代理机构一份。

项目招标公告

招标公告是指招标单位或招标人在进行科学研究、技术攻关、工程建设、合作经营或大宗商品交易时，公布标准和条件，提出价格和要求等项目内容，以期从中选择承包单位或承包人的一种文书。项目招标公告通常由标题、标号、正文和落款四部分组成。

1. 标题。招标公告的标题是其中心内容的概括和提炼，形式上可分为单标题和双标题。

（1）单标题。有三种写法：一种是完整式标题，由招标单位名称、招标项目和文种组成，如____金融职业学院新校区工程招标公告。

另一种是省略式标题，可省略招标单位名称或招标项目。或者二者均略去，只留下文种名称，如____大桥工程施招标公告、____公司招标公告、招标公告等。

最后一种是广告性标题，以生动吸引人的语言激发人们投标的欲望，如《给您一个大展身手的机会，请君租赁____营业厅》等。

（2）双标题。正标题标明招标单位和文种的名称，副标题点明招标项目，如《____进出口公司国际招标公告—____配套工程》。

2. 招标号。凡是由招标公司制作的招标公告，都须在标题下一行的右侧标明公告文书的编号，以便归档备查。编号一般由招标单位名称的英文编写、年度和招标公告的顺序号组成。

3. 正文。招标公告的正文应当写明招标单位名称、地址、招标项目的性质、数量，实施地点和时间，以及获取招标文件的办法等各项内容，其写作结构一般由开头和主体两部分组成。

（1）开头部分，也叫前言或引言。简要写明招标的缘由、目的或依据，招标项目或商品名称、规模和批号、招标范围以及资金来源等内容。

（2）主体部分，是招标公告的核心部分，通常采用条文式或分段式结构，要写明以下内容：

招标项目的情况。具体写明招标项目的名称以及项目的主要情况。如工程名称或要采购的商品的名称，工程概况、规模、质量要求，或大宗商品的型号、数额、规格等。

招标范围。写明投标人应具备的条件，使投标人明确自己是否能成为投标人。

招标步骤。写明招标的起止日期，投标人购买招标文件的时间、价格和方式，开标的时间和地点，有的还写明签约的时间和期限、项目开工的时间或时限等。

4. 落款。在招标公告正文的末尾写明招标单位的名称、招标公告发布的日期，如果是刊发在报纸上，也可不署日期。另外，还要写明招标单位的地址、电话、电报挂号、传真、邮政编码及联系人等，以便投标人与招标人联系。

有的招标公告还带有附件，将一些繁杂的内容，如项目数量、工期、设计勘察资料等作为附件列于文后，或作为另发的招标文件。

与招标公告具有同等效力的“招标邀请书”，其内容与招标公告的内容一样。不同的是，邀请书以书信体行文，标题直书“招标邀请书”，正文有称谓（被邀请单位的名称），开头有对被邀请者的肯定性评价，邀请书的文字更为简洁，语气更恳切。

撰写模板：

招标公告

________项目名称________标段施工招标公告。

1. 招标条件

本招标项目________（项目名称）已由________（项目审批、核准或备案机关名称）以________（批文名称及编号）批准建设，项目业主为________，建设资金来自________（资金来源），项目出资比例为________，招标人为________。项目已具备招标条件，现对该项目的施工进行公开招标。

2. 项目概况与招标范围

________（说明本次招标项目的建设地点、规模、计划工期、招标范围、标段划分等）。

3. 投标人资格要求

（1）本次招标要求投标人需具备________资质，____业绩，并在人员、设备、资金等方面具有相应的施工能力。

（2）本次招标________（接受或不接受）联合体投标。联合体投标的，应满足下列要求：

____；____；____。

（3）各投标人均可就上述标段中的________（具体数量）个标段投标。

4. 招标文件的获取

（1）凡有意参加投标者，请于 ____ 年 ____ 月 ____ 日至 ____ 年 ____ 月 ____ 日（法定节假日除外），每日上午 ____ 时至 ____ 时，下午 ____ 时至 ____ 时（北京时间，下同），在 ____（详细地址）持单位介绍信购买招标文件。

（2）招标文件每套售价 ____ 元，售后不退。图纸押金 ____ 元，在退还图纸时退还（不计利息）。

（3）邮购招标文件的，需另加手续费（含邮费）____ 元。招标人在收到单位介绍信和邮购款（含手续费）后 ____ 日内寄送。

5. 投标文件的递交

（1）投标文件递交的截止时间（投标截止时间，下同）为 ____ 年 ____ 月 ____ 时 ____ 分，地点为 ________。

（2）逾期送达的或者未送达指定地点的投标文件，招标人不予受理。

6. 发布公告的媒介

本次招标公告同时在 ________（发布公告的媒介名称）上发布。

7. 联系方式

招标人：________ 招标代理机构：________

地址：____________ 地址：____________

邮编：____________ 邮编：____________

联系人：____________ 联系人：____________

电话：____________ 电话：____________

传真：____________ 传真：____________

电子邮件：____________ 电子邮件：____________

网址：____________ 网址：____________

开户银行：____________ 开户银行：____________

账号：____________ 账号：____________

____ 年 ____ 月 ____ 日

项目招标邀请通知书

招标邀请通知书是招标单位采用选择招标方式时，向有关单位发出邀请，请其参加投标的一种文书。

这类通知书由招标机构编制，扼要说明招标单位名称、招标项目名称及内容、招标形式、售标、投标、开标时间地点、承办联系人姓名、地址、电话等。规定开标时间时要充分考虑投标商标书传递的时间问题，当然国际招标应尽量避开国外休假和圣诞节，国内招标避开春节和其他节假日。

在对某些重大工程项目招标时，招标单位常常在发出招标公告（即采用公开招标的方式）的同时，有目的地向一些单位发出招标邀请通知书，邀请这些单位参与竞标。

撰写模板：

招标邀请通知书

____ 建筑总公司：

____ 工程，是我市 ____ 年重点计划建设项目，经请求 ____ 市政府的同意，决定采取招标办法进行发包。贵公司从事 ____ 建设工程多年，工程完成得好，质量可靠，对此，我们表示赞赏。随本通知书（函）邮寄“____ 工程施工招标公告”一份。若愿意参与投标，请于 ____ 年 ____ 月 ____ 日到 ____ 月 ____ 日光临 ____ 饭店 ____ 号楼 ____ 房间，领取“投标文件”，并按规定日期，准时参加投标。

招标单位：

____ 省 ____ 市 ____ 局招标管理办公室，地址：____ 市 ____ 局 ____

号楼____号。

联系人：________

电话：____________

邮政编码：____________

____年____月____日（盖章）

项目招标章程文案

项目招标章程是招标活动的纲领性文件，章程中包括了招标的宗旨、招标范围、招标要求、招标方式、招标程序多个方面的内容，对于招标方和投标方都有很强的约束力。由于招标章程在整个招标活动当中具有重要的指导意义，所以在编制的时候，需要注意其内容的完整性、逻辑性和表达的准确性、严密性。

通常来讲，招标章程由标题、正文、落款三部分构成。

1. 标题。

它包括招标单位名称、招标项目、文种三要素，如《____公司办公大楼改建招标章程》。

2. 正文。

招标章程正文通常包括八个部分：

（1）宗旨，说明招标的目的。

（2）招标管理，说明招标管理机构，规定程序和保密措施。

（3）招标，说明招标方式。

（4）投标，规定投标期限、投标条件和投标方法。

（5）开标，规定开标时间、开标方式和开标程序。

（6）中标，说明对中标单位的最终确定。

（7）合同，说明签约要求。

（8）其他。

3. 落款。

写明招标的具体办理机构名称，加盖公章，注明年月日。

撰写模板：

____公司外购外协件招标章程

一、宗旨

第一条　为了加强企业经营管理，提高产品质量，降低成本，满足人们对家电等耐用消费品提出的更高要求，决定对____牌 VES 摄像机外购、外协件采取公开招标，特制订本招标章程。

二、招标管理

第二条　由招标单位有关负责人组成领导小组，成立招标办公室，指派专人办理具体工作。

第三条　严格执行招标的规定程序和保密原则，尊重投标单位的合法权益，投标箱在公证员监督下密封，投标文件一律投入密封箱内保存，待开标时开封。

三、招标

第四条　在国内外公开招标，采用登报或广告形式，也将用书面通知对口单位前来洽谈。

第五条　招标单位必须向投标单位提供下列资料：

1. 招标项目的产品名称、规格、质量、数量及交货期。

2. 产品图纸及技术文件。

3. 招标文件及规定格式的投标表格。

四、投标

第六条　投标条件：凡具有法人资格和具有招标项目的生产能力者（包括材料、设备及相适应的技术条件），均可投标。

第七条　投标方法：投标单位按照招标要求，向招标单位购买招标文件及有关技术资料，填写招标文件。

附件一：投标企业资格表。

附件二：投标价格表。

附件三：投标商业条件表。

附件四：单位技术资料等。

署名代表人，加盖公章密封，面交或挂号邮寄本公司招标管理办公室。

第八条　投标文件必须书写清楚，在规定期限内投送，超过截止日期投标无效。

五、开标

第九条　开标时间：在投标截止日期后 7 天至 15 天内进行。

第十条　开标方式：由招标单位邀请公证机关公证员、法律顾问、企业主管、单位领导，以及自愿参加的投资单位代表见证的情况下开标。

第十一条　开标程序：招标单位负责人主持开标，由公证员按公证程序进行监督。

1. 查验投标箱密封情况。

2. 开投标箱。

3. 清点投标件数。

4. 拆封、编号。

5. 按招标项目、名称、价格、公开唱标，由工作人员分类登记。

6. 评议小组评议，投标单位代表不得参加，由公证员听取评议，以品质优良、价格优惠为主，参考运费及其他条件，各零部件评选1～5户为预选中标单位。

7. 招标单位负责人公布开标结果，宣布预选中标名单。

8. 公证员宣读公证书，发表公证意见，对预选中标予以确认。

六、中标

第十二条　经评定为预选中标者，均为预选中标户，由招标单位发给预选中标通知，约定日期、地点协商谈判。应邀代表应携带单位委托书。预选中标单位如在通知的期限内无承诺反应，即视为弃权。

第十三条　与预选中标户协商谈判后，经逐一验证，协商比较，综合分析，以质量、价格、交货期、运输条件最佳者为最后中标单位，发给中标通知书，提出要约。

第十四条　对未中标单位，招标单位不另发通知，但可接受落标单位查询。

七、合同

第十五条　招标单位在选定中标单位后，发给中标单位签约文件，中标单位必须按签订合同的法定手续，如期前来协商，依照《合同法》的规定，签订经济合同，互相信守，违约者应当承担法律责任。

八、其他

第十六条　本章程未尽事宜，在执行中可补充修正。

____公司招标管理办公室

____年____月____日

附件一：

投保资格审查表

招标单位审查意见	主管领导签字：______（盖章） ___年___月___日
招标工程上级主管部门审查意见	主管领导签字：______（盖章） ___年___月___日
建设工程招标投标管理办公室审查意见	经办人签字：______（盖章） ___年___月___日

注：本表一式两份，批准后，招标单位、招标办公室各存查一份。

附件二：

招标人：____________

工程名称：____________

投标总价（小写）：____________

（大写）：____________

投标人：____________建筑公司（单位盖章）

法定代表人：____________（签字或盖章）

编制人：____________（造价人员签字盖章）

编制时间：____年____月____日

总说明

工程名称：____________第____页共____页

1. 工程概况：____________。
2. 投标报价包括范围：____________。
3. 投标报价编制依据：

（1）招标文件及其提供的工程量清单和有关报价的要求，招标文件的保存通知和答疑纪要。

（2）住宅楼施工图及投标施工组织设计。

（3）有关的技术标准、规范和安全管理规定等。

（4）省建设主管部门颁发的计价定额和计价管理办法及相关计价文件。

（5）材料价格根据本公司掌握的价格情况并参照工程所在地造价管理机构____年____月工程造价信息发布的价格。

工程项目投标报价汇总表

工程名称：＿＿＿＿＿＿＿＿第＿＿页共＿＿页

序号	单位工程名称	金额（元）	其中		
			暂估价（元）	安全文明施工费（元）	规费（元）
合计					

单项工程投标报价汇总表

工程名称：＿＿＿＿＿＿＿＿第＿＿页共＿＿页

序号	单项工程名称	金额（元）	其中		
			暂估价（元）	安全文明施工费（元）	规费（元）
合计					

单位工程投标报价汇总表

工程名称：＿＿＿＿＿＿＿＿第＿＿页共＿＿页

序号	汇总内容	金额（元）	其中：暂估价（元）

分部分项工程量清单与计价表

工程名称：________________第____页共____页

序号	项目编码	项目名称	项目特征描述	计量单位	工程量	金额（元）		
						综合单价	合价	其中：暂估价

措施项目清单与计价表（一）

工程名称：________________第____页共____页

序号	项目名称	计算基础	费率（%）	金额（元）
合计				

措施项目清单与计价表（二）

序号	项目编码	项目名称	项目特征描述	计量单位	工程量	金额（元）	
						综合单价	合价
本页小计							
合计							

其他项目清单与计价汇总表

工程名称：________________第____页共____页

序号	项目名称	计量单位	金额（元）	备注
合计				

暂列金额明细表

工程名称：________________ 第____页共____页

序号	项目名称	计量单位	金额（元）	备注
合计				

材料暂估单价表

工程名称：________________ 标段：________ 第____页共____页

序号	材料名称、规格、型号	计量单位	单价（元）	备注
合计				

专业工程暂估价表

工程名称：________________ 标段：________ 第____页共____页

序号	工程名称	工程内容	金额（元）	备注
合计				

计日工表

工程名称：________________ 标段：________ 第____页共____页

序号	项目名称	单位	暂定数量	综合单价	合价

总承包服务费计价表

工程名称：________________ 标段：________ 第____页共____页

序号	项目名称	项目价值	服务内容	费率（%）	金额（元）

规费、税金项目清单与计价表

工程名称：________________ 标段：________ 第____页共____页

序号	项目名称	计算基础	费率（%）	金额（元）
合计				

附件三：

投标人资格基本条件表

序号	审核要素	投标资格合格条件标准	有效证明材料	证明材料提供方式
1	独立的法人营业资格	在中华人民共和国境内合法注册的独立法人资格，并具有有效的营业执照（副本）。本工程不接受联合体投标	有效的企业法人营业执照（副本）	评审时需查看原件，复印件加盖公章装订在报名资料中

续表

序号	审核要素	投标资格合格条件标准	有效证明材料	证明材料提供方式
2	企业资质等级	具备房建工程施工总承包二级及其以上资质	有效的企业资质等级证书（副本）	评审时需查看原件、复印件加盖公章装订在报名资料中
3	企业安全生产许可证	具有建设行政主管部门核发的施工安全生产许可证书	有效的企业安全生产许可证书	评审时需查看原件、复印件加盖公章装订在报名资料中
4	生产经营状态	处于正常生产经营状态，没有处于被责令停业、投标资格被取消及财产被接管、冻结，破产状态	由企业注册地建设行政主管部门出具证明	原件装订在报名资料中
5	履约历史	最近三年没有出现违法违规或失信行为，没有骗取中标和严重违约及重大工程质量事故	由企业注册地建设行政主管部门出具证明	原件装订在报名资料中
		企业无拖欠农民工工资行为	由法定代表人签名并加盖公章的承诺书	原件装订在报名资料中
6	拟派项目负责人资格	拟派项目负责人必须具备房建专业二级及以上注册建造师资质，并具有类似工程业绩	有效的注册建造师证件或建造师临时执业资格证及安全生产考核合格证书、业绩证明原件	评审时需查看原件，复印件加盖公章装订在投标文件中
7	拟派项目负责人动态	最近三年没有出现违法违规或失信行为，没有骗取中标和严重危及重大工程质量、安全事故，无在建工程	由企业注册地建设行政主管部门出具证明	原件装订在报名资料中
8	法律法规禁止投标	不属于招标人的任何不具独立法人资格的附属机构（单位），或者为招标项目的前期准备或者监理工作提供设计、咨询服务的任何法人及其附属机构（单位）	由法定代表人签名并加盖公章的承诺书	原件装订在报名资料中
最终结论		□符合□不符合		

说明：

1. 以上 8 项内容为投标人资格必备基本条件，其中有一项不符合即为不合格投标人；证件以原件为准，无有效原件视为不合格。

2. 递交预审文件时，拟派的项目负责人必须出示建造师注册证书或建造师临时执业证书，能出示的必须按照“____省建设厅建管（____）____号文件”办理；否则视为项目负责人（经理）不合格。

3. 证明或承诺书有效期均为本次公告发布至资格预审之日止。

4. 投标人必须对所有提供的资料的真实性负责，一旦发现有弄虚作假行为，立即取消其投资格或中标资格。

5. 中标单位的项目负责人注册建造师证书由招标人代为保管，直至项目竣工为止。

项目投标方须知

项目投标方须知是招标机构对投标机构的一些要求。它着重说明的是本次招标的基本程序，投标者应遵循规定和承诺的义务，投标文件的基本内容、份数、形式、有效期和密封及投标其他要求，评标的方法、原则、招标结果的处理、合同的授予签订方式、投标保证金。

投标人购买标书后，应仔细阅读标书的投标项目要求及投标须知。在获得招标信息，同意并遵循招标文件的各项规定和要求的前提下，提出自己的投标文件。

投标文件应对招标文件的要求作出实质响应。符合招标文件的所有条款、条件和规定且无重大偏离与保留。

投标人应对招标项目提出合理的价格。高于市场的价格难以被接受，低于成本报价将被作为废标。因唱标一般只唱正本投标文件中的“开标一览表”，所以投标人应严格按照招标文件的要求填写“开标一览表”“投标价格表”等。

投标人的各种商务文件、技术文件等应依据招标文件要求备全，缺少任何必需文件的投标将被排除在中标人之外。一般的商务文件包括：资格证明文件（营业执照、税务登记证、企业代码以及行业主管部门颁发的等级资格证书、授权书、代理协议书等）、资信证明文件（保函、已履行的合同及商户意见书、中介机构出具的财务状况书等）。

技术文件一般包括投标项目方案及说明。

除此之外，投标人还应有整套的售后服务体系、其他优惠措施等。

上述是投标人制作投标文件应注意的基本问题。投标人另外还须按招标人的要求进行密封、装订，按指定的时间、地点、方式递交标书，迟交的投标文件将不被接受。

投标人应以合理报价、优质产品或服务、先进的技术、良好的售后服务为成功中标打好基础。但投标人还应学会包装自己的投标文件。如标书的印刷、装订、密封等均应给评委以良好的印象。

撰写模板：

项目投标方须知

一、招标文件说明

招标文件的构成：

1. 招标文件用以阐明所需设备及服务、招标投标程序和合同条款。

招标文件由下述部分组成：

（1）投标邀请。

（2）招标设备一览表。

（3）投标方须知。

（4）购销合同。

（5）投标文件格式。

2. 招标文件的修改

招标文件的修改书将构成招标文件的一部分，对投标方有约束力。

二、投标文件的编写

1. 要求

投标方应仔细阅读招标文件的所有内容，按招标文件的要求提供投标文件，并保证所提供的全部资料的真实性，以使其投标文件对应招标文件的要求，否则，其投标将被拒绝。

2. 投标文件组成

投标文件包括下列部分：

（1）投标书、投标报价一览表、分项一览表。

（2）投标资格证明文件（公司的营业执照副本复印件加盖公章及其他相关证件）。

（3）公司与制造商代理协议和授权书。

（4）公司有关技术资料及客户反馈意见。

（5）投标方应按招标文件中提供的投标文件格式填写，并将投标文件装订成册，在册面上填写“投标文件资料清单”。

投标方可对本招标文件“招标设备一览表”中所列的所有设备进行投标，也可只对其中一项或几项设备投标，但不得将一项中的内容拆开投标。

投标文件的签署及规定：

（1）投标文件正本和副本须打印并由投标方法人代表或委托代理人签署。

（2）除投标方对错处做必要修改外，投标文件中不许有加行、涂抹或改写。

（3）电报、电话、传真形式的投标概不接受。

（4）投标文件的密封和标记。

投标方应准备正本和副本各一份，用信封分别把正本和副本密封，并在封面上注明“正本和副本”字样，然后一起放入招标文件袋中，再密封招标文件袋。一旦正本和副本有差异，以正本为准。

每一密封信封上注明何时之前不准启封。

投标文件由专人送交，投标方应将投标文件按特定的规则进行密封和标记，并按投标注明的时间和地址送至招标方。

递交投标文件的截止时间，所有投标文件都必须按招标方在投标邀请中规定的投标截止时间之前送至招标方。投标文件从投标截止之时起，标书有效期为 30 天。

迟交的投标文件：招标方将拒绝在投标截止时间后收到的投标文件。

3. 投标方保证金

（1）投标方保证金为投标文件的组成部分之一。

（2）投标方应向招标代理机构提供投标保证金。投标保证金于投标截止之日前交至指定处。

（3）投标保证金应以银行支票或现金形式提交。投标设备的保证金额依据招标文件的指定。

（4）未按规定提交投标保证金的投标，将被视为无效投标。

（5）未中标的投标方的保证金，在定标后 5 日内予以退还（无息）。

（6）中标的投标方的投标保证金，在中标方签订合同并履约后 5 日内退还（无息）。

三、开标和评标

1. 开标

（1）招标方按投标邀请中规定的时间和地点公开开标。

（2）开标时，投标方须由法人代表或委托代理人（具有授权书）参加，并签名报到，以证明其出席开标会议，否则，视为自动弃权。

2. 评标委员会

招标方将根据招标采购设备的特点组建评标委员会，其成员由技术、经贸、法律等方面的专家和政府采购办代表、采购单位代表等五人以上的单数组成，评标委员会对投标文件进行审查、质疑、评估、比较。

3. 评标原则和方法

（1）评委会按公正、公平、公开原则对待所有投标方。

（2）评委会审查投标文件是否一一符合招标文件的所有条款、条件和规定。

（3）评标时依据投标商品的价格、技术性能、交货期、付款条件、售后服务、资信及履约能力和其他优惠条件等，选择中标方。

4. 其他注意事项

（1）评标是招标工作的重要环节，评标工作在评委会内独立进行。

（2）为了有助于对投标文件进行审查、评估和比较，招标方有权向投标方质疑，请投标方澄清其投标内容。投标方有责任按照招标方通知的时间、地点指派专人进行答疑和澄清。

（3）在开标、投标期间，投标人不得向评委询问情况，不得进行旨在影响评标结果的活动。

（4）评委会不向落标方解释落标原因，不退还投标文件。

（5）根据投标和评标情况，招标结果可能是一次定标，也不排除再次竞争的可能性。

四、授予合同

1. 定标原则

（1）严格按照招标文件的要求和条件进行评标，择优定标。

（2）本次招标，合同将授予符合招标要求，并且报价最合理，能提供最佳服务的投标者。

2. 中标通知和签订合同

（1）评标结束后，由招标方签发《中标通知书》。

（2）中标方按《中标通知书》规定的时间地点与购买方签订合同。中标方未按《中标通知书》指定的时间、地点与购买方签订合同，招标方不再退还投标保证金。

（3）招标文件、中标方的投标文件及其澄清文件等，均为经济合同的依据。

3. 授予合同时变更数量的权力

招标方在授予合同时有权对“投标设备一览表”中规定的设备数量和服务予以增加或减少。

4. 中标服务费

按规定收取一定比例的中标服务费。

项目投标申请书

项目投标申请书通常包括以下三个方面的内容：

1. 标题。

投标书标题正中写明“投标申请书”“投标答辩书”或“投标书”。

2. 正文。

投标书正文由开头和主体组成。

（1）开头，写明投标的依据和主导思想。

（2）主体，应把投标的经营思想和经营方针、经营目标、经营措施、要求、外部条件等内容具体、完整、全面地表述出来，力求论证严密、层次清晰、文字简练。

3. 落款。

写明投标单位（或个人）的名称和投标日期。

企业策划人在写项目投标申请书的时候要求实事求是、具体清晰、准确准时。

撰写模板：

投标申请书

____ 建设局、国土资源局、房产管理局：

经认真阅读 ____ 县老城区 ____ 路北侧原船舶运输区段旧城改造项目与国有建设用地使用权出让文件，我方完全接受并愿意遵守招标文件中的规定和要求，对所有文件均无异议。

我方正式申请参加你局于 ____ 年 ____ 月 ____ 日在 ____ 县国土资源局 ____ 楼交易服务大厅举行的旧城改造项目与国有建设用地使用权出让招标活动。

我方愿意按招标文件规定，交纳投标保证金人民币 ____ 万元。

若能中标，我方保证按照旧城改造项目与土地出让招标文件的规定和要求履行全部义务。

若我方在此次旧城改造与国有建设用地使用权出让招标活动中，出现不能按期付款或有其他违约行为，我方愿意承担全部法律责任，并赔偿由此产生的损失。

特此申请和承诺。

申请人：____（加盖公章）

法定代表人（或授权委托代理人）签名：____

联系人：____

地址：____

邮政编码：________

电话：________

申请日期：____年____月____日

项目投标书

投标书是指投标单位按照招标书的条件和要求，向招标单位提交的报价并填具标单的文书。

投标书是整个招投标过程中最重要的一环。投标书就像剧本，是电影、话剧的灵魂。标书必须表达出使用单位的全部意愿，不能有疏漏。标书也是投标商编制投标书的依据，投标商必须对标书的内容进行实质性的响应，否则被判定为无效标（按废弃标处理）。标书同样也是评标最重要的依据。

招标书主要内容可分为3大部分：程序条款、技术条款、商务条款。主要包含下列9项内容：

1. 招标邀请函。

2. 投标人须知。

3. 招标项目的技术要求及附件。

4. 投标书格式。

5. 投标保证文件。

6. 合同条件（合同的一般条款及特殊条款）。

7. 技术标准、规范。

8. 投标企业资格文件。

9. 合同格式。

如无特别事项，在撰写项目投标书时都应包括以上几部分内容。

撰写模板：

项目投标书

建设单位：____________

1. 根据已收到的招标编号为 ____ 的 ____ 工程的招标文件，遵照《工程施工招标投标管理办法》的规定，我单位经考察现场和研究上述工程招标文件的投标须知、合同条件、技术规范、图纸、工程量清单和其他有关文件后，我方愿以人民币 ____ 元的总价，按上述合同条件、技术规范、图纸、工程量清单的条件承包上述工程的施工、竣工和保修。

2. 一旦我方中标，我方保证在 ____ 年 ____ 月 ____ 日开工，____ 年 ____ 月 ____ 日竣工，即 ____ 天内竣工并移交整个工程。

3. 如果我方中标，我方将按照规定提交上述总价 5% 的银行保函或上述总价 10% 的由具有独立法人资格的经济实体企业出具的履约担保书，作为履约保证金，共同地和分别地承担责任。

4. 我方同意所递交的投标文件在“投标须知”第 11 条规定的投标有效期有效，在此期间内我方的投标若中标，我方将受此约束。

5. 除非另外达成协议并生效，你方的中标通知书和本投标文件将构成约束我们双方的合同。

6. 我方金额为人民币 ____ 元的投标保证金与本投标书同时递交。

投标单位：____（盖章）

单位地址：____________

法定代表人：________（签字、盖章）

邮政编码：________

电话：________

传真：________

开户银行名称：________

银行账号：________

开户行地址：________

电话：________

日期：____年____月____日

项目中标通知书

中标通知书，是指招标人在确定中标人后向中标人发出的通知其中标的书面凭证。中标通知书的内容应当简明扼要，只要告知招标项目已经由其中标，并确定签订合同的时间、地点即可。另外，对于未中标的投标人，招标人也有必要通知一下。当然，未中标的投标人的投保保障金也应该如数奉还人家。

撰写模板：

中标通知书

____________：

根据____工程招标文件和你单位于____年____月____日提交的投标文件，于____年____月____日在____市招投标中心开标。经评标委员会评审，现确定你单位为上述工程____招标的中标人，主要中标条件如下：

工程名称		建设规模	____平方米
建设地点			
中标价格	____元大写：______		
中介费率		工期	
备注			

本中标通知书经 __ 市建设工程招标投标管理站盖章后生效。请在 ____ 年 ____ 月 ____ 日前，到我单位（地址）____ 签订工程承包合同。

招标单位：____（盖章）法定代表人：____（签字或盖章）

日期：____ 年 ____ 月 ____ 日

招标代理机构（盖章）经办人：____（签字或盖章）

日期：____ 年 ____ 月 ____ 日

____ 市招投标管办公室（盖章）经办人：____（签字或盖章）

日期：____ 年 ____ 月 ____ 日

说明：本中标通知书由招标单位填写，一式五份，招投标管理站留存一份，招标单位二份，招标代理机构一份，中标单位一份。

第 5 章
人力资源管理实用文案

人力资源开发计划书

人力资源开发概念最早在 20 世纪由美国学者 Nadler 提出，简称 HRD，它指一个企业或组织团体在组织团体现有的人力资源基础上，依据企业战略目标、组织结构变化，对人力资源进行调查、分析、规划、调整，提高组织或团体现有的人力资源管理水平，使人力资源管理效率更好，为团体（组织）创造更大的价值。

不断学习是人力资源开发的主要核心。不仅包括个人学习，还包括组织学习，既包括生活中的学习，又包括工作的学习。不论从哪方面来讲，HRD 都不是一劳永逸的战略，而是一种持续不断的过程。

实用性是策划书最根本的特点，其根本目的是处理或解决实际问题，是具有一定的实用价值的，尤其是类似于人力资源开发计划书这样管理类的策划文案，必须言之有物，内容充实，这些内容一般采用较为规范的结构格式有条不紊地表现出来。另外，人力资源开发计划书中所定的目标不宜过大，应该一点一点地去实现。

撰写模板：

人力资源开发计划书

一、计划目的

为了实现公司关于与世界厂商接轨并与世界各厂并驾齐驱成为制造领域的领航者的中长期目标，开发储备人力资源，特制订此人力资源开发计划书。其目的是通过人力资源高屋建瓴地规划开发，为公司的发展壮大提供人力资源保障。同时在人力资源的开发使用过程中激活公司生产管理活力并使之进一步趋向国际化、前沿化、人性化，达到文化管理的理想标准。

二、人力资源开发

1. 教育

教育的目的在于增加个人一般知识而作为未来自我发展的基础。教育是一项基础性、广泛性知识及原理的灌输，此项职责固然有赖于各级学校，但目前企业为提高员工素质，也拟定了员工教育计划，作为人才培训的职责。

2. 培训

培训是边学边用的培养员工方式，使员工知识、技术与行为的发展能与工作发生直接的关系。培训是以短期目标为方向，适应眼前工作需求，即时应用。

3. 发展

以整体组织的预期需要为前提，确保组织拥有可充分运用的人力资源以完成长短期目标。人员发展的目的在于满足组织及个人未来的需求，这是作为一个企业人力资源组织所必须担当的职责。

三、开发内容

1. 理论修养：不断更新员工的知识结构和扩大知识领域。

2. 操作技能：使员工掌握新技术、工艺、方法、设备等的实际操作能力。

3. 工作态度：培养员工正确的工作态度，使员工能自觉将个人工作目标与企业目标有机结合起来，实现企业“绿色发展”。

4. 行为开发：加强企业 IE 形象建设，使员工的工作符合本企业行为准则的要求，并形成良好的企业文化，以期达到文化管理的理想效果。

四、实施细则

步骤：

1. 确定企业人力资源开发需求。

2. 建立企业人力资源开发计划。

3. 实施企业人力资源开发计划。

4. 评估企业人力资源开发实施效果。

五、预算分析

人力资源开发财务预算：

通信 ____ 元；

车费 ____ 元；

住宿 ____ 元；

伙食 ____ 元；

培训 ____ 元；

合计 ____ 元。

六、计划可行性分析

1. 从公司发展规划来看，随着公司规模不断扩大，对于人才需求日益迫切，人才的结构的合理性和充足性将成为决定公司发展步伐的瓶颈。同时人力资源开发是一个长期性工程，须臾之间难以检测到“金蛋”明显的大小，但如春日之苗，不见其增日有所长。

2. 从投资与收益来看，摩托罗拉公司在员工走进公司第一天开始起被告知：“你要知道一件事情，你在摩托罗拉整个工作历程当中，主管不给你培训，你可以找上级投诉主管。”根据“二八定律”来看，很多公司独立培养出来的 20% 的员工却创造着整个企业 80% 的利润。

3. 从人才输送长远意义来看，随着西部大开发进程加快，东北老工业基地复苏，世界制造业工厂地位形成，人才争夺战将进入白热化。没有哪个企业会嫌自己的人才太多。被誉为“现代管理学之父”的德鲁克曾说：“在这个时期成功的公司要解决两个问题，一个是对最有竞争力、更富生产性的管理人员的需求。一个是把办公室与教室连在一起。”

4. 从操作可行性分析，大中专院校扩大招生为企业发展提供了丰富而又廉价的人力资源，其中只有一部分企业领导人的眼光瞄准了这部分资源。而联络、接洽难度并不大。另外在完成学校程序后，人员进入公司有一定的培训方案可以暂用。同时在人才输送可培训方面有许多同行经验可以借鉴。

七、效果追踪

前期效果并不明显，难以追踪。只能追踪操作过程细节方面的实施情况，一年以后才能实施效果追踪。可从多方面入手追踪：

1. 横向比较法，根据人力资源开发对象的奖励惩罚记录、考勤、对公司贡献大小、绩效考核、专业测试等多方面赋予权重，进行量化分析，比较投入人力资源开发前后的效果变化。

2. 纵向比较法，对照其他相关同行多年来人力资源开发的效果数据的变化，加以更正和改进。

3. 预期目标达成，各部门根据各自的目标预期加以有针对性的、系统的培训，并根据预期目标对照比较。

4. 问卷调查法，设计问卷调查。

人员招聘策划文案

人员招聘是一个组织为了弥补岗位空缺而进行的一系列人力资源管理活动的总称，它是人力资源管理的首要环节，同样也是实现人力资源管理有效性的重要保证。这一工作的好坏，不仅直接影响到人员配备的其他方面，而且对整个管理过程的进行，乃至整个企业的活动，也都有着极其重要和深远的影响。唐朝文人李观在《项籍故里碑铭序》中曾写下“得人者昌，失人者亡”的古训，意思是“得人心的就能兴隆，失去人心的就要灭亡”。这是古今中外都公认的一条组织成功的要诀。

从广义上讲，人员招聘包括招聘准备、招聘实施和招聘评估三个阶段；而狭义的招聘则是指招聘的实施阶段，其中主要包括招募、筛选、录用三个具体步骤。一般而言，一篇招聘计划通常包括招聘目标、招聘人员岗位及职责、岗位薪酬制度、信息发布渠道和时间、招聘负责成员、人员遴选流程、人员到岗安排等具体事项。

撰写模板：

____公司校园招聘方案

一、校园招聘的目的及意义

刚走出校园的大学生，他们充满激情、可塑性强，善于发现问题。招聘一批具有专业知识的人才，可以充实企业的专业人才队伍，有利于实现企业的持续发展。

二、招聘要求

1. 专业要求：电机、制冷、材料相关专业。

2. 招聘人数：____人。

3. 具体要求：

（1）在校期间学习刻苦，学习能力强，成绩优秀。

（2）专业知识结构合理，有一定的相关实习经历或工作经验。

（3）吃苦耐劳、责任心强。

（4）喜欢挑战，富有创新精神。

（5）在校期间担任班干部或组织参加各项社团活动者优先。

三、招聘流程

1. 收集简历

（1）网络招聘

在企业网站上发布招聘信息，提供《校园招聘职位申请表》下载，并通过电子邮件的方式收集简历。

（2）参加校园宣讲会

企业联系各大院校，协调时间和地点，举行校园宣讲会。在宣讲会期间发放《校园招聘职位申请表》。由学生填写完毕后当时提交。

2. 简历筛选

人力资源部筛选收集到的简历，初步确定候选人员名单，并发布面试通知。

3. 笔试

（1）根据各岗位关于专业知识的要求分别设计专业知识试题，由相关技术部门负责设计、评分。

（2）解难能力测试

解难能力测试试题分为 4 个部分，共 50 小题，全部为选择题，每题 5 个选项。试题各部分设计如下表。

试题分类	题量	分值（分）	备注
读图题	10 题	10	整套题主要考核应聘者的自信心、思维灵活性和承受压力的能力
阅读理解	15 题	15	
计算题	10 题	10	
图表题	15 题	15	

（3）专业技能测试

本次招聘的对象均为技术人员，必须设置专业技能测试。专业技能测试由企业相关技术部门负责设计笔试题目和答题评分。

4. 面试

（1）初试

人力资源部通知通过笔试的应聘者参加初试。初试由人力资源部组织进行，重点是考核应聘者的综合素质。

（2）复试

人力资源部通知通过初试的应聘者参加复试，复试由相关技术部门的部门经理、技术人员组织进行，考核的重点是应聘者的技术应用能力。

5. 发放录用通知

人力资源部配合用人部门对参加复试的应聘者进行综合评价，做出录用决策。人力资源部负责发布录用通知。

6. 人员到岗安排

四、校园招聘评估

人力资源部负责对本次校园招聘进行全面评估，吸取经验教训，指导以后的校园招聘工作。

招聘启事文案

招聘启事是用人单位面向社会公开招聘有关人员时使用的一种应用文书，是企业获得社会人才的一种方式。招聘启事撰写的质量，会影响招聘的效果和招聘单位的形象。一般而言，企业如果选择在报纸上刊登招聘启事，那么版面不宜太小，有的企业单纯从招聘经费角度出发，一味求省，版面太小夹在众多广告之中，不但无法引起读者的足够注意。还因为版面太小而没有足够的人选来面试，反而误事，既浪费时间又浪费钱。

刊登招聘启事的版面大小，应结合文稿字数来考虑，当然也不是说要一味追求气派。不过，利用招聘之便作企业形象广告则另当别论。另外，整个版面可以做一些特别设计，有“徽标”的单位，可以制版印在标题旁，以突出企业形象。

一般来说招聘启事由四个部分构成：

一、标题

招聘启事文稿的标题常见的有以下两种：

一种是“招聘启事”“招聘”“诚聘”等，这种标题简洁明了。另一种是标语、口号式的，这种标题的特点是活泼、能吸引人的注意，带有一定诱惑力。

二、开头

招聘启事的开头主要叙述招聘原因、目的，从而引出招聘启事的正文。

三、正文

招聘启事正文主要列出招聘的专业（或岗位）、要求、数量和待遇等内容。

四、应聘方式

应聘方式一般有两种：一是直接面试；二是以电话或者网络应聘、报名。

企业在撰写招聘启事时，各项内容可标项分条列出，使之醒目。也可用不同的字体列出以求区别。另外，需要注意的是招聘启事的语言要简练得体又重点突出、要庄重严肃又不失礼貌热情。如此一来，才能让求职者在应聘时对企业有一个良好的第一印象。

撰写模板：

____有限公司责任公司招聘启事

一、公司简介

____有限公司责任公司成立于____年____月____日，属于民营企业，目前为____行业领军企业，年营业额____元，公司员工____名，为了公司长期发展，经管理层商议，现招聘 10 人。

二、招聘员工具体要求

年龄：____岁～____岁

性别：____。

学历要求：____以上。

任职资格：最少要有一年以上的本行业工作经验。熟练掌握相关办公软件。工作认真、细致，有耐心。热爱工作，具有良好的承压能力和团队合作精神。

三、面试流程

面试前请通过电话进行预约，面试时携带个人简历以及学历证书，在预约时间来本公司进行面试。

____有限公司责任公司人事部

联系电话：__________

员工培训策划文案

员工培训是指一定组织为开展业务及培育人才的需要，采用各种方式对员工进行有目的、有计划的培养和训练的管理活动，公开课、内训等均为常见的员工培训及企业培训形式。

按内容来划分，通常来说，员工培训一般可以分为两种：员工技能培训和员工素质培训。

员工技能培训是指企业针对岗位的需求，对员工进行的岗位能力培训；而员工素质培训则是企业对员工素质方面的要求，主要有心理素质、个人工作态度、工作习惯等素质培训。两者相辅相成，缺一不可。

策划者在做员工培训文案时，应有明确的针对性，要从实际工作的需要出发；与职位特点紧密结合，与培训对象的年龄、知识结构、能力结构、思想状况紧密结合。目的在于通过培训让员工掌握必要的技能以完成规定的工作，最终为提高企业的经济效益服务。只有这样培训才能收到实效，才能提高工作效率。

撰写模板：

——销售公司员工培训策划文案

一、培训目标

1. 增长知识：销售员肩负着与客户顾客沟通产品信息，搜集市场情报等任务，因此，必需具有一定的知识层次，这是培训的主要目标。

2. 提高技能：技能是销售员运用知识进行实际操作地本领。对于销售员来说，技能的提高不仅仅在于具备一定的销售能力，如产品地介绍、演示、洽谈、成交等方面技巧的提高，还包含市场调查与分析的能力，对经销商提供销售援助的能力与客户沟通信息情报的能力等。

3. 强化态度：态度是企业长期以来形成的经营理念、价值观念和文化环境。通过培训，使企业的文化观念渗透到销售员的思想意识中去，使销售员热爱企业、热爱销售工作，始终保持高涨的工作热情。

二、培训的负责人和培训师

培训师为内部销售经验丰富、业绩高的销售人员。

三、培训的对象

从事销售工作，对销售工作有一定的认知或熟悉销售工作的基层销售人员。

四、培训的内容

1. 销售技能和推销技巧的培训：一般包括推销能力，如推销中的聆听技能、表达技能、时间管理等；谈判技巧，如重点客户识别、潜在客户识别、访问前的准备事项、接近客户的方法、展示和介绍产品的方法、顾客服务、应对反对意见、客户异议、达成交易和后续工作、市场销售预测等。

2. 产品知识：是销售人员培训中最重要的内容之一。产品是企业和顾客的纽带，销售人员必须对产品知识十分熟悉，尤其是对自己所销售的产品。对于高科技产品或高科技行业来说，培训产品知识是培训项目中必不可少的内容。具体内容包括：本企业所有的产品线、品牌、产品属性、用途、可变性、使用材料、包装、损坏的原因及其简易维护和修理方法等，还包括了解竞争产品在价格、构造、功能及兼容性等方面的知识。

3. 市场与产业知识：了解企业所属行业与宏观经济的关系，如经济波动对顾客购买行为的影响，客户在经济高涨和经济衰退期不同的购买模式和特征，以及随宏观经济环境的变化如何及时调整销售技巧等。同时了解不同类型客户的采购政策、购买模式、习惯偏好和服务要求等。

4. 竞争知识：通过与同业者和竞争者的比较，发现企业自身的优势和劣势，提高企业的竞争力。具体包括：了解竞争对手的产品、客户政策和服务等情况，比较本企业与竞争对手在竞争中的优势和劣势等。

5. 企业知识：通过对本企业的充分了解，增强销售人员对企业的忠诚，使销售人员融合在本企业文化之中，从而有效地开展对顾客的服务工作，培养顾客对企业的忠诚。具体包括：企业的历史、规模和所取得的成就；企业政策，如企业的报酬制度、哪些是企业许可的行为和企业禁止的行为；企业的广告、产品运输费用、产品付款条件、违约条件等内容。

6. 时间和销售区域管理知识：销售人员怎样有效作出计划，减少时间的浪费，提高工作效率；销售地图的正确利用、销售区域的开拓和巩固等。

五、培训的时间期限

共计八天，根据情况可适当调整。

六、培训的场地

专业的培训基地、正规培训室，具有音响系统、白板、白板笔。

七、培训的方法

1. 讲授法：应用最广。非常适合口语信息的传授。可同时培训多位员工，培训成本较低。缺点是学员缺乏练习和反馈的机会。

2. 个案研讨法：提供实例或假设性案例让学员研读，从个案中发掘问题、分析原因、提出解决问题的方案。

3. 视听技术法：运用投影、幻灯片及录像进行培训。通常与演讲法或其他方法一同搭配进行。

4. 角色扮演法：给受训人员一个故事让其演练。让其有机会从对方的角度看事情，体会不同感受，并从中修正自己的态度和行为。

5. 户外活动训练法：利用户外活动来发挥团体协作的技巧，增进团体有效配合。但需注意某些课程的安全问题，确保员工在培训中得到充分的安全保障。

八、培训预算

培训讲师：____元；

培训场地：____元；

培训材料：____元；

餐饮住宿：____元；

其他：________元；

合计：________元。

员工培训效果评估报告

培训评估是一个运用科学的理论、方法和程序，从培训项目中收集数据，并将其与整个组织的需求和目标联系起来，以确定培训项目的价值和质量的过程。建立培训评估体系的目的，既是检验培训的最终效果，同时也是规范培训相关人员行为的重要途径。

作为一个完整的培训流程中的不可或缺的组成部分，培训评估是必不可少的。通常来说，评估报告的正文通常由导语（或称前言）、主体、结语三部分组成。

1. 导语。

工作评估报告的导语，主要写评估的目的，评估人员组成，评估的时间、方法、步骤以及评估标准和评估结果。项目评估报告的导语，一般介绍项目的概况，如项目的主要目的、内容、规模等。末尾常用“现将评估情况报告如下”引起下文。导语要写得概括、简练。

2. 主体。

这是评估报告的核心部分，一般包括以下内容：被评估对象的基本情况；分项评估分析意见；总评估结论，这部分要用大量事例、数字具体反映被评估对象的状况是否符合评估标准，要写得有理有据、充实具体。

3. 落款。写明评估组织名称或评估人员姓名，注明评估报告的完成时间，如有附件亦应注明。

撰写模板：

____公司培训效果评估报告

以月度培训计划为中心，结合公司实际情况，总结与优化培训建设，为完善培训体系建设提供重要参考。

一、培训工作情况

____年，我公司培训课程主要集中为以下几类：

1. 新员工入职培训。

2. 交流团队建设培训。

3. 各岗位技能培训。

二、培训效果分析

1. 取得的成绩

（1）优化了我公司新员工入职培训的各课程及环节间互动，完善了培训的地点与设施、设备，满意度得到提升。并且十分荣幸地邀请到了____教授担任《____行业基础知识与职业前景》课程的讲师，此课程讲解非常精彩，主题突出，切合实际，生动流畅，逻辑清晰，得到了学员的一致好评；时间安排紧凑，各课程的针对性增强，给新员工留下不错印象。

（2）团队建设培训激活团队气氛，效果得到了大多数员工、部门负责人和项目负责人的充分肯定。表示这种培训以后应多开展，团队游戏等培训方式也建议融入各类培训中，提升员工参与培训的兴趣与积极性，并提高士气，增强部门交流与沟通。

（3）充分结合各部门负责人的专业知识，灵活根据工作实际需要，合理安排时间；根据培训工作计划，在工作时间外做好员工培训，切实实施培训计划。

三、评估结果阐述

1 新老员工对公司培训系统反馈较好。但是，不同人员对培训的知识取向有所差异，导致有些员工对培训的内容满意程度不高。

2. 尽快结合各项目部门落实新项目储备人员培养体系建设工作，优化新项目自主招聘与培训体系，大力推动与深化新项目新员工培训上岗课程体系完善。

3. 与相关部门做好沟通协调，研讨具有特色的知识管理与分享体系，尽快做好知识管理体系管理人员确定与培训，并不断收集、丰富、定期更新与完善知识体系。

4. 不断开发讲师资源，邀请经验丰富而培训课又讲得好的领导或员工给大家分享，每一个月或两个月由培训管理部统筹举办至少一次别具特色或有分量的主题培训课程。

5. 打造全员学习的管理氛围，构建学分制培训制度，学分为员工评级加薪提供参考。

6. 各讲师加强培训技术的个人修炼与经验积累，不断总结不足，学习先进；加强各培训管理部对培训课程的督查与建议反馈的工作，同时也应收集学员的反馈意见，务求让培训工作稳步向前发展。

附：员工个人培训效果评价表

培训班名称		
培训时间		
授课老师		
承办单位		
参培人员	技术人员□管理人员□营销人员□操作人员□	
评价项目	评价标准	评价结论
培训内容	你对培训内容的理解程度	完全□大部分□小部分□
	培训内用对工作的帮助作用程度	很大□较大□一般□
	培训内容与你期望符合程度	符合□一般□不符合□
培训老师	联系实际，课程合理	很好□良好□一般□
	语言表达清楚，思路明确	很好□良好□一般□
	教学形式符合成人教学特点	符合□一般□不符合□
	针对性、系统性强、重点明确	很好□良好□一般□
学员最终评价	以后有类似的培训还愿意参加吗？	愿意□一般□不愿意□
	你对此次培训安排的满意程度	满意□一般□不满意□
	你对此次教材选择的满意程度	满意□一般□不满意□
	培训达到的目的以及期望度	很好□良好□一般□
建议和改进方案		
参训主要收获		
培训需要改进的部分		
该课题的培训应增添或者删减的内容		
培训中我最喜欢的讲师是		

员工晋升管理文案

俗话说得好：“十年树木，百年树人。”一棵树苗要成为能用的栋梁之材需要很长的时间。而在企业中培养一个人才同样也需要更多的时间。无论哪个企业，最重要的资源当属人才。一般来说，人才的流失往往会给企业造成巨大的损失，包括重新招聘、培训新员工接任工作等成本，以及给在职员工造成离职恐慌之类的心理影响。

在国内外一些企业的内部调查中，很多员工在离职报告中纷纷对企业的晋升机制感到不满，这些离职的员工在接受调查问卷时都表示自己对晋升的关心多于对薪酬的注意。因此，为了充分调动全体员工的主动性和积极性，很多知名企业在公司内部纷纷建立起公平、公正、公开的竞争机制，在规范公司员工的晋升、晋级工作流程的同时，也制订了一系列的相应制度。

在撰写晋升管理文案时，策划人除了要在文案中体现出企业公平、公正、公开的思想，还应写明晋升核定的权限以及员工晋升的基本条件。

撰写模板：

____公司员工晋升管理

第一章　总则

一、目的

为加强和规范公司员工职业晋升管理，引导员工职业生涯发展的途径和方向，提高公司和员工个人的核心竞争力，进而提升经营绩效，特制订本管理办法。

二、范围

适用于公司所有员工。

三、基本原则

1. 德能、技术和业绩并重的原则：晋升须全面考虑员工的个人素质、能力以及在工作中取得的成绩。

2. 逐级晋升与越级晋升相结合的原则：员工一般逐级晋升，为公司做出了突出贡献或有特殊才干者，可以越级晋升。

3. 能升能降的原则：根据绩效考核结果，员工职位可升可降。

4. 职位空缺时，首先考虑内部人员，在没有合适人选时，再考虑外部招聘。

四、晋升需具备的条件

1. 具备较高的职业技能。

2. 相关工作经验和资历。

3. 在职工作表现及职业道德。

4. 完成职位所需的有关训练课程。

5. 具有较好的适应性和潜力以及对于工作的抗压能力。

五、晋升核定权限

1. 高层由董事长提议，经董事会核定。

2. 副经理以上由董事长核定。

3. 各部门主管或助理，由公司总经理核定。

4. 各部门主管以下各级人员，由公司各级主管提议，呈总经理核定。

六、管理职责划分

人事部负责员工晋升工作的组织、任职资格条件的审查、任职公布等业务运作，是员工晋升的具体执行部门。各用人部门负责向公司推荐符合晋升条件的员工；由员工个人主动提出晋升时，任职部门负责对其任职条件进行初步核查。

第二章　员工职业发展管理

根据公司的实际情况，对于具有大专以上学历或主管级以上人员的职业发展实行规划管理。

职业发展管理模式：

一、人力资源部负责建立员工职业发展档案，并负责保管与及时更新。各部门经理为本部门员工职业发展辅导人，如果员工转换部门或工作岗位，则新部门经理为辅导人。

二、实行新员工与部门经理谈话制度。新员工入公司后三个月内，由所在部门经理负责与新员工谈话，主题是帮助新员工根据自己的情况如职业兴趣、资质、技能、个人背景分析考虑个人发展方向，大致明确职业发展意向。由人力资源部跟踪督促新员工谈话制度执行情况。

三、进行个人特长及技能评估。人力资源部和职业发展辅导人指导员工填写《员工职业发展规划表》，包括员工的知识、技能、资格证书及职业兴趣情况等内容，以备日后对照检查，不断完善。一般每两年填写一次，新员工转正后一个月内填写。

四、人力资源部每年组织一次员工培训需求调查，员工须根据目前岗位职责及任职资格要求和个人职业发展规划，结合自身实际情况填写。人力资源部制订年度培训计划及科目时，考虑从需求出发，参考员工培训需求确定培训内容。

五、人力资源部每年对照《员工职业发展规划表》检查一次，了解公司在一年中有没有为员工提供 ××× 培训、晋升机会，员工个人一年中考核情况及晋升情况，并提出员工下阶段发展建议。

六、各部门经理在每年底考核结果确定后，与本部门员工就个人工作表现与未来发展谈话，确定下一步目标与方向。

七、员工根据个人发展的不同阶段及岗位变更情况选定不同的发展策略，调整能力需求，以适应岗位工作及未来发展的需要。

八、职业发展档案包括员工职业发展规划表、员工培训需求、每次的考核、培训记录等，作为对职业生涯规划调整的依据。

第三章 员工晋升管理

一、员工晋升的基本条件

序号	职等类别	职务名称	学历要求	职称	工作经验
1	主管人员	职能部门主管或助理	专科以上	初级	二年以上相关工作经验
2		技术部门主管或助理		中级	
3	管理人员	职能部门经理或副经理	本科以上	中级	四年以上相关工作经验
4		技术部门经理或副经理		高级	
5		公司经理或副经理		中级	八年以上相关工作经验
6		高层		高级	十年以上相关工作经验

二、员工晋升时，同时满足以下条件的具备职务晋升资格

1. 在部门内担任低一级职务满一年，或在公司内不同部门担任低一级职务满两年。

2. 历年来的年度考核成绩：平均 85 分以上，且未受过处罚。

3. 具备拟任岗位任职条件：自身基本条件符合岗位说明书列明的任职资格条件。

4. 具备拟任岗位所需能力：经考核，符合拟任岗位所需要的综合素质与能力要求，考核成绩要求在 85 分以上。

三、员工晋升的办理

1. 晋升时机

（1）根据公司经营需要及发展规划，为保证高效运作，同时充实内部人才储备，人力资源部每两年组织一次员工晋升。

（2）职务出现空缺时，若已有具备晋升条件的适当人选，可随时依本办法晋升程序办理晋升。

2. 晋升办理程序

（1）确定拟提升职位：人力资源部根据公司战略规划及人员需求，定期发布拟新任领导者的职务类别、数量及具体要求。

（2）推荐合适人选：

推荐：由员工任职部门推荐的，填写《管理职务晋升推荐表》（略）并初步审查后交人力资源部。

自荐：由员工自荐的，填写《员工晋升申请表》（略），经部门负责人、公司经理核查后交人力资源部。

（3）晋升考核：人力资源部根据职位要求，对所有人选的任职资格进行审查，对于符合条件的，组织用人部门及其他相关人员对其按照拟任职岗位要求进行考核。填写《员工晋升综合素质与能力考核表格》（略）。

（4）决定人选：人力资源部汇总考核结果，经会议讨论后决定最后人选，由最高核定人签发任命通知。

第四章　附则

一、本办法由人力资源部负责解释和修订，自发布之日起执行。

二、本办法由公司人力资源部负责解释。

三、本办法未尽事宜，由公司人力资源部提出解决方案，报总经理批准后实施。

____公司人力资源部

____年____月____日

员工考勤管理文案

考勤，顾名思义，就是考查出勤的意思，也是就通过某种方式来获得员工在企业内部的出勤情况，包括上下班、迟到、早退、病假、婚假、丧假、公休、工作时间、加班情况等。

对员工的考勤与考核一直都是企业人力资源管理中的一项重要内容，考勤不但可以维护企业的正常工作秩序，提高办事效率，严肃企业纪律，还能使员工自觉遵守工作时间和劳动纪律。在企业中，一般的考勤管理内容包括：

1. 公司员工考勤管理制度

2. 员工考勤与工作注意事项

3. 员工出勤管理规定

4. 员工打卡管理规定

5. 员工出勤及奖励办法

6. 员工考勤和休假管理办法

7. 请假休假管理细则

8. 员工请假细则

9. 员工加班细则

10. 员工综合考评制度

对于企业而言，一定要让考勤能够成为严格的规定，并制订出一种考勤的制度，不然考勤就失去了应有的意义。因此，作为企业的管理者，在策划此类文案时需结合本公司自身情况，将考核项目巨细无遗地列举出来。

撰写模板：

公司员工考勤管理制度

一、管理目的

为维护正常的工作秩序，提高员工工作效率，强化全体职工的纪律观念，结合公司实际情况，特制订本管理制度。

二、适用范围

公司全体正式员工。

三、部门职责划分

1. 人事行政部

（1）监督公司各部门考勤制度的执行情况；每月公布一次。

（2）负责员工请假手续的审核、报批、登记、存档。

（3）负责公司员工考勤的统计、核实、纠正。

（4）负责对员工宣传考勤制度，并对违反考勤制度人员按公司制度进行处理。

2. 其他部门

（1）配合人事行政部监督本部门员工按规定考勤，对违反考勤纪律员工上报行政人事部处理。

（2）配合人事行政部对员工做好相关考勤纪律或制度的宣传。

四、考勤管理条例

（一）工作时间划分

序号	类别	对应月份	上午工作时间	下午工作时间	备注
1	夏令时	5 月～10 月	8：50—12：00	13：30—18：00	
2	冬令时	11 月～4 月	9：00—12：00	13：00—18：00	

（二）考勤管理

1. 打卡管理

（1）根据公司当前的作息时间安排，全体员工实行每月 4 天休假制，根据各部门具体情况，合理安排换休；且全体员工必须每天上下班打卡。特殊情况，员工申请不打卡者，需提交总经理审批《情况说明》，报人事行政部备案；员工如有加班，加班期间必须打卡上班和下班。

（2）员工因个人原因未打卡的，在填写《补卡单》时，原因及理由须详细填写，不得捏造任何虚假理由，违者，对当事者处以 100 元 / 次罚款，最高可予以解雇。员工每月补卡次数不得超过 3 次，超出 3 次者，考核 10 元 / 次。

（3）公司各岗位打卡次数规定

序号	岗位类别	岗位名称	打卡次数	管理规定	备注
1	办公室管理岗	人事行政、财务	2	根据作息时间，上下班各打一次卡	
2	销售岗	电话销售、公司办公的业务员	2	根据作息时间，上下班各打一次卡	
		外出业务员	0	需在 10：00 以前，以短信或者 QQ 的形式，拍摄当日业务现场的照片回传到人事行政部备案	
3	驾驶员岗	公司办公驾驶员	2	根据作息时间，上下班各打一次卡	
		外出驾驶员	0	需定时向车队管理员汇报外出情况	
4	库房岗	库管员、配货员	2	上下班时间根据部门情况而定，但上下班须各打一次卡	
5	行政支持岗	门卫、厨师、保洁	0	由人事行政部监督每天的出勤情况	

2. 外出管理

（1）到公司者，员工若需要临时外出办事，必须电话或者短信通知部门经理 / 主管批准后，方能外出；员工回到公司后，在《外出登记表》上登记备案。

（2）到公司者，员工若需要外出办事，先由部门经理 / 主管同意后方可外出，并且在外出前到人事行政部填写《外出登记表》。

（3）如没有得到部门经理 / 主管批准私自外出的；未请假即不到岗或虽已事先告知部门经理 / 主管，但事后不按规定填写《外出登记表》的，均视为旷工。

（4）所有外出办公员工，必须在人事行政部填写《外出登记表》，未填写人员，每次处罚 ____ 元；外出办理私事或外出超过一天未登记请假的，按照旷工处理。

3. 加班管理

（1）公司要求全体员工加强学习，提高自身业务能力及工作效率，保证在标准工作时间内完成本职工作任务。在工作时间内未能完成本职工作任务的，应自行安排正班以外的时间加班完成，公司不作加班计算。

（2）因公司业务需要，需要员工加班的，原则上公司安排员工在当月内调休，员工自加班到调休，期限3个月；员工在调休时，须在调休单后附《员工加班登记单》；因特殊情况，3个月内不能调休的，加班按____元/天核算加班薪资。

（3）加班类型

A超时加班：超时加班是指因工作需要或突发紧急情况，需要在工作日正班时间外完成的工作。

B休息日、法定节日加班：是指因为公司业务需要在休息日、法定节日必须坚守工作岗位的情况。

（4）加班流程

员工填写加班单—部门经理/主管审核—人事行政部存档

（5）流程办理注意事项

所有员工因工作需要加班，必须填写《员工加班登记单》（特殊情况需电话告知部门经理/主管批准，后续补《员工加班登记单》），经部门经理/主管审核后，递交人事行政部备案，方可计入加班。未办理加班手续者，人事行政部做无效加班处理。无效加班不计加班调休或加班薪资核算。

（6）加班的其他规定

根据我公司在劳动局备案的《综合计时岗位》和《不定时计时岗位》标准，销售人员、驾驶员、搬运工、门卫、厨房工作人员等岗位，在加班类型中并没有《超时加班》的相关法令；对其相关管理办法，以劳动局备案的文件为准。

员工奖惩管理文案

奖惩制度，原来是我国行政机关对所属机关和公务人员依法进行奖励或惩罚，以强化人事行政管理的制度。包括实行奖惩的原则、条件、种类、方式、程序、手续，以及行使奖惩权限的机关等内容。后来这个机制被逐渐运用到各行各业。

奖励，是对成绩优秀的员工，给予精神和物质的嘉奖，以激励全体成员。而惩罚，则是对工作不力或犯有过失、违反纪律的企业员工进行的行政处罚或行政制裁。奖励与惩处具有激励与控制的双重功能，二者相辅相成，应结合使用。

企业管理者策划奖惩管理文案时需要注意的是，对于应该受到嘉奖的员工，奖励目标不应定得太高，否则员工会对这种奖励产生一种难以兑现的质疑，同时也不能定得太低，否则就失去了奖励的意义，要结合公司实际情况，实事求是地对员工进行奖励。而对于在工作上出现纰漏的员工，尽量不要去伤害他们的自尊心，更不能在文案中使用带有攻击性、侮辱性的词汇。

撰写模板：

员工奖惩管理办法

第一章　总则

一、目的

为强化员工遵纪守法和提高自身约束意识，增强员工的积极性和创造性，同时保障公司各项规章制度的有效执行，特制订本规定。

二、适用范围

本规定适用于公司全体员工（包括试用期员工与临时工）。

三、职责

人事行政部负责本制度制订、修改、废止、解释工作；总经理负责本制度制订、修改、废止、解释之核准工作。

四、签署生效

本制度自总经理签署之日起生效。

第二章　奖惩原则

一、奖惩说明

公司的奖惩是以纪律维护为出发点，奖励是对符合公司准则行为的员工的一种激励，处罚是对违反公司纪律、损害公司利益等不符合公司行为的员工的一种遏制。奖惩以事实为依据，以制度为准绳。奖惩的依据是公司的各项管理规章制度，员工的岗位职责、工作流程等。

二、迅速处理

为及时地鼓励员工对公司的贡献或及时纠正员工的错误行为，使奖惩机制及时发挥应有的作用，奖惩必须及时处理。

三、奖惩信息公开

为了使奖惩公正、公平，并达到应有的效果，奖惩必须公开执行。

第三章　奖励事项分类

一、重量级奖励

员工涉及如下事项，可享受 ____ 元至 ____ 元的经济奖励、____ 元至 ____ 加薪、员工大会通报表扬等奖励（奖励金额视具体情况由公司领导和人事部门作出）。

1. 在完成公司工作、任务方面取得显著成绩和经济效益的。

2. 对公司提出合理化建议积极、有实效的。

3. 保护公司财物，使公司利益免受重大损失的。

4. 在公司、社会见义勇为，与各种违法违纪、不良现象斗争有显著成绩的。（颁发荣誉证书）

5. 对突发事件、事故妥善处理者。

6. 一贯忠于职守、认真负责、廉洁奉公、事迹突出的。

7. 全年出满勤的。

8. 为公司带来良好社会声誉的。

9. 其他应给予奖励事项的。

二、一般性奖励

员工涉及如下事项，可享受 ____ 元～ ____ 元的经济奖励、____ 元～ ____ 元加薪、员工大会通报表扬等奖励。（奖励金额视具体情况由公司领导和人事部门作出）

1. 品行优良、技术超群、工作认真、恪尽职守，成为公司楷模者。（颁发荣誉证书）

2. 领导有方、业务推展有相当成效者。

3. 参与、协助事故、事件救援工作者。

4. 遵规守纪，服从领导，敬业楷模者。

5. 主动积极为公司工作，提出合理化建议，减少成本开支，节约资源能源的员工。

6. 拾金（物）不昧者。

第四章　处罚事项分类

一、重量级处罚

1. 故意出现重大过失，造成重大损失。

无条件辞退，需要时要承担相应的民事或刑事责任，相关费用自理。

2. 损失 / 遗失公司重要物品、设备。

1000元以上（含1000元）的视员工经济能力至少赔偿原价的___%～___%，辞退或留用察看。

500元～1000元（含500元）的视员工经济能力至少赔偿原价的____%，留用察看。

500元以下，员工无条件原价赔偿，减薪____元。

3. 违抗命令或威胁侮辱上级领导。

员工大会通报批评，视情节严重程度减薪____元～____元。

4. 包庇职员舞弊，弄虚作假。

员工大会通报批评，视情节严重程度减薪____元～____元。

5. 泄露公司机密。

员工大会通报批评，视情节严重程度减薪____元～____元、留用察看或辞退。

6. 品行不正，有损公司名誉。

员工大会通报批评，视情节严重程度减薪____元～____元、留用察看或辞退。

7. 没有及时阻止危害公司事件，任其发生。

员工大会通报批评，视情节严重程度减薪____元～____元、留用察看或辞退。

8. 全年无故旷工达4天以上。

员工大会通报批评，并处一次性罚金____元～____元。

9. 在公司内寻衅斗殴，从事不良活动。

员工大会通报批评，并处一次性罚金____元～____元、留用察看或辞退。

10. 造谣滋事。

员工大会通报批评，视情节严重程度减薪 ____ 元～ ____ 元、留用察看或辞退。

二、一般性处罚

1. 玩忽职守或督导不力而发生损失。

员工大会通报批评，视情节严重程度处罚金 ____ 元～ ____ 元。

2. 未经许可擅自使用权限外之物品、设备。

员工大会通报批评，视情节严重程度处罚金 ____ 元～ ____ 元。

3. 工作不力，屡劝不听者。

员工大会通报批评，留用察看或辞退。

4. 服务态度恶劣，与客户争吵，影响公司声誉。

员工大会通报批评，处一次性罚金 ____ 元～ ____ 元，屡犯者留用察看或辞退。

5. 在公司内喧哗、扰乱秩序、吵架、不服纠正者。

员工大会通报批评，处一次性罚金 ____ 元～ ____ 元，屡犯者留用察看或辞退。

6. 连续 3 次不参加公司重要活动。

员工大会通报批评，处一次性罚金 ____ 元～ ____ 元。

7. 连续旷工 2 天。

员工大会通报批评，处一次性罚金 ____ 元～ ____ 元。

8. 对各级领导态度傲慢，言语粗暴蛮横。

员工大会通报批评，视情节严重程度减薪 ____ 元～ ____ 元，屡犯者留用察看或辞退。

三、轻微处罚

1. 工作时间处理私人事务。

员工大会通报批评，处一次性罚金 ____ 元～ ____ 元，屡犯者减薪或留用察看。

2. 教育培训无故缺席。

员工大会通报批评，处一次性罚金 ____ 元～ ____ 元，屡犯者减薪或留用察看。

3. 工作时间未经许可擅自离岗。

员工大会通报批评，处一次性罚金 ____ 元～ ____ 元，屡犯者减薪或留用察看。

4. 浪费公司财物。

员工大会通报批评，视情节严重程度处一次性罚金 ____ 元～ ____ 元。

5. 遇非常事故，故意回避逃离者。

员工大会通报批评，视情节严重程度处一次性罚金 ____ 元～ ____ 元。

6. 服装仪容经常不整者。

员工大会通报批评，视情节严重程度处一次性罚金 ____ 元～ ____ 元。

7. 多次发生迟到早退现象，不按规定请假、销假。

员工大会通报批评，处一次性罚金 ____ 元～ ____ 元；屡犯者减薪或留用察看。

8. 委托或受托他人出勤或签到。

员工大会通报批评，处一次性罚金 ____ 元～ ____ 元。

第五章　其他事项

有制度的参照员工管理制度，没有成文制度可参考的，由总经理召开行政人事管理会议共同商议处理方案。

员工薪酬计划文案

薪酬计划是企业预计要实施的员工薪酬支付水平、支付结构及薪酬管理重点等内容，是企业薪酬政策的具体化。企业在制订薪酬计划时要坚持以下两个原则：

1. 与企业目标管理相协调的原则。

2. 以增强企业竞争力为原则。

同时，管理者在进行薪酬决策时要注意，薪酬问题往往是一个组织的成本结构中最难管理的一部分。一般来说，员工薪酬投入通常占企业总成本很高的百分比，在如今各行各业竞争激烈的今天，要想不给企业财政带来更多的压力，薪酬计划就必须要反映现在和将来的业务需求。只有当薪酬计划能够和公司战略、经营绩效及员工需求紧密相连时，它才可以在企业未来可能陷入困境时带来所需要的投资回报率。

通常而言，企业管理者在制订薪酬计划的工作时往往需要结合以下要点：

1. 通过薪酬市场调查，比较企业各岗位与市场上相对应岗位的薪酬水平。

2. 了解企业财力状况，根据企业人力资源策略，确定企业薪酬水平采用何种市场薪酬水平。

3. 了解企业人力资源规划。

4. 将前三个步骤结合画出一张薪酬计划计算表

5. 根据经营计划预计的业务收入和前几步骤预计的薪酬总额，将计算出的比值与同行业的比值或企业往年的比值进行比较

6. 各部门根据企业整体的薪酬计划和企业薪酬分配制度规定，考虑本部门人员变化情况由人力资源部进行所有部门薪酬计划的汇总。

7. 如果汇总的各部门薪酬计划与整体薪酬计划不一致，需要再进行调整。

撰写模板：

____软件开发股份有限公司薪酬设计文案

第一章　总则

一、目的

制订薪酬计划方案的目的在于使员工的薪酬与贡献挂钩、薪酬与公司收益挂钩，使薪酬能够起到良好的激励作用。

二、适用范围

本方案适用于____软件开发股份有限公司本部在岗在编人员。

三、原则

遵循按劳分配、效率优先、兼顾公平及可持续发展的原则。

四、依据

薪酬分配的依据是：贡献、能力和责任。

第二章　薪酬体系

一、公司职系

公司员工分成3个职系，分别为管理职系、技术职系、行政事务职系。针对这3个职系，薪酬体系分别采取两种不同类别：与企业年度经营业绩相关的年薪制；与月度绩效相关的岗级工资制。

二、年薪制员工工作特征

这部分员工是以年度为周期对经营工作业绩进行评估并发放相应的薪酬，包括管理职系中的经营班子成员。

三、岗级工资制员工工作特征

实行岗级工资制的员工是公司经营班子成员以外的员工。

第三章 薪酬结构

一、公司员工收入包括以下几个组成部分：

1. 固定工资，包括基本工资，岗级工资、工龄工资、学历、职称、执业资格津贴。

2. 浮动工资，包括绩效工资、年底奖金。

3. 附加工资，包括工地补贴、交通补贴、通讯补贴以及四项统筹等。

二、固定工资

1. 固定工资 = 基本工资 + 工龄工资 + 岗级工资 + 资格津贴。其中，资格津贴即为学历、职称、执业资格津贴，这部分津贴按公司相关文件规定执行。

2. 基本工资：每月 ____ 元，是为了保证每一位员工最低生活要求而设立的保底工资。

3. 工龄工资：体现了员工的工作经验和服务年限对于企业的贡献，本公司内部的工龄工资为 ____ 元 / 年，集团内部工龄自进入集团的单位起开始计算。

4. 岗级工资：按照岗位评价的结果确定，体现了岗位的内在价值和员工技能因素。

三、浮动工资

1. 浮动工资包括绩效工资、年底奖金几种形式。

2. 绩效工资与月度的考核结果挂钩，体现员工在当前岗位和现有技能水平上通过自身努力为公司实现的价值。

3. 年底奖金与年度考核结果和公司年度经营情况挂钩，是在公司整体经营效益的基础上对管理岗位的一种激励。年底奖金下年初统一支付。

四、附加工资

1. 附加工资＝四项统筹＋工地补贴＋交通补贴＋通讯补贴。

2. 附加工资是公司正式在职员工所能享受到一种福利待遇。

3. 四项统筹包括住房基金、医疗保险、养老保险和失业保险。企业与员工各承担一部分。具体数额参见国家有关规定和企业相关政策。

4. 工地补贴、交通补贴、通讯补贴按公司相关规定执行。

第四章　年薪制

年薪制适用于公司的经营班子成员，具体办法见《经营层的激励与考核办法》。

第五章　岗级工资制

岗级工资制的工资结构：

1. 中层岗级工资制收入＝固定工资＋绩效工资＋附加工资＋年终奖。

注：中层包括经理（主任）、副经理（副主任）、项目代表。

2. 一般员工岗级工资收入＝固定工资＋绩效工资＋附加工资＋年终双薪。

其中，固定工资＝基本工资＋岗级工资＋工龄工资＋资格津贴（即学历、职称、执业资格津贴）。绩效工资与员工每月的工作努力程度、工作结果相关，反映了员工在当前的岗位与技能水平上的绩效产出。

3. 绩效工资办法如下：月度绩效工资＝（基本工资＋岗级工资）× 月度考核系数 × 部门考核系数。

注：部门经理直接用部门考核系数作为个人考核系数无另外月度考核系数。其中，月度个人得分与个人考核系数对照表如下：

评价得分	90 ~ 100	80 ~ 89	70 ~ 79	60 ~ 69	小于 60
考核结果	优秀	良好	中等	基本及格	不合格
考核系数	1.2	1	0.8	0.6	0

月度部门得分与部门考核系数对照表如下：

评价得分	90 ~ 100	80 ~ 89	70 ~ 79	60 ~ 69	小于 60
考核结果	优秀	良好	中等	基本及格	不合格
考核系数	1.1	1	0.9	0.75	0.6

第六章　其他事项

一、被聘人员试用期工资标准

被聘人员试用期间的工资按所聘岗位的基本工资、所聘岗位岗级工资、资格津贴之和来确定，不另发绩效工资和各种补贴。

二、加班费根据工作需要必须加班者，公司发放其加班费。每月按 22 个标准工作日计算，计算基数为岗级工资。

加班费 = 劳动法规定系数 × 加班天数 × 岗级工资 /22

三、病事假期间工资发放标准

经公司批准请事假者，根据请假天数在工资中进行扣除。每月按照 22 个标准工作日计算，计算基数为岗级工资与绩效工资。病假按公司具体规定发放。

事假工资扣除 = 请假天数 ×（岗级工资 + 绩效工资）/22

四、对于待岗员工只发放固定工资中的基本工资部分。

五、对于公司外派培训的员工，每月发放其固定工资和绩效工资。绩效工资考核系数根据外派时间长短决定。

1. 3 个月内，考核系数按照 0.8 计算。

2. 3 个月到 6 个月，考核系数按照 0.7 计算。

3. 6 个月到 1 年，考核系数按照 0.6 计算。

4. 1 年以上的，考核系数按照 0.5 计算。

六、公司设立总经理奖励基金，奖励公司绩效表现优异的员工。具体数额由董事会确定。

第七章　附则

一、本方案由人力资源部负责解释。

二、对于本方案所未规定的事项，则按人力资源管理规定和其他有关规定予以实施。

员工福利计划文案

员工福利是指员工在企业工作时所获得的间接报酬。一般包括健康保险、带薪假期、过节礼物或退休金等形式。这些奖励作为企业成员福利的一部分，奖给职工个人或者员工小组。虽然，公司福利只是员工整体报酬里的一个方面，但它在留住人才、吸引员工以及激励员工等方面起到一定作用，能够帮助企业提升员工的满意度和敬业度。

企业福利是面向广大员工的，那么决策者就应该想明白一个道理："选择福利应该是员工'喜欢的、想要的'，而不单单是企业'花重金购买的、想给的'。"站在企业的角度来看，应该关注到员工的内心，找到其真正向往的东西，什么是最能够激励他的，并且能够让薪酬福利的成本最高效，恐怕这是企业决策者在策划员工福利时需要思考的问题。

撰写模板：

____有限公司员工福利管理制度

为保持公司人力资源的供给水平，提高企业凝聚力，吸引更多的优秀人才，维持长期稳定的劳资关系，特制订本福利制度。

一、适用范围

本制度适用于与公司有劳资关系的所有正式编制员工。

二、员工福利内容

本公司员工福利的内容包括：养老保险、失业保险、医疗保险、生育保险、工伤保险、住房公积金；员工通勤、通讯津贴；员工婚丧、住院慰问金；员工年节福利金；员工生日祝贺金；员工联谊活动；员工年休假；工伤假；探亲假；员工年度体检等。

三、按照国家政策和规定，公司参保种类及制度

1. 养老保险、失业保险、医疗保险、生育保险、工伤保险五个险种及住房公积金。

2. 公司参保范围：在公司工作凡人事档案关系转入者；其办理参保时间从转入日期开始计算。未办理养老保险者，并不予缴纳“五险一金”。

3. 公司办理保险金缴纳时间：“五险一金”按月计提，按相关部门的要求缴纳。

四、公司补贴福利

1. 午餐补贴：公司发放标准为每人每月 ____ 元，随每月工资一同发放。

2. 节日补贴：元旦公司组织聚餐；劳动节、国庆节、春节、清明节公司给予员工 ____ ~ ____ 元的节日补贴，随当月的工资一同发放；端午节公司给每位员工发放粽子，中秋节公司给每位员工发放月饼和水果；妇女节为全体女职工发放纪念品（护肤品或者生活用品）。

3. 生日补贴：员工过生日，公司送贺卡表示祝福，并送上八寸水果生日蛋糕予以祝福。

4. 员工大事补贴：当员工逢婚、育、大病和丧等个人大事时，公司给予员工礼金或慰问金 ____ 元。

5. 员工通讯津贴：通讯津贴计算方式采取限额报销方式，财务部根据标准统一请款交纳，标准附表如下：

序号	资格等级	津贴标准	备注
1	总经理	200 元 / 月	实报实销
2	部门主管	150 元 / 月	
3	部门副职	100 元 / 月	
4	在职员工	80 元 / 月	

6. 员工通勤津贴

总经理、副总经理以下级员工均享受 4 元 / 天的上下班通勤津贴；交通津贴每月按实际出勤天数计算，并随月工资一同发放。

五、休假福利

1. 在本公司连续工作一年以上的员工，可享受带薪年休假 ____ 天。

2. 工龄满两年但不满五年的员工，可享受带薪年休假为 ____ 天。

3. 已满五年但不满十年的员工，可享受带薪年休假为 ____ 天

4. 已满十年员工，可享受带薪年休假为 ____ 天。

5. 国家法定休假日、休息日不计入带薪年休假的假期。

注：以下情况不予安排年休假：

1. 累计工作满一年但不满两年的员工，请病假累计 ____ 天以上的。

2. 累计工作满两年但不满五年的员工，请病假累计 ____ 天以上的。

3. 累计工作满十年以上的员工，请病假累计 ____ 天以上的。

六、培训福利

公司根据考核结果，由人力资源部制订培训计划，并组织实施，以使员工的知识、技能、态度等方面与不断变动的经济技术、外部环境相适应。培训福利包括：员工在职或短期脱产免费培训、公费进修等。具体规定见公司《培训管理制度》。

七、文娱福利

企业为促进员工的身心健康、丰富员工的精神和文化生活提供一定的福利，公司将不定期组织聚餐或出游等活动。

员工绩效考核管理文案

绩效考核，是企业绩效管理中的一个环节，是针对企业中每个职工所承担的工作，应用各种科学的定性和定量的方法，对职工行为的实际效果及其对企业的贡献或价值进行考核和评价，并将评定结果反馈给员工的一种制度。

从本质上来说，绩效考核其实就是一种过程管理，而不是仅仅对结果的考核。它是将中长期的目标分解成年度、季度、月度指标，不断督促员工实现、完成的过程，有效的绩效考核能帮助企业达成目标。

企业决策者在撰写绩效考核管理文案时应注意以下要点：

1. 明确建立人事考核评议制度的目的、适用范围、种类等问题。

2. 阐述绩效考核的要义。

3. 阐述能力考核的要义。

4. 说明考核结果的应用。

通过考核，可以使员工发现自身问题并加以改进，一方面增加了企业的收益，另一方面则提升了自己的能力和薪酬，可谓是双赢的结果。但在企业实施绩效考核的过程中，一定要避免以下这几个误区：

1. 激励个人主义。

本质上绩效考核体系是一个激励机制，即把一个人的部分所得和他的业绩挂上钩。由于绩效要细分到个人，很多公司绩效体系的根本目的是激励个人业绩，而不是激励一个人关心他的团队和整个公司。这样的激励可能导致错误的导向。

2. 重短期，不重长期。

绩效管理的另一个误区是只重短期，不重长期。若没有正确的引导，员工可能会为了短期利益而牺牲公司的长期利益。

3. 设计过于复杂的考核体系。

过于复杂的考核指标和考核体系，会让管理者和被管理者都为了得综合高分而失去了工作重点。

撰写模板：

____公司员工绩效考核管理

一、考核目的

1. 作为晋级、解雇和调整岗位依据，着重在能力、能力发挥和工作表现上进行考核。

2. 作为确定绩效工资的依据。

3. 作为潜能开发和教育培训依据。

4. 作为调整人事政策、激励措施的依据，促进上下级的沟通。

二、考核原则

1. 公司正式聘用员工均应进行考核，不同级别员工考核要求和重点不同。

2. 考核的依据是公司的各项制度，员工的岗位描述及工作目标，同时考核必须公开、透明、人人平等、一视同仁。

3. 制订的考核方案要有可操作性，是客观的、可靠的和公平的，不能掺入考评人个人好恶。

4. 提倡考核结果用不同方式与被评者见面，使之诚心接受，并允许其申诉或解释。

三、考核内容及方式

1. 工作任务考核（按月）。

2. 综合能力考核（由考评小组每季度进行一次）。

3. 考勤及奖惩情况（由行政部按照《公司内部管理条例》执行考核）。

四、考核人与考核指标

1. 成立公司考评小组，对员工进行全面考核和评价。

2. 自我鉴定，员工对自己进行评价并写出个人小结。

3. 考核指标，员工当月工作计划、任务、考勤及《内部管理条例》中的奖惩办法。

五、考核结果的反馈

考绩应与本人见面，将考核结果的优缺点告诉被评人，鼓励其发扬优点、改正缺点、再创佳绩。

六、员工绩效考核说明

1. 填写程序

（1）每月 2 日前，员工编写当月工作计划，经部门直接上级审核后报行政部。

（2）工作绩效考核表每月 28 日由行政部发放到各部门，由本人填写，经部门直接上级审核后于次月 2 日前交至行政部。

（3）工作计划编写分日常工作类 5 项、阶段工作类 5 项及其他类等，其他类属领导临时交办的工作任务。

（4）工作计划完成情况分“完成”“进行中”“未进行”（阶段性工作）三档，月末由本人根据实际选项打分，并在个人评价栏内给自己评分。

（5）工作计划“未进行”“进行中”（阶段性工作）项请在计划完成情况栏内用文字说明原因。

2. 计分说明

（1）工作绩效考核表总分为 90 分，日常工作类 5 项每项 8 分占 40 分，阶段工作类 5 项每项 10 分占 50 分，其他类每项附加分 8 分，意见与建议如被公司采纳，附加分 10 分；其中个人评分、职能部门评分、直接上级评分所占工作绩效考核得分比例分别是 30%、30%、40%（个人评分突破 90 分者，个人评分无效，按直接上级评分减 10 计算；职能部门评分从两方面考评：成本意识、职业规范。分别由财务部和行政部考评）。

（2）综合绩效考核由考评小组季度进行一次，员工每季度填写一份《员工考核表》和一份《员工互评表》，具体时间由行政部另行通知；《员工考核表》由被考核员工和考评小组填写，《员工互评表》由员工以无记名方式填写后投入公司投票箱；其中自我考评、员工互评、考评小组考评所占综合绩效考核得分比例分别是 30%、30%、40%。

（3）工作绩效考核季度得分为 3 个月的平均分，占季度绩效考核得分的 60%；综合绩效考核得分占季度绩效考核得分的 40%，季度最终绩效考核得分即为两者之和。

（4）评分标准：优异为 85 分以上，良好为 84 ~ 80 分，合格为 79 ~ 75 分，一般为 74 ~ 65 分，不合格为 64（含 64）分以下。

3. 季度绩效工资内容

（1）季度绩效工资 = 绩效考核奖 + 绩效季度奖。

（2）绩效考核奖由三部分组成。

A：员工季度预留岗位工资 10% 的考核风险金。

B：员工的第 13 个月月工资的四分之一。

C：公司拿出该员工岗位 10% 的年岗位工资的四分之一作为激励。

员工季度考核为优秀的发放全额季度绩效考核奖金；考核为合格的只发 A 项和 B 项；考核不合格者无季度绩效考核奖金。

（3）绩效季度奖金是总经理根据员工在公司的整体表现，参考员工的考核情况在季度末以红包形式发放。

4. 增减分类别

（1）考勤计分：当月事假 1 天扣 2 分，以此类推。季度内事假累计 3 天扣绩效工资 1%，累计 5 天扣绩效工资 3%。

（2）培训计分：参加培训一次加 1 分，缺勤一次扣 2 分，以此类推。季度内缺勤培训累计 2 次扣绩效工资 1%，累计 4 次扣绩效工资 3%。

（3）没有按期编写当月工作计划和填报工作绩效考核表，每逾期一天扣 1 分，以此类推。

（4）季度内考评为合格的员工，其季度内个别月份考评为优秀的，每评为优秀一次加绩效工资 2%，以此类推；其季度内个别月份考评为不合格的，每不合格一次减绩效工资 4%，以此类推。

5. 奖惩计分

（1）季度内嘉奖一次加绩效工资 2%、记功一次加绩效工资 4%、记大功一次加绩效工资 6%。

（2）季度内警告一次减绩效工资 2%、记过一次减绩效工资 4%、记大过一次减绩效工资 6%。

员工表彰大会策划文案

提起表彰，或许很多人很容易联想到像是“感动中国”这样的大型表彰活动。类似这样的活动可谓是声势浩大、影响面广，无疑在全国树立了一大批各行各业优秀群体，同时一定会带动整个社会正能量的积聚。同样，作为企业，每年对优秀员工进行表彰和奖励，在公司内部也一定能够起到树立以努力工作、业绩导向为主的人才观，同时对企业文化的宣导也必然推向深入。

通常，很多企业对于优秀员工奖项的颁发，都是统一在年底年会上进行的，与晚会的文娱节目穿插进行，这样更容易激起一浪又一浪、一波又一波的员工激情与高潮。故而，在策划表彰大会文案时一定要注意以下几点：

1. 科学安排，考虑全面。

表彰方案是进行表彰会议的依据，会前要把举行会议的有关规定、各种程序、各方面可能遇到的情况都要考虑到、估计到，总揽全局、全面统筹。

2. 明确要求，安排细致。

大中型会议涉及人员多、头绪繁、内容杂，在设计会议筹备方案时应周密考虑，妥善安排有关事项。

3. 留有余地，灵活机动。

既要把任务，时间尽可能计算准确，同时，又要为相关活动留有弹性空间，防止安排太紧、太满而造成被动。

4. 层次分明。

合理安排条款顺序。写作时要合理安排各条款间的逻辑顺序，既要条款分明，又要顺序合理。

撰写模板：

____ 公司员工表彰大会策划

一、活动目的及意义

在过去的几个月里，公司全体员工不断努力，基本达到公司的经营目标，为加强公司组织建设营造良好的沟通学习氛围公司决定表彰那些在过去几个月里表现优秀的员工，树立楷模，为其他员工做榜样。为此，____ 公司举办了这次表彰大会暨颁奖典礼。

二、活动安排

1. 时间：____ 年 ____ 月 ____ 日 ____ 点 ____ 分~ ____ 点 ____ 分。

2. 地点：___________。

3. 参会人员：公司全体员工。

4. 活动内容：

（1）开场企业短片浏览。

（2）表彰颁奖。

（3）员工文艺表演。

5. 会场工作人员安排。（见附录）

三、活动流程与环节

1. 典礼开场前播放代表公司形象的短视频。

2. 主持人致开幕词并介绍到场来宾。

3. 公司总经理讲话。

4. 活动颁奖：主持人宣读获奖名单，公司总经理以及主席台领导给优秀员工共同颁奖。

5. 请获奖代表上台致获奖感言。

6. 员工文艺表演。

7. 会议结束：主持人致闭幕词。

四、会前准备

1. 主持人稿件。

2. 开场视频。

3. 各活动 PPT、各奖项荣誉证书及颁奖词、获奖名册。

4. 背景音乐（主持人上台音乐、领奖颁奖音乐、读颁奖词音乐）。

5. 会场布置（鲜花、气球等）。

6. 会场座位安排（提前做好座位表）。

7. 后勤礼仪人员（包括托盘）。

8. 宣传布标、彩条。

9. 摄像机和照相机，拍摄集体照及各部门照片。

10. 音响、麦克风等、节目器具。

五、附录：会场工作人员安排

1. 活动人员统计及交通安排负责人：____

2. 会场布置及道具负责人：____

3. 会场座位安排负责人：____

4. 活动纪念品、礼品、奖品采购负责人：____

5. 活动节目的统计、安排及编串负责人：____

6. 现场秩序的维持负责人：____

第 6 章
行政管理实用文案

行政管理文案

“行政管理”又被称作“政务管理”，其定义十分广泛。从广义上来说，行政管理是一切社会组织、团体对有关事务的治理、管理和执行的社会活动。行政管理的最终目的是贯彻执行国家的方针政策，以最适用的方法为自身团体获取最佳的结果。可以说，行政管理系统是一类组织系统。它是社会系统的一个重要组成部分。

在一家企业中，行政管理至关重要，一家企业的行政部主要负责行政事务和办公事务。包括公司相关制度的制订和执行、办公物品管理、文书资料管理、涉外事务管理、会议管理，不仅如此，还要涉及员工出差、财产设备、生活福利等细微事物。以达到通过各种规章制度和人为努力使部门之间或者关系企业之间形成密切配合的关系的目的，使整个公司在运作过程中形成一个高速并且稳定运转的整体，最终提高公司各部门的工作效率，推动公司目标任务的开展。

通常，管理方案的写作结构由以下几个方面组成：

1. 目的：说明制订该文件的主要目的。

2. 适用范围和传达对象：表明该文件所适用的管理范围和需要知会的传达对象。

3. 内容：描述制度内容。

4. 例外：说明文件内容不能规定的例外情形。

5. 解释：提示负责条款解释的主管部门。

6. 引用：提示在内容中引用的其他文件。

7. 附录：提示支持文件运行的相关内容，包括：规则、流程图和表格等。

撰写模板：

____有限公司行政事务管理制度

一、总则

1. 为加强公司行政人事管理，使各项管理标准化、制度化、规范化，进一步推动公司质量、环境体系双认证的实施，规范公司行政事务管理行为，提高公司各部门协同办公的效率，特制订本规定。

2. 本规定所指行政人事管理包括公司保密原则、公文管理、档案管理、印鉴管理、行为规范管理、办公及劳保用品管理、人事管理、后勤保障管理、安全保卫管理、奖惩管理等。

3. 本行政制度适用____有限公司全体在职员工。

二、考勤规定

为了规范员工考勤管理，提高工作效率，加强员工自我约束，现制订本规定。

1. 工作时间：

公司内正式在职员工实行一周五天工作制，每天工作时间为8：30至12：00，14：00至18：00。

2. 工作日期间，所有员工上下班须按时签到。如遇工作特殊原因无法及时签到的，返岗后须亲自向考勤负责人说明情况。

3. 对于员工无故迟到的，迟到____分钟以内的应罚款____元/次，迟到____分钟以上罚款____元/次，迟到超过____分钟的视为缺勤。

三、员工工作期间仪容仪表基本规定

1. 仪表

一个员工的仪表常常反映着一家企业的形象。因此，公司员工仪表应端正、整洁，头发要保持清洁，梳理整齐。男员工请不要留长指甲，发不过耳，不留胡须；女员工上班尽量淡妆，不得浓妆艳抹，不用香味浓烈的香水。

2. 着装

员工在周一至周六的工作时间内请着正装，建议为：

（1）男士衣着

西装：深色（深蓝、藏青、灰、铁灰）西服套装。

衬衫：单色长袖衬衫。

领带：以单色或带有小巧的几何或条纹图案为最佳。

皮鞋：以黑色、深色的皮鞋为最佳。

（2）女士衣着

职业套装：以黑色、灰色、暗红色或藏青色为最佳。

袜子：穿西服套裙必须穿长袜，以中性颜色为主。

皮鞋：着职业套装或西服套裙必须配相应的皮鞋。

注：夏季男士可不用穿西装外套，可只穿款式简单的长袖或短袖衬衫，以单色为主；不用佩戴领带（若有接待任务等必须着正装、佩戴领带）；应穿长西裤结皮带。

夏季女士着装应为庄重、大方、得体的职业套装。

3. 与客户沟通时的基本礼仪

在接听客户来电时，应在电话铃响三声之内接起电话；接打电话时，应以“您好”这样的敬语作为自己的开场白。并主动报出自己的部门、姓名。通话言简意赅，不过多占用客户的宝贵时间。

4. 言语行为

员工言语及行为应做到文明、礼貌。在公司内与同事相遇时应点头表示致意，同事以姓名或职务称呼；客户以先生、小姐称呼。公司内职员与领导或客户相遇时，应主动让行，以示礼貌。进入办公室前应提前敲门，听到应答后再进，进门后回手关门；同事之间或部门内部如有工作问题进行讨论时，应避免影响他人工作；请勿在办公区走廊或通道内奔跑、大声喧哗、高谈阔论。

5. 办公环境

保持办公位整洁，物品要摆放整齐，办公区请不要随便张贴。不可以在公共办公区堆放资料、纸箱等闲杂物品。有事离开或下班离开办公位时，请将座椅推入办公桌下。下班离开办公室时，要将电脑关机，办公室里最后离开的人需要关闭电灯、门、窗、空调等。

6. 公共环境

不许在办公家具上和公共设施上任意写字、刻划、张贴，违者罚款____元。

7. 奖惩措施

行政部和人力资源部将不定期对本规定执行情况进行检查，并将检查结果上报上级领导。

对检查出的不符合规定的行为，员工要努力纠正或更改。

对违反规定的人员，根据情节轻重分别给予当事人警告、经济处罚、降薪、辞退的处罚。在公司内打架斗殴对当事人予以辞退。

公司简介文案

简介，顾名思义，即简明扼要的介绍，是当事一方全面而简洁地介绍情况的一种书面表达方式。对于一些企业来说，公司简介往往是企业对外宣传以树立企业形象的重要途径。可以说，公司简介就像是飘扬在企业上空的一面旗帜，它一方面涵盖了企业精神、核心文化等内容；另一方面也要把企业的实质性内容，如公司历史、产品特色以及产品信息等包括进去。因此，企业简介实质上是对企业理念的提炼和实力的展现，并非仅仅只是简单的文字叠加。

一份小小的企业简介，简短却并不简单，在书写时尤其要注意以下要点。

第一部分

公司的成立时间与综观性概括，这部分内容至关重要，主要介绍企业的创立时间、行业地位和企业地位等，对于潜在客户认同企业、建立信任感起着重要作用。

第二部分

通过权威的认证机构来认证公司的业内影响力、资产等一系列证明资料，好让企业在推广自己时，能够从正面提高自身的声望，俘获更多的消费者。

第三部分

公司简介主打产品信息介绍。在历史的长河中，很多世界知名企业早已创建了数不尽的名牌产品，这其中，一些知名企业就在公司简介上做出了创意，使原本对于公司印象不深的消费者加深了对于企业的了解。

撰写模板：

____有限公司简介

____有限公司成立于____年，是一家专注于____方面产品和____方面研究、开发、生产及销售的高科技企业。

____有限公司总部及研发基地位于风景秀丽的____，并在全国各地设有分支机构。公司技术和研发实力雄厚，是国家重点项目的参与者，并被____市政府认定为“高新技术企业”。

公司自成立以来，始终坚持以人才为本、诚信立业的经营原则，荟萃业界精英，将西方先进的计算机信息技术、管理方法及企业经验与国内企业的具体实际相结合，为企业提供全方位的解决方案，帮助企业提高管理水平和生产能力，使企业在激烈的市场竞争中始终保持竞争力，实现企业快速、稳定地发展。

____ 有限公司人才结构合理，目前公司内部拥有 ____ 名博士作为主要的技术骨干，具有硕士、学士、高级技术职称的员工超过 300 人，并有 ____ 人获得 ____ 工程师及 ____ 的技术认证。

为了开发出真正适合企业需求的 ____ 产品，企业特聘请各行业 ____ 专家（中科院院士）作为咨询顾问，紧密跟踪 ____ 方面的技术和行业发展特点，不断优化 ____，令用户得到最优质的服务和最好的投资回报。

最好的产品、最好的服务、最好的信誉，____ 有限公司已在交通、银行、证券、税务、旅游、酒店、市政规划、公用事业、工矿企业等诸多领域取得辉煌成绩，完成众多大型 ____ 的配套服务，也愿意成为您最可信赖的长期合作伙伴。

公告范本

公告，最初是指政府、团体对重大事件向媒体及公众正式公布或者公开宣告。通常，公告的形式主要有两种：一是宣布重要事项，如某国在何时何地要进行一场地对空的导弹发射训练；二是宣布法定事项，如某国宣布进行某项法规或规章的修改，或者宣布下一任国家领袖的选举结果。

相比于政府公告而言，企业公告虽在性质上与前者大相径庭，同样也是企业向社会公开地告知其重要事项的一种文书，但企业公告与行政公文的“公告”在一定程度上却拥有不同的含义。例如从两者公告的类型来说，企业可以向社会发布有关企业的重大事项，类型很多，因此，在告知范围的广泛性来说，企业公告要比政府公告更为宽泛。

在其格式和写法上，公告也有自己的独特性。公告由于告语面极广，因此公告必须通篇简介，不能写得不清不楚，啰嗦。文风要严肃而不做作，做到易读、易懂、易知。

撰写模板：

____ 有限公司开业登记公告

为了进一步发展黑龙江煤矿资源优势，鹤岗 ____ 煤矿有限公司与鸡西市 ____ 煤矿有限公司合资，组建黑龙江 ____ 煤矿有限公司。黑龙江 ____ 煤矿有限公司已于 ____ 年 ____ 月 ____ 日经哈尔滨市工商行政管理局核准正式注册成立。

公司注册号：________

法定代表人：________

注册资金：________ 万元人民币

企业地址：____ 省 ____ 市 ____ 区 ____ 路 ____ 号

企业网址：________________________

邮址：________________

联系电话：____________

邮码：________________

公司经营范围：煤炭开采、原煤加工、洗煤生产等业务。公司坚持以平等互利、谋求双赢为宗旨，竭诚与国内外同仁友好往来，团结合作，共同发展。

特此公告。

黑龙江 ____ 煤矿有限公司

____ 年 ____ 月 ____ 日（盖章）

通知范本

在生活中，通知是人们经常可以接触到的一种知照性公文，无论是在学校、单位、居住的小区或者公共场所，我们都经常能够看到各式各样的通知内容。通知的类型五花八门，生活中常见的通知有指示性通知，这是企业里上级对下级安排某项工作的通知，这种通知要注意把要求和措施部分交代清楚，这样才能便于下级执行。还有像大家都见过的企业内部会议通知，在会议性的通知上，会议目的、会议名称、内容、参加人员、会议时间、地点等一应俱全，而且全篇通俗易懂，不会担心有人在看到通知后在会议的当天出岔子。

由于通知的功能较多，种类繁杂，不同类型的通知在写法上具有较大的区别，因此，在撰写通知时，需要注意以下几点：

一、通知标题和主送机关

1. 通知的标题

通知的标题一般采用公文标题的常规写法，由发文机关＋主要内容＋文种组成。

2. 通知的主送机关

通知的发文对象比较广泛，因此，主送机关较多，要注意主送机关排列的规范性。

二、通知的正文

1. 通知缘由

发布指示、安排工作的通知，这部分的写法与决定、指示很接近，主要用来表述有关背景、根据、目的、意义等。

2. 通知事项

这是通知的主体部分，所发布的指示、安排的工作、提出的方法、措施和步骤等，都要在这一部分中有条理地组织表达。内容复杂的需要分条列款。

3. 执行要求

发布指示、安排工作的通知，可以在结尾处提出贯彻执行的有关要求。如无必要，可以没有这一部分。其他篇幅短小的通知，一般不需有专门的结尾部分。

撰写模板：

____股份有限公司新年年会召开通知

各部门及全体工作人员：

在新春佳节即将来临之际，为感谢大家为公司作出的积极贡献，公司将于____年____月____日举办公司年会。现将年会相关事宜通知如下：

1. 年会举办时间：____年____月____日（星期____）下午____：____—____：____。请演出节目的人员以及布置会场人员提前四小时到场做最后的准备工作，以便新年联欢会能够准时开始。

2. 年会举办地点：________________________。

3. 年会内容主要包括领导讲话、娱乐节目、聚餐等项目。各级别员工可携家属共同参加，家属最多限 2 名，望有意携家属参加晚会的员工在____月____日下午下班之前汇报给企业文化传播部。

同时，希望大家提前准备一些好玩的节目，到时会有给大家展示才艺的机会，以增加年会的气氛。

公司年会具体事宜如上，请大家按通知的内容去做，望大家能够积极配合和支持！

谢谢！

________股份有限公司

____年____月____日

工作汇报范本

在企业工作一年以上的员工，几乎都直接或间接向上级领导做过“工作汇报”。所谓工作汇报，就是将自己某个时期已经做过的工作，进行一次全面系统的总检查、总评价，进行一次具体的总分析、总研究；也就是看看取得了哪些成绩，存在哪些缺点和不足，有什么经验和进步。

在撰写工作汇报时，同样注重一些平时可能没有注意的小细节，例如，在工作报告的结语中，一定不能带有明显的期复性词语，例如像“以上报告，请审批”“以上报告，请批复”等，这是因为报告是陈述其事，而不是像请示那样采用祈使、请求等字眼。同理，报告后面加附注标明“联系人”和“联系电话”也属不妥。

另外，工作汇报一定要实事求是，切不可夸大成绩，更不能弄虚作假。

撰写模板：

____ 工作汇报

____ 年，在公司各级领导的关怀支持和全体员工的共同努力下，____ 部门紧紧围绕“____”的工作主题，员工队伍不断壮大，运营管理水平不断提高，业务量不断攀升，服务质量及客户满意度不断提升。现将 ____ 年工作总结如下：

____ 年年初，____ 部门依据上级领导要求，结合自身实际情况，对各类业务发展进行了安排部署，在全体员工的辛勤努力下，圆满地完成了各项工作任务。

一、业务流程的梳理与优化

为全面提升客户体验，提高工作效率，加强 ____ 部门业务规范化管理，防范操作失误，安排布置 ____ 部门全体员工，结合新业务上线及业务变更重新梳理、制订 ____ 部门各类业务受理流程。

本人担任客户投诉管理流程优化项目总监，积极协调项目成员部门有序推进项目实施工作，配合服务转型、办公室客户流程优化项目，进行了客户投诉、客户联动业务流程梳理，重新修订了《____公司客户投诉管理办法》《____公司服务联动管理办法》，并全面推行试点工作，取得一定程度的进展。

二、客服中心队伍建设

为完善____部门组织架构，解决管理人员不足问题，满足公司各项业务需求，提高____部门工作效率，提升客户满意度，在公司领导及人力资源部的大力支持下，____部门于今年 5 月份启动了内部、外部人员的招聘工作。

结合实际工作需要，____部门制订了详细的岗前培训计划，为保证新聘工作人员业务的全面性及专业性，____部门积极与公司人力资源部协调沟通，增设了特色业务经办岗位实践学习环节，为提高____部门整体业务水平打下了坚实基础。____部门人员业务能力有了大幅提高。

三、推进新一代____部门项目

今年初，____部门制订了拓宽服务渠道以打造集交易、服务和营销为一体的多元服务模式计划。在公司上级领导的大力支持和全体员工的共同努力下，今年____月初顺利进行了网上在线客服、报表系统等上线测试工作，并结合测试反映的问题向科技部门提出了优化需求。____部门报表系统上线，运营管理类报表可实现实时监测____部门业务量、员工工作状态等数据信息，考勤报表、绩效考核报表为派遣制员工日常管理、绩效考核提供有效依据等。

四、其他工作

1. 合理安排____部门各岗位人员，明确职责，密切配合，日常运营工作有条不紊。节日期间遇突发事件迅速响应，与公司领导、相关部门反馈协调，确保节日期间业务的畅通无阻。

2. 推进与____公司合作协议签订事宜。为保证____部门办公场地使用，

积极与 ____ 公司协调沟通，对 ____ 年合作协议部分条款进行修订，顺利完成了合同的正式签订工作。

述职报告

述职报告是指各级各类机关工作人员对个人履行工作职责的陈述性报告，一般为业务部门陈述，以主要业绩、业务为主，少有职能和管理部门陈述。最初，述职报告曾以“总结”或“汇报”的形式出现，后来经过一段时间的使用，通过人们的不断完善，逐步形成了独具特色的体式。

述职报告虽以“报告”为名，但我们要将其分为两部分看待，不可忽略“述职”的实质性主体。另外，“述职报告”与党政主要公文的“报告”也不是同一类的文体，两者之间在内容、功能和作者身份方面都存在着很大不同。

在现实生活中，对于述职人来说，述职报告写得好不好，直接关系到组织、领导和同事对自己工作的了解及评价。述职报告的写法要依据报告的场合和对象而定，可无论听众对象是谁，在做述职报告时都应该注意以下几点。

1. 避免把述职报告写成单位工作总结，单位工作与个人工作混为一谈。

2. 避免把述职报告写成思想汇报，过多地谈认识。

3. 避免把述职报告写成经验材料，谈喜不谈忧。

4. 避免把下属的工作成绩写入自己的述职报告，贪图他人的功劳。

5. 避免离开岗位职责泛泛而谈，东拉西扯。

撰写模板：

述职报告

时光荏苒，光阴似箭。不知不觉中，我们在洋溢着幸福味道的鞭炮声中又迎来新的一年。在即将逝去的 ____ 年里，我在公司领导和同事的关心帮助下，顺利完成了相应的工作，现对 ____ 年的工作做一个述职报告。

一、应履行的工作职责

1. 全面主持办公室的工作，并向董事长和总裁负责。

2. 负责制订集团公司和办公室的各项工作计划及月计划。负责审核、检查各部门工作及公司计划的落实情况。

3. 负责集团公司各种会议的准备、组织、记录以及督查会议贯彻落实情况。

4. 抓好总部人员的政治理论学习和政治思想工作，提高团队精神。加强 ____ 公司机关作风的管理，展示 ____ 公司的良好精神风貌。增强了 ____ 公司在社会的知名度、赞誉度和信誉度，树立了企业形象。

二、____ 年的主要工作

1.____ 公司的文书工作

草拟各类文件和报告，负责办公会议的记录、整理，并传达会议精神；配合领导在制订的各项规章制度基础上进一步补充、完善，完成了《____ 公司员工守则》的编写，推动了公司运作的制度化、规范化、程序化。

2. 档案管理

在人力资源部的协助支持下，认真做好公司有关文件的收发、登记、分递、文印和各种资料归档工作。

3. 考勤、卫生制度

建立健全考勤、卫生制度，并使之成为一项长期坚持的制度。在规范了员工的良好工作行为的同时，也为 ____ 公司在社会中的形象增添了一抹光辉。

4. 人才招聘

根据人力资源部门的指示和公司各部门的人才需求，拟制了招聘方案，在 ____ 公司网站和 ____ 人才网上公布了需求信息，长期在网上招聘公司需要的各种人才，并建立了人才储备库。

____ 年我公司在招聘人才方面收获颇多，不仅招聘到了拥有博士学位的 ____ 同志、有着丰富经验的 ____ 工程师。还招聘到许多工作能力过硬的基层员工。

5. 企业文化建设

制作了“企业文化宣传牌”，组织了足球友谊赛等一系列的活动，不仅丰富了员工的精神文化生活，更加深了各职能部门、单位的联系，提升了企业的形象。

三、工作中存在的不足之处

____ 年，虽然得到部门同事的帮助，我在工作上取得一些了微不足道的成绩，但同时，在工作中，我也存在着一些不足，主要表现在：

1. 自身的思想水平、工作经验和管理能力与企业发展新形势的标准要求还存在一定的差距，还有很多地方需要进一步学习研究。

2. 办公室主任对我而言是一个新的岗位，许多工作我都是边干边摸索，以致工作起来不免磕磕绊绊，工作的方式、方法有待进一步提高。

3. 有些工作还做得不够细，不少工作可以抓得更好一些。

四、努力方向

这些不足是我在今后的工作中应当注意的问题，也是自己努力的方向，相信在上级领导和部门同事的帮助下能不断地加以克服，本人也将一如既往地尽自己的力量为公司的蓬勃发展做出自己的贡献。

行政工作总结报告

总结报告，是对过去一定时期的工作、学习或思想情况进行回顾、分析，并做出客观评价的书面材料。总结报告的作用是让人们对自己一定时期内的工作实践有一种理性认识，从中找出问题，提出应汲取的教训，以便今后做得更好。

在做总结报告时，应遵循以下写作要求：

一、掌握客观事实，广泛占有材料

总结，就是总括事实，得出结论，没有事实就无法得出结论。因此做总结之前，需要大量收集相应的材料，并对材料认真筛选，以确保材料的真实性和典型性。

二、对占有的材料作认真的分析研究

对于已有的材料，我们需要认真分析，坚持实事求是的原则，全面地看待自己的工作，既能看到得，又能看到失。其次，总结不是流水账，做工作总结一定要突出报告的重点所在。

三、展望未来工作

总结报告不仅要求我们回顾过去，还要展望未来。要对当前的形势现状与未来的发展进行客观深入的分析，以便自己通过深刻的反思后可以从容应对今后工作中所遇到的问题。

四、总结切勿长篇大作

一些人或者部门单位在做“年终总结”时通常有一个错误的理解，认为总结写得多，说明自己工作干得多。于是一些单位的“年终总结”中废话连篇，虽对以往的工作问题面面俱到，可完全没有重点，让人看过之后摸不着头脑。

撰写模板：

行政工作年终总结

一、本年度主要工作

不知不觉，____ 年在紧张与匆忙中悄然飞逝，回首一年来的工作，繁杂却充实，忙碌而不失条理。

____年，在上级领导的关心、支持、领导下，我在公司行政部门按照公司总体方针进行工作，对行政工作有了更加充分的体会，我更加理解了行政人事部的工作特点。

1. 做好常规工作，进一步提高工作效率、确保各项工作的正常运作。

2. 进一步强化各项服务工作，为生产经营提供周到快捷的后勤保障服务。

3. 储备、创新人力资源管理工作，为公司发展、生产经营提供动力支持。

4. 加强制度执行力度。

在____年的工作中，我一直围绕上述思路展开工作。

二、工作体会

在行政部门的工作中，作为一个从____年刚进入工作岗位的新员工，工作方面的主要不足在于对部门业务的梳理上，由于行政部门日常的工作内容比较琐碎，需要细心、谨慎，且不能疏忽大意，更不能马虎潦草。为了按时完成各项工作，坚持每日建立备忘录。我将每天的工作列入备忘录里，一项一项地去完成，以免出现遗漏现象。

作为一名刚从校门走出来的学生，我深深地感觉到了学习的紧迫性。所谓学无止境，随着企业不断深入的发展，我深知仅靠现有的知识是不够的，只有不断学习、不断积累，才能满足企业发展的需求。为此，我利用业余时间报名了企业行政管理的培训，通过学习，加强了本岗位专业知识，同时提高了自身专业素质。

三、工作成果

1. 完善制度

一年中，通过行政部门的共同努力，完善了公司各种人性化的规章制度，修订了《企业财产监管执法文书》《员工考勤新标准》等一系列管理制度，使本公司步入管理制度化、规范化的现代管理模式。

2. 档案整理

（1）在收文方面：认真做好文件的登记、传阅、督办，归档以及紧急文件的处理工作，做到了及时登记和传阅。

（2）在文件材料的起草方面：较好地完成了本职工作任务及领导交办的事项，起草了多份工作汇报提纲。对后勤服务进行修改、完善，使其更加符合总公司工作实际的需要。

3. 配合公司其他工作

配合公司促建工作，加大宣传力度，对在工作上涌现出来的典型的人和事予以及时报道，通过以点带面，促使工作质量进一步提高。

4. 完成行政日常事务

（1）保证办公设备的正常使用，包括：网络设备、打印机、传真机、复印机等，若机器出现故障，及时联系维护人员解决问题。

（2）名片的申请与制作。

（3）公司的考勤检查：禁止替代打卡，每天检查一次。

（4）协助部门组织协调公司内部活动，如员工生日会、公司集体活动、拓展等业务的联系、通知、协调事宜。

（5）各类申请表的更新和补充。

（6）文化墙的更新以及办公室内部环境的优化。

四、建议

行政人事工作对一个不断成长和发展的公司而言，是非常重要的基础工作，也是需要公司上下通力合作的工作。

由于各部门配合共同做好工作的项目较多，各部门提供支持与配合的程度，是人事行政部工作成败的关键。所以人事行政部在制订年度目标后，在完成过程中恳请公司领导与各部门予以协助。

五、未来工作计划

____年是紧张忙碌的一年，行政部工作责任大，但部门所有同事均以饱满的工作状态投入工作，较好地完成了各项工作任务。

不过，行政部在今年的工作中还存在一些不足，我们将竭力在明年的工作中进行改进。随着公司的发展壮大，根据需求进行人力招聘、加大宣传力度和员工培训等完成各项工作，以及严格实行和执行公司各项规章制度，可以预料来年我们的工作将更加繁重，要求也更高。

为此，我将以端正的心态，踏踏实实、任劳任怨地完成上级交派的各项工作任务。为企业未来的发展壮大贡献自己一份微薄的力量。

办公用品管理文案

办公用品管理制度是针对企事业单位办公用品的计划、采购、分发和保管及销毁的一项制度，目的在于规范办公用品的管理和流程，减少铺张浪费，节约成本，提高办公效率。

企业实施办公用品管理不仅可以对办公用品的采购、入库、领用、退料等环节全方位管理，还能随时查看办公用品的使用情况、库存情况等，能够为企业降低不少时间和金钱成本，可以有效地避免以往人为管理过程中提交审批环节的数据更新传递不及时的弊端。在企业中，这项制度的实施主体一般是企业的行政部或者是办公室。

通常，管理制度的内容应包含以下两个方面：

1. 构成项目

管理制度汇编包括以下内容：标题、正文、附录。

2. 各项目含义

（1）标题：应能概括管理制度最重要的内容。题目力求简洁，严格控制在 15 字以内。如不能完全概括，可选择用副标题概括表述。

（2）正文：正文是规章制度的主体部分，通常由序语、主要条款、实施要求三部分组成。

（3）附录：附录是对正文起补充作用的信息资料，可包括正文不便于表述的表格、流程等，和以备他人阅读方便所需的辅助工具或表格等。

撰写模板：

办公用品管理制度

执行部门：

行政部和财政部。

监督部门：

总经办、其他部门负责人。

一、总则

1. 为加强本公司办公用品管理，节约成本，提高效率，规范流程，明确责任，倡导健康优质、绿色环保、勤俭节约的现代办公方式，特制订本制度。

2. 办公用品由行政部集中管理，办公外包服务商 ____ 负责供应，实行统一采购、统一发放、统一回收处理。

3. 本制度所指办公用品包括：文具系列、纸本系列、名片与图文系列、专项办公用品系列、套餐系列、办公生活用品系列、IT 耗材系列。

二、办公用品计划

1. 各部门根据本部门办公用品使用情况，每月 ____ 号前统计下月办公用品领用计划，部门负责人审签后报行政部。

2. 行政部专员查对办公用品领用计划与办公用品台账和库存，提报办公用品采购计划，经负责人审签后传送至 ____ 服务商。

3. 采购单位价值 ____ 元以上办公用品时，须报请总经理批准。特殊办公用品可以经行政部同意授权各部门自行采购。

三. 办公用品采购

1. 办公用品采购采用即时供应、不间断配置、7 × 24 小时服务的办公外包模式。由行政部直接对口 ____ 文化用品公司进行管理。

2. 办公用品采购计划传送至 ____ 文化用品公司后，____ 文化用品公司给予反馈，按协议要求配置办公用品并即时配送、应急服务以及实行市场动态价格等。

四、办公用品领用

1. 各部门领用办公用品需填写《办公用品领用单》，一式两份，一份用于分发办公用品，一份用于台账登记。

2. 行政部接到各部门的《办公用品领用单》后，进行核对并做好登记，填写一份《办公用品分发通知书》交给 ____ 文化用品公司，____ 文化用品公司将所需用品备齐分发给各部门。

3. 办公用品领取后发现不适用或未用完部分，由 ____ 文化用品公司统一调换或回收。

五、恶意破坏办公用品惩罚事项

1. 公司办公用品应作公用，私用或带出公司者应按办公用品两倍的价格从当月工资中扣出。

2. 公司办公用品应本着节约的原则，如有浪费者，一经发现将罚款 ____ 元。

3. 员工应自觉爱护各类办公用品，如有不正当或不合理使用而损坏应照价赔付，另罚款 ____ 元。

六、办公用品管理

1. 列入公司固定资产和耐用的办公用品由行政部管理，其他低值易耗等办公用品由 ____ 文化用品公司管理，其发生的库存、丢失、损坏、价格波动等风险均由 ____ 文化用品公司自行承担。

2.____文化用品公司对办公用品的使用情况作月度报表，会同行政部反馈办公用品当月开支费用、浪费结余、办公效率等情况，参与企业办公管理。

3. 使用中的办公用品出现问题及故障，由____文化用品公司负责退换、保修、维修、配件等。

七、附则

1. 本制度由行政部会同____文化用品公司制订，行政部做解释，报总经理批准后执行，修改时亦同。

2. 本规定自总经理签批之日起开始执行。

公章使用制度文案

公章是指机关、团体、企事业单位使用的印章。公章代表着一个组织、一个单位，有其权威性。使用公章就是在行使权力，是一件十分严肃的事。它不同于一般物品可以借用，盖上单位的公章，这个单位就要承担法律责任。随着经济的飞快发展，独立创业的人越来越多，企业越来越多，因而公章管理不当的新闻也就屡见不鲜。

公章被盗用会给企业的经营带来非常多的麻烦，因此越来越多的企业逐渐开始在公章的使用制度上做文章，力求在公章使用的问题上，将风险降至最低。

撰写模板：

公章使用管理规定

第一条：宗旨

公章是公司经营管理活动中行使职权，明确公司各种权利义务关系的重要凭证和工具。为了明确使用人与管理人员的责权，加强公司各类公章的管理，便于公章的刻制、使用、销毁等各环节的工作，减少和避免因公章疏于管理给公司造成损失，特制订本规定。

第二条：适用范围

本规定适用于公司内所有公章的刻制、使用、保管、销毁中负有责任的部门及个人；适用于对公司将产生权利、义务的设立、变更、解除作用的所有印章；适用于公章的刻制、留档、保管、备案、使用、销毁全过程。

第三条：公章概念

本规定中所称公章，是指以公司的名义经正常申报后统一刻制和销毁，在公司内予以保管，对各种文件加盖后将对公司产生民事权利和民事义务的设立、变更、解除作用的公司印章、公司法定代表人名章、授权委托代理人名章、公司内各部门印章、涉及技术内容的印章、专门用途印章等。

第四条：公章使用

根据公章重要程度和使用分类，分为以下三个等级：

A 级：公司公章、法定代表人名章、财务结算专用章、合同专用章以及发票专用章。

B 级：公司内各部门印章、授权委托代理人名章、工会章及涉及技术、品质确认内容的专用章。

C 级：对文件、原辅料、其他物资的收发章；日常生产、检验用章；在公司内使用的其他印章等。

第五条：公章刻制

1. 由公章使用人以《书面请示书》形式向总经理请求刻制。

2. 总经理批准后转行政办公室到国家法律法规指定的有资格刻制的单位统一刻制，其中需要向公安、工商、银行等申请并备案的由行政办公室办理。

第六条：公章使用

1. 盖章由保管责任人在盖章申请人在场情况下加盖，之后立即收回存放处。

2. 经常性、常规的公章加盖，可由公章使用人列出详细资料并经有批准权的人批准后随时加盖。如：税务报表、送向上级主管部门的报表、经批准后的支票签出等。

3. 任何人不得以任何借口要求在空白书面上加盖公章。凡私盖公章或利用公章舞弊者，一经发现给予严厉惩处。

第七条：公章留档和备案

1. 公章刻制完成后，由行政办公室在印章登记册上登记，包括刻制时间、刻制经办人、公章全称、使用期限、使用范围、保管责任人等。

2. 在将公章交付保管责任人之前，行政办公室须在公章预留印鉴上第一次加盖，以区别于伪造、仿制、冒用行为。

第八条：公章保管

1. 公章一律存放于公司内。有保险柜的部门存放于保险柜内，没有保险柜的，存放在办公桌抽屉中并须加锁。

2. 因事由特殊必须将公章带离公司的，需要得到负责人批准，并在使用的过程中要有两人以上监管和控制，其中一人是公司领导；使用完毕后须立即带回公司，收入保管处。

第九条：公章丢失

1. 由丢失责任人以《书面请示书》形式向总经理报告。写明丢失时间、原因、可能去向，自己应负的责任和建议处罚程度，公章使用范围和可能对公司造成各种权利、义务上的损失等。

2. 丢失公章按本规定第五条进行重新刻制：留档、备案和保管。

3. A 级公章须向有关部门重新备案，并在公章丢失后三日内由行政办公室办理在报刊上刊登原章作废和启用新章的声明。

4. 由总经理决定对责任人进行处罚。

5. 需要向业务关联单位通报的，在公章丢失后三日内由行政办公室备案，公章保管责任人负责进行。

第十条：公章损毁

1. 由保管责任人以《书面请示书》形式向总经理请示报告，写明损毁时间、原因、公章使用范围。

2. 重新刻制程序和对责任人的处罚执行第九条中第 1、2、4 项规定。

第十一条：公章销毁

1. 责任人以《书面请示书》形式向总经理报告，写明销毁时间、原因、公章使用范围等。

2. 由行政办公室在两人以上监控下彻底销毁并登记。

3. 需办理登报作废或需向业务关联单位通报的执行第九条第 3、5 项规定。

第十二条：违反本规定的责任

1. 对于违反以上各项规定的，有关人员、主管部门领导均有权责令其改正和执行（或提出建议）相应处罚措施。

2. 严重违反本规定给公司造成一定损害的，给予责任人行政、经济处罚。

第十三条：行政和经济处罚措施

1. 行政处罚：警告、书面检讨、降职、降薪、开除（解除劳动关系）。

2. 经济处罚：罚款，将根据具体情形视该事项对公司所造成的经济损失及影响予以赔偿或部分赔偿。

第十四条：本规定自动列入公司规章制度序列中。

第十五条：本规定自总经理签发日起生效。

附件：公章使用申请单

公章使用申请单

申请人		申请部门		申请日期	
印章详称					
文件名称					
盖章用途（或申请文件的概述）：					
副经理意见	签字： 日期：年月日			经办人（签字）： 日期：年月日	
总经理意见	签字： 日期：年月日				

车辆使用管理制度文案

随着企业规模不断发展，需要处理的事务不断增多，随之而来的是单位内部的公车数量越来越多，导致很多公司在派遣车辆的问题上存在着监管不力的现象。

对于一个企业来说，车辆管理无疑是各个单位开展工作的重要保证，为了提高公司各部门的办事效率，公司行政部门有义务为企业车辆的出行制订管理制度，以杜绝可能存在的管理混乱、效率低下、员工私自挪用公车等不良现象。

撰写模板：

车辆使用管理制度

一、总则

1. 为使公司车辆管理统一化、制度化，合理有效地调配和使用各种车辆，最大限度地节约成本，尽可能地发挥最大经济效益，并对公司所有车辆的保养和维修进行控制，以确保车辆安全、良好地运行，特制订本制度。

2. 公司车辆是指本公司购置的所有公务车辆；以下所指的驾驶人须是持有合法驾驶证的人员。

二、范围

1. 公司中层以上管理人员因工作需要可以直接向管理部申请用车。

2. 其他人员使用公务用车时，由本部门负责人或公司领导批准后，由管理部统筹安排。

三、车辆使用规定

1. 各部门用车均实行出车登记制，由驾驶员登记，注明出车日期、时间、用车原因及起止里程数等，并请用车人签字确认。

2. 严禁将车辆交给无证、酒后人员驾驶或练习驾车，如有发现必将严肃处理，且由此引起的一切后果由驾驶者本人承担。

3. 任何人不得利用公司车辆跑私车。

4. 驾驶人员在出车前应认真检查车况，并核对出车登记表上的里程数是否与车辆里程表相符，如发现不符、车辆损坏或其他不良情况，应及时反映至办公室，并在用车表上注明。

5. 车辆使用中提示加油的，必须就近加满油保证车辆随时可用，无合理原因未加油者第一次予以警告提醒下不为例。

四、违规与事故处理

1. 出现下列情况，违反交通规则或事故的经济损失及责任由驾驶员自行承担：

（1）无照驾驶、酒后驾车。

（2）未经允许私自驾车或将车借予他人使用。

（3）公车私用发生交通事故，除保险赔付外的一切费用由驾驶者承担，并对驾驶者将给予记过处分。

（4）违反交通规则引发的违章处罚和交通肇事。

2. 发生小事故（小剐、小碰等）根据交管部门责任划定由责任人承担。

3. 意外事故、不可抗拒原因造成的车辆事故由公司酌情研究处理。

五、附则

1. 办公室对本制度实施情况进行监督检查。

2. 本制度由办公室负责解释，自下发之日起执行。

3. 公司车辆使用记录表。

公司车辆使用记录表

车牌号：

序号	日期	出车时间	用车部门	驾驶员	事由	用车人	归还时间	备注
1								
2								
3								
4								
5								
6								
7								
8								
9								
10								

劳动合同范本

《中华人民共和国劳动法》(以下简称《劳动法》)第十六条第一款规定，劳动者与用人企业之间确立劳动关系，必须签订明确双方权利和义务的协议。

对于企业和员工来说，劳动合同是一把保护伞，保护着各自的合法利益，如果劳动合同中出现了漏洞，那么公司和个人都有可能成为受害者。因此，作为制订劳动合同的一方，企业方面一定要在制订的过程中，有效避免一些容易触犯的劳动合同陷阱。

例如，很多公司在制订劳动合同时都将“试用期”纳入了合同的内容。如果员工没有掌握相应的劳动技能，在试用期内“被证明不符合录用条件的”，那么用人单位可以单方面解除合同。因此合同约定的录用条件应当与试用期满时的考核项目相对应，不能考核衡量的录用条件是没有意义的。这点极为重要，需要企业在制订劳动合同时注意。

撰写模板：

劳动合同

甲方（用人单位）：____________________

住所：______________________________

法定代表人：_________________________

乙方姓名：___________________________

性别：______________________________

身份证号码：________________________

籍贯：________省________市________（县）

家庭住址：__________________________

文化程度：__________________________

求职工种：__________________________

甲方因生产（工作）需要，招（聘）用乙方为本单位职工。甲乙双方根据国家有关劳动法律、法规规定，在平等自愿、协商一致的基础上，同意签订本合同。

一、本合同期限为________，即自________年____月____日至

________年_____月_____日，其中：试用期限为_____月。试用期内如发现乙方不符合录用条件，甲方可以解除劳动合同。

二、工作内容：乙方接受甲方安排的以下生产（工作）任务__________________。

三、甲方根据国家和本省劳动工资有关规定和本单位工资、奖金、津贴制度，确定乙方劳动报酬形式，按时向乙方支付劳动报酬。经协商需向乙方每月支付：________。并根据乙方完成生产（工作）任务情况，以及本单位经济效益状况和物价变化情况适时调整乙方劳动报酬，改善乙方的生活福利待遇。

四、违约责任：任何一方违反本劳动合同，给对方造成经济损失的，应根据产生后果和责任大小，予以经济赔偿。甲方擅自解除本合同的应赔偿乙方人民币________元；乙方不履行本合同的应赔偿甲方人民币________元。

五、双方认为需要说明的其他事项

1.____

2.____

3.____

4.____

5.____

六、甲乙双方基本权利和义务

1. 甲方拥有以下基本权利：

（1）根据本单位生产（工作）需要安排和适当调整乙方生产（工作）任务。

（2）依据法律、法规、政策制订本单位的各项规章制度和乙方行为规范，并监督其实施。

（3）对违反本单位规章制度的乙方依法给予处罚。

（4）法律、法规和本合同规定的其他权利。

2. 乙方拥有以下基本权利：

（1）依法享有政治权利，学习政治文化和业务技术，参加甲方组织的专业技术培训。

（2）在国家规定的安全和卫生标准条件下从事劳动，用人单位劳动条件恶劣严重违反国家规定的劳动安全卫生标准的，乙方可以拒绝履行本合同。

（3）按照个人的能力以及劳动的数量、质量领取劳动报酬。

（4）参加本单位民主管理和参加党、团、工会组织以及参军等。

（5）法律、法规和本合同规定的其他权利。

3. 甲方应承担以下义务：

（1）遵守国家法律法规，并对乙方进行遵纪守法、职业道德、安全生产等教育和技术业务培训。

（2）根据法律、法规以及劳动合同规定，为乙方提供符合法定安全卫生标准的生产工作条件。

（3）按时足额支付乙方劳动报酬，保障乙方享有规定的社会保险福利待遇。

（4）对乙方以礼相待，不得采取有损其人格尊严的行为。

（5）应将本单位所制订的各种劳动行为规范，于乙方上岗前以书面形式告知。

（6）支持本单位工会组织的正常活动。

（7）在劳动合同终止、解除时，应提供给乙方一份证明书。

4. 乙方应承担以下义务。

（1）按照本合同规定，自觉地进行工作，努力完成生产（工作）任务。

（2）遵守单位的规章制度，遵守劳动纪律和保守本单位生产（工作）或业务秘密。

（3）严格按照生产规程和安全规程进行生产（工作）。

（4）爱护设备和工具，并对所使用的设备和工具进行必要的维护与保养。

七、甲方在合同期间应按国家和省有关规定为乙方办理社会保险，甲乙双方应按国家规定缴纳社会保险费(包括养老、工伤、医疗、生育、失业等)。

八、乙方享有国家规定的公休假、婚丧假、探亲假和女工孕期、产假、哺乳期等，以及疾病、伤亡等有关保险福利待遇。

九、甲乙双方解除劳动合同，必须按国家有关劳动法律、法规执行。需要解除劳动合同的应提前三十日以书面形式通知对方（国家法律另有规定的除外）；国家劳动法律、法规规定不能解除合同的，双方不得解除劳动合同。甲方因转产、调整生产任务或者由于甲乙双方情况的变化，经双方协商同意，可以变更合同的相关内容。乙方被劳教或判刑的，本合同自行解除。

十、在履行本合同中若发生劳动争议，应通过本单位劳动争议调解委员会协商调解，当事人也可以直接向当地劳动争议仲裁委员会申诉。不愿调解或调解不成的，应当从争议发生之日起 60 日内，向当地劳动争议仲裁委员会申请仲裁。不服仲裁裁决的，当事人自收到裁决书之日起 15 日内，可向当地人民法院提起诉讼。

十一、本合同一式两份，甲乙双方各持一份。

甲方（公章）________________________

法定代表人________________________

乙方：（签字）________________________

____年 ____月 ____日

授权委托书

授权委托书一般指委托书，是指委托他人代表自己行使自己的合法权益，被委托人在行使权力时需出具委托人委托内容的法律文书。在授权过程中，委托人不得以任何理由反悔委托事项。

但被委托人如果做出违背国家法律的任何行为，委托人有权终止委托协议，在委托人的委托书上的合法权益内，被委托人行使的全部权利和责任都将由委托人承担，被委托人不承担任何法律责任。

委托书有其独特的结构，因此在撰写委托书时应要遵照以下格式来写：

1. 标题写明：委托书。

2. 委托书内容包括：委托人详细信息；被委托人详细信息；具体委托事项、委托范围、委托时间期限；上述各项内容，须书写（复印）在同一页纸内；如《委托书》由二张纸及其以上构成的，属无效委托，不予认可。

3. 委托书最后应有委托人、被委托人签字落款及日期。

撰写模板：

单位授权委托书

致 ____________（受理单位名称）：

我公司因业务需要，现委托本公司员工 ____ 性别：____，身份证号：__________________________ 作为我公司合法委委托人，授权其代表我公司，于 ____ 月 ____ 日至 ____ 月 ____ 日到贵单位办理 ______________ 事宜，对被委托人在办理上述事项过程中所签署的有关文件，我公司均予以认可，并承担相应的法律责任，请贵单位给予协助，谢谢！

委托期限：____________

委托人：____________ 公章 ____________

____ 年 ____ 月 ____ 日

经济纠纷上诉书

上诉书又称上诉状，指是民事、行政或刑事案件的当事人对地方各级人民法院作出的第一审民事、行政或刑事判决或裁定不服，按照法定的程序，在法定期限内依法向上一级法院提出上诉，要求撤销、变更原裁判的一种法律文书。

案件当事人在起草上诉书时要注意以下几点：

1. 当事人在上诉请求中要首先综合叙述案情全貌，接着写明原审裁判结果，指明是对原判全部或哪一部分不服。是要上诉撤销原判、全部改变原判还是部分变更原判。

2. 我国法律规定申请上诉必须是对地方各级人民法院的一审裁定或判决不服提起的。最高人民法院的裁判，不能提起上诉；只能是对人民法院的一审裁判不服才能提起上诉，我国法院实行两审终审制，二审裁判是终审裁判，不得提起上诉，可以另行申请再审申诉。

3. 在民事案件中，当法院做出判决后，如果当事人不服，必须在收到判决书的次日起 15 日内，向宣判一审裁判的上一级人民法院提起，不能超期，也不能越级。

撰写模板：

上诉书（状）

上诉人：________ 公司

公司地址：____________________

法定代表人：____

职务：____

电话：____

上诉人因 __________________ 一案，不服 ____ 法院于 ____ 年 ____ 月 ____ 日 ____ 字第 ____ 号判决，特提出上诉。

上诉请求：

____

____

____

____

上诉理由如下：

____

____

____

____

____

____

____

____

此致

____ 人民法院

上诉人：________（盖章）

____ 年 ____ 月 ____ 日

附：

1. 本上诉书副本 ____ 份。

2. 有关证明材料 ____ 件。

经济纠纷起诉状

在法律活动中，经济纠纷起诉状又被称为经济诉状，是经济纠纷案件的原告认为自己的权益受到了侵犯而向法院陈述纠纷事实、阐明起诉理由、提出诉讼请求的书状。这种书状在民间被俗称为“状子”，诉状分为民事诉状和刑事诉状。经济诉讼起诉状属于民事诉状。

被告方在写诉状时应当注意以下几个问题。

1. 不要使用过激言论。

谁对谁错自有法官评理，故而原告一方在写起诉状的时候所用词语尽量选择中性词，特别是针对他人的人身攻击的侮辱性词语千万不能出现在诉状中。因为诉状是法官对原告方的第一印象，写的好坏是水平问题，使用过激言论和侮辱他人，则是人品问题。

2. 言语通俗，不能产生歧义。

诉状的内容尽量少使用修饰的句子，书写的文字要端正，语句要通顺，条理性要强。最好诉状是打印的。使用过多的修饰词语，容易产生歧义。

3. 有争议的一些事实尽量不在诉状中表述。

起诉书也可以说是一份证据，在诉状中原告对自己不利的陈述，属于自认，而要推翻自己的自认，必须要有充足的证据才可以。

4. 内容要客观真实，有事实基础和法律依据。

要围绕自己的诉讼请求列举客观真实的事实，不能编造虚假事实，同时要依据法律能够得到相应的权利保障。

撰写模板：

____ 公司经济纠纷起诉状

原告人：____ 市 ____ 区 ____ 公司

公司地址：____ 市 ____ 区 ____ 路 ____ 号

法人代表：____，系公司经理

被告人：____ 市 ____ 区 ____ 公司

公司地址：____ 市 ____ 区 ____ 路 ____ 号

法人代表：____，系公司经理

案由：追索货款，赔偿损失。

诉讼请求：

1. 责令被告偿还原告货款 15 万元。

2. 责令被告赔偿拖欠原告货款 6 个月的利息损失。

3. 责令被告赔偿原告提起诉讼而产生的一切费用，包括诉讼费、请律师费等。

诉讼事实和理由：

原告与被告在 ____ 年 ____ 月 ____ 日商定，被告从原告处购进 ____ 商品 ____ 件，总计价值人民币 15 万元。

原告于同年 ____ 月 ____ 日将 ____ 件 ____ 用车送至被告处，被告立即开出 15 万元的转账支票交付原告，原告在收到支票的第二天去银行转账时，被告开户银行告知原告，被告账户上存款只有 6 万元，不足清偿货款。由于被告透支，支票被银行退回。当原告再次找被告索要货款时，被告无理拒付。后来原告多次找被告交涉，均被被告以经理不在为由拒之门外。

根据《中华人民共和国民法通则》第一百零六条第一款和第一百三十四条第一款第七项的规定：被告应当承担民事责任，原告有权要求被告偿付货款,并赔偿由于被告拖欠货款而给原告带来的一切经济损失。

证据和证据来源:

1. 被告人收到货后签收的收条 1 张。

2. 被告人开出的空头支票 1 张。

3. 此次诉讼律师事务所的收费收据 1 张。

此致

＿＿＿＿＿＿区人民法院

起诉人: ＿＿市＿＿区＿＿公司(公章)

经济纠纷反诉状

反诉状是指在已经开始的诉讼程序中，经济纠纷案件的被告，以本诉的原告为被告，向同一人民法院提出与本诉有关的新的诉讼请求时使用的文书。被告人反诉的目的，在于抵销、吞并本诉，使原告的起诉失去实际意义。在一起案件中，反诉和本诉可以同时存在，法院可合并审理，但应分别审查、判处。

在一起案件中，当被告人试图对原告起草反诉状提出反诉时，一定要注意反诉状的一些格式。通常来说，一篇反诉状由三个部分所构成。

1. 反诉请求

反诉人在反诉请求中要明确写出请求抵销或吞并本诉标的的具体数额和方法。

2. 事实与理由

这是整个反诉状的核心。在这一部分里，反诉人要从事实和法律角度充分阐述反诉主张的正确性和抵销、吞并对方诉讼请求的合法性。

3. 提出证据

诉讼讲求的是证据，不然反诉书写得再规范也无法帮你赢得反诉。在提出证据的部分，反诉人可以申请证据保全，也就是在证据可能灭失或以后难以取得的情况下，可以向法院申请证据保全。申请时，应说明什么证据需要保全，证据种类，还应说明证据由什么人持有及其具体理由。

撰写模板：

____ 公司经济纠纷反诉状

反诉人：（本诉被告）____ 公司

公司地址：____ 市 ____ 区 ____ 路 ____ 号

法定代表人：____

职务：____

电话：________

被反诉人：（本诉原告）____ 公司

公司地址：____ 市 ____ 区 ____ 路 ____ 号

法定代表人：____

电话：________

案由：承揽合同纠纷

反诉请求：

1. 被反诉人应承担本合同纠纷的违约责任，处以违约金 ____ 元。

2. 被反诉人应承担其调走货物由反诉人支付的保管费、运输费、卸车费共计 ____ 元。

3. 请求被反诉人承担本诉及反诉的诉讼费用。

事实和理由：

反诉人与被反诉人于____年____月____日签订了一份食品购销合同。

合同约定：由被反诉人向反诉人提供____系列饮品，货款共计____元。收到货物后，反诉人发现所运货物与合同中约定的类型不符；包装标准也未按合同规定；对部分货物进行化验，发现饮品有沉淀物，并有异味，属伪劣产品。

基于此，反诉人____年____月____日与被反诉人交涉，双方达成了由被反诉人将全部货物的99%自行调走，反诉人承付已售出的1%货物货款的协议。

____年____月____日反诉人委派销售员____来催要货款，反诉方法定代表人____当即表示，货款一定偿付，但钱尚未完全回笼应宽容几天，并当场认定货款额为____元，已远远超过了售出1%货物的款额。但时隔不久被反诉人却突然起诉，要求反诉人加倍返还拖欠款____元，致使本应自行协商解决的问题变得复杂化了。

反诉人认为：

欠债还款乃天经地义之理，但上述货款未能及时兑付的原因却是由被反诉人先行违约造成的，货物种类与合同约定不符，包装标准也与合同规定不符，加之质量低劣，已属严重违约，反诉人为了顾全大局，始终未采用法律手段，但被反诉人先行起诉。基于上述事实，现依照《中华人民共和国民事诉讼法》相关规定提出反诉，请法院依法公正判决，以维护反诉人的合法权益。

此致

____区人民法院

反诉人：________

____年____月____日

撤诉申请书

撤诉申请书是指民事案件中原告在依法提起诉讼后，人民法院判决之前，以书面形式向人民法院提出撤回其起诉的要求。我国法律明确规定撤诉是当事人的诉讼权利，当事人撤诉，必须向人民法院提交撤诉状，而且撤诉必须在法律规定的范围内进行。作为当事人，如果想要撤诉，那么申请撤诉必须符合下列条件：

1. 撤诉申请人必须是原告，上诉人及其法定代理人，或是原告特别授权的诉讼代理人；有独立请求权的第三人在不影响原告和被告之间的诉讼正常进行的条件下也可以申请撤诉。

2. 申请撤诉必须出自当事人的自愿，任何人不得胁迫、动员申请人撤诉。

3. 撤诉申请必须在人民法院宣判前提出，撤诉的目的意在结束诉讼程序，不再要求法院审判，如果人民法院已经宣判，撤诉就失去实际意义。因此，撤诉应在法院做出宣判之前提出。

4. 撤诉的后果必须不损害国家利益和其他公民的合法权益，并且不得规避法律。

5. 撤诉申请并不是一定通过的，人民法院对撤诉申请经审查，认为符合上述条件的，应当裁定准许撤诉；认为不符合条件的，应当裁定不准许撤诉，驳回申请，诉讼继续进行。

撰写模板：

撤诉申请书

申请人：____有限公司

公司地址：____市____区____工业区____路____号

法定代表人：____

职务：____

被申请人：____有限公司

公司地址：____市____区____路____号

法定代表人：____

职务：____

原起诉案由、案号：申请人与被申请人因票据纠纷一案。（案号：________________号）

申请人依法提出如下请求：

请求准许申请人撤诉。

事实和理由：

申请人与被申请人因票据纠纷一案，申请人于____年____月____日起诉后，被申请人依据支票票面金额，自觉向申请人履行了付款义务。申请人的民事实体权利已经实现，故依据《中华人民共和国民事诉讼法》的规定，依法申请撤诉，请予准许。

此致

____市____人民法院

申请人：____有限公司（公章）

法定代表人：________

____年____月____日

第 7 章
公关策划文案模板

危机公关策划文案

危机公关是指应对危机的有关机制，它具有意外性、聚焦性、破坏性和紧迫性。根据西方公共关系学科化的先驱者爱德华·伯尼斯先生的定义：“公共关系是一项管理功能，制订政策及程序来获得公众的谅解和接纳。”

近年来社会上新闻媒体或者自媒体人对于各类事件的曝光层出不穷，危机公关已经成为企业必须着重面对的事。企业危机的类型很多，常见的有经营不良型危机、产品或服务瑕疵型危机、反宣传事件型危机、有经济纠纷型危机等。

企业危机不仅具有突发性、严重危害性，同时还具有快速扩散性。正是由于企业危机易扩散的特征，受舆论关注的特性，故而企业管理者千万不要有侥幸心理，企图蒙混过关。而应该主动与新闻媒介联系，尽快与公众沟通，说明事实真相，争取消费者的理解，消除民众的疑虑与不安，这时一份能体现出企业诚意的公关文案就显得极其重要。

一份完整的危机公关策划文案，必须有一个标题，标题撰写要明白易懂。其次，要有背景介绍，即简略地介绍此次企业危机的原因。只有阐明了这一背景，才能引出后面的具体策划方案，也才能说明举办这一活动的迫切性和意义所在。最后在这份策划书的末尾，作为企业，要勇于承担责任，不回避问题和错误，对消费者致以深深的歉意，同时对消费者说明事件的进展情况，博取消费者的同情和谅解，重拾消费者的信任和尊重。

撰写模板：

____公司危机公关策划书

一、前言

____年____月____日，公司总部接到政府卫生部门通告，称从当日上午开始，本市多家医院接治了大量的腹泻患者，患者描述是由于饮用我公司的____系列饮料而引起的病状，医院方面检查结果为食物中毒。疾病防治中心的工作人员，对我公司的系列饮料进行抽样化验，发现了刺激消化系统的胰蛋白酶抑制物。为保证市民安全，立即封查我公司所有专营店和生产工厂，对事件展开全面调查。

公司第一时间进行自检，发现负责生产饮料的工人由于误操作，造成饮料内的有害物质不能完全消除，致使一部分饮用者出现呕吐、腹胀、头痛等病状，引发事故。

作为____市明星企业，我公司经过多年经营，得到了很多消费者的喜爱与支持，此次事故严重影响公司形象。针对此危机事件，公司总经理立即做出以下决定。

1. 即刻关闭违规的生产车间、召回不合格产品。

2. 对经销商、消费者进行安抚，主动慰问患者，表明公司会全力配合调查，承担应有责任。

3. 诚恳接受政府有关部门检查整改，保持坦然态度面对媒体和公众。

4. 有效控制信息的传播，任何细小的不利信息都要进行有效的控制，凡是不符合事实的信息都要给予迅速回应。

基于领导上述指示，公关部迅速行动，并制订了应急方案。

二、预期目标

1. 争取政府主管部门的最低处罚，将企业损失降至最小。

2. 阻止不良信息的扩散，降低此事件对公司及产品形象的影响。

3. 消除患者和公众的对立情绪，利用此事件重新树立公司形象。

三、成立危机处理小组

立即成立由公司总经理 ____ 挂帅的危机处理小组，其他成员从公司各个部门抽调，处理不同方面事务，具体职责如下表所示。

危机处理小组成员职责表

小组类别	工作内容	人员数量	责任人
组长	此次事件处理的总负责人，组织协调各项工作，并作为公司的对外发言人，应对各种来访和媒体的采访	1	总经理 ____
公众问题组	沟通患者和医院方面，帮助应对受害公众，接待公众来访	3 ~ 5	____ ____ ____
外援活动组	组织公关的外援关系网，一方面负责联系媒体，另一方面负责沟通政府相关部门	2	____ ____
内部控制组	协调公司内部，统一思想，组织人力等	1	____

四、危机处理措施

针对可能发生的各类问题及可能面对的对象，各小组成员要接受组长的统一调配，分头行动。具体工作及处理措施如下：

1. 针对消费者

（1）公众问题组负责在各售卖点张贴通知，告知市民暂时不要购买公司的 ____ 系列饮品，已经购买者可到公司指定地点退换（公司总部一楼接待处）。

（2）立即设立专门的投诉退货接待处，公众问题组 ____ 培训公司客服人员接待退换和投诉等工作，并作为责任人现场协助。

（3）公众问题组 ____ 联系指定治疗医院，组织三人立即派往市内 ____ 医院。

（4）建议出现病状消费者到指定医院免费治疗。

（5）对正在治疗的患者进行慰问，提供医药费，送慰问金（慰问金额由公司董事会商议后统一制订）。

（6）通过院方联系已经出院的消费者，表示公司的歉意，通知尽快到我公司领取药费补偿和慰问金。

2. 针对政府部门

（1）随时准备接待卫生部门的检查，并向卫生部门解释事故原因，主动提交问题解决方案。解决方案包括：妥善答复中毒消费者索赔要求；召回公司所有上市饮料；购进国内最先进的质检设备，重新设计质量管理制度，确保产品生产过程的质量安全；组织员工学习质量管理、操作规范，重新规范操作流程；邀请政府部门专家定期检查指导。

（2）卫生部门检查后，公司总经理立即沟通政府部门，表明企业的态度，以企业多年来守法经营、群众口碑良好并且是纳税大户为由，恳请政府保护地方产业，从轻处罚。

3. 媒体沟通

（1）外援组尽快收集到市内主要电视台、电台、报纸负责人的联系方式。

（2）当日在 ____ 晚报以公司总经理名义发布致广大市民公开信，草拟内容包括："向广大市民表示深深的歉意，辜负了许多年来市民对我们的呵护与关爱；向市民公布公司解决问题的办法，并强调企业'视质量如生命，视客户如上帝'的理念；向市民讲解饮料中毒的原因及出现的症状，解除市民心中的恐慌；欢迎市民参加公司组织的参观工厂活动，并赠送新产品品尝"。

（3）外援组每天保持与各类媒体的联系，掌握新闻媒体动向，尽量减少负面新闻报道。

4. 针对内部员工

（1）内部控制组负责组织人力，协调各部门增派人力以满足公关小组的临时需要。

（2）由内部控制组 ____ 主持召开员工大会，会议内容包括：向所有员工公布事故的真实情况和公司的解决办法，以杜绝谣言；要求员工统一口径应对可能出现的各种质疑；强调质量的重要性，进一步加强员工的质量意识。

（3）及时通过公司网站等渠道传递事件发展进程及公司所采取的措施，以稳定员工情绪。

________公司（公章）

____年____月____日

新闻发布会策划文案

新闻发布会是指社会组织在发生重大具有积极影响的事情时，向新闻界公布信息，借助新闻提升该组织或者与该组织密切相关的形象。新闻发布会一般针对对企业意义重大、媒体感兴趣的事件举办。这点十分重要，需要各企业谨记。

现实中，有些企业似乎有独特的爱开发布会的嗜好，很多时候，企业根本并没有什么惹人眼球的重大新闻话题，可为了保持一定的影响力和话题率，总是时不时地召开发布会，最终的结果是花了很高的经费及精力，但对公司发展的帮助却微乎其微。

另外，当企业下定决心打造一场发布会时，一定要注意避免使用“新闻发布会”这样的字样。这是因为我国相关机构对“新闻发布会”是有严格申报、审批程序的，然而对企业而言，形式并不会那样烦琐，所以只需直接把发布会的名字定义为“____信息发布会”或“____媒体沟通会”即可。

在做新闻发布会策划之前，策划人要对新闻媒体议程、新闻传播途径、新闻话题设置、公众舆论走向、媒体运作机制有深刻理解，同时对新闻发布会主办方所在行业背景、产业动向、竞争对手传播策略有着透彻的分析和把握，具备这些专业知识，才能策划出好的新闻事件，达到好的传播效果。

但要吸引公众关注，首先在形式和内容上要引起媒体兴趣。想要成功策划出一台精彩的发布会不是一件轻松的事情，不仅需要精妙的构想，还需要公司上下齐心协力的配合。作为决策者，在勾勒发布会方案时不妨运用以下几种方法：

1. 发布会所用演讲稿可借势当前公众关注的新闻事件，迎合新闻热度，释放相关性话题。

2. 无论何时，青春偶像都是一种不可以被无视的力量，企业在资金充裕的情况下邀请明星、大腕助阵，能为企业发布会增添更多的话题。

3. 利用公关部、宣传部为新闻发布会造势，从不同的角度为媒体提供更多新闻由头和报道角度。

撰写模板：

____ 产品信息发布会

随着科技的飞速发展，全球早已进入你追我赶的科技创新时代，在这样的环境下，电子产业也以极短的周期不断地更新换代。为了更好地适应企业的发展，我们 ____ 科技有限公司唯有不停研发新产品才能满足广大消费者的需求。近期，我们又成功推出 ____ 设备，将于 ____ 年 ____ 月 ____ 日下午 ____ 点在 ____ 国际会展中心举行 ____ 设备上市信息发布会。现有关事宜安排如下：

一、会议议程

1. 签到：____ 月 ____ 日（会议当天）____ 点～ ____ 点（会议开始前 1 小时进行与会人员与媒体记者签到管理）。

2.____ 点 ____ 分，主持人宣布发布会开始，介绍参会人员（预计 5 分钟）。

3.____ 科技有限公司总裁 ____ 先生上台讲话（预计 5 分钟）。

4..____ 科技有限公司销售部经理 ____ 女士对可行性市场调研报告进

行分析（10 分钟）。

5.____ 科技有限公司 ____ 设备项目负责人 ____ 先生对 ____ 产品相关信息进行介绍（10 分钟）。

6.____ 品牌系列形象代言人 ____ 展示产品（3 分钟）。

7. 经销商代表讲话（5 分钟）。

8. 记者自由提问（20 分钟）。

9. 参会客户自由提问（10 分钟）。

10. 闭幕式，主持人做信息发布会总结（5 分钟）。

11. 给与会记者、嘉宾代表赠送小礼品（5 分钟）。

二、会议日程（见下表）

日期	时间	内容	地点	负责人	备注
____ 月 ____ 日	____ ~ ____	签到	（　　）国际会展中心		
	____ ~ ____	主持人开场白			
	____ ~ ____	公司总裁讲话			
	____ ~ ____	销售部经理调研分析			
	____ ~ ____	形象代言人展示产品			
	____ ~ ____	经销商代表讲话			
	____ ~ ____	记者自由提问			
	____ ~ ____	参会客户自由提问			
	____ ~ ____	闭幕式，主持人总结			
	____ ~ ____	赠送小礼品环节			

三、场地布置布展

1. 会展中心，接待人员佩带单位绶带迎宾，设标明会场、休息厅、就餐、领奖等地点的指示牌。

2. 宾客接待台，登记来宾和发放会议标准资料袋。

3. 巨型喷绘做主会场背景墙，舞台两旁各放一产品展架。

4. 会场演讲台两侧摆放花篮各 ____ 个。

5. 主席台和各座位桌上摆茶杯，纯净水和文件夹。

6. 企业宣传片或纪录片以及产品宣传幻灯片等视听材料。

7. 调试好音响设备，指定好录像人员。

四、参会应邀人员

形象代言人：____

经销商代表：华中经销商

邀请媒体：____ 报、____ 网、____ 网、____ 传媒、____ 传媒、____ 卫视等共 ____ 家主流媒体。

五、新品发布会提供给媒体的资料

包括会议时间、项目安排流程、新闻通稿、演讲发言稿、发言人的背景资料介绍、公司宣传册、产品宣传资料、有关图片、纪念品礼品领用券。

六、发布会组织

1. 组委会组长：负责整个活动与酒店协调。

2. 协调员：协调员由研究所营销部门组成，负责各小组的工作协调。

3. 场务维护及服务：负责现场、设备能够正常使用排除外界干扰。

4. 广告宣传：由策划公司与研究所市场部、销售部共同组成，主要负责主题背景墙设计制作及安装；宣传 DM、X 展架、海报、礼品赠送手提袋、企业新产品画册的设计制作；媒体所需文章内容及主题、软文撰写，新闻通稿撰写，领导、来宾演讲稿撰写和新品阐述资料的撰写。

5. 就餐：主要负责来宾、经销商的餐饮服务安排。

6. 主持人：主要负责各个环节串词及开场主持。

7. 外联：主要负责与模特及演员联络以及现场产品展示安排（6 ~ 8 人）。

七、发布会资料

1. 会议手册。

2.____ 科技有限公司宣传册。

3. 新产品文字宣传资料。

4. 餐券和礼品券。

八、发布会筹备

____ 月 ____ 日前，发布会策划方案定稿。

____ 月 ____ 日前，企业宣传片、宣传单、宣传册、台卡、背板、邀请函、横幅、海报、新品展示资料图片、风格设计方案确定。

____ 月 ____ 日前，上述材料印刷品交货。

____ 月 ____ 日前，相关新闻稿及软文撰写完毕，并于 ____ 月 ____ 日起，交由相关媒体发布预热。

____ 月 ____ 日前，确定参会领导、经销商及媒体人员名单。同时，发邀请函。

____ 月 ____ 日，将发布会策划方案交由会议主持方，以便其提前排练。

____ 月 ____ 日，联系会展中心，会议所需物品到位，礼品、签到本、签到笔、台卡、背板、横幅、海报、气球等展示资料准备布展。

____ 月 ____ 日，最终确定场地布置，餐饮地点住宿房间、物料运送、气氛、背景、设备调试、桌椅安排（来宾座位）等。

____ 月 ____ 日上午物品检查、人员检查、资料检查、礼品检查、会场检查。

____ 月 ____ 日 ____ 点—— ____ 点全程摄影摄像协调落实，签到开始、会场资料发放、会场引导，分别入座。

____ 月 ____ 日 ____ 点主持人宣布新品发布会开始。

____月____日前，将新闻稿和媒体软文继续发布。

____科技有限公司信息发布会筹备小组

____年____月____日（公章）

赞助类活动策划文案

赞助在词典中的基本释义为：“支持与协助”；在社会学中，赞助是社会组织以提供资金、产品、设备、设施和免费服务等形式无偿赞助社会事业或社会活动的一种公关专题活动。赞助活动是一种企业对社会做出贡献的行为，是一种信誉投资和感情投资，是企业改善社会环境和社会关系最有效的方式之一。任何一个社会组织的赞助都会有自己的具体目的，概括起来，主要有以下四种：

1. 通过赞助活动做广告，增强广告的说服力和影响。

2. 培养与社会公众的良好感情。

3. 树立组织关心社会公益事业的良好形象。

4. 制造新闻效果，扩大组织社会认知度，提高组织在公众中的美誉度。

对于企业来说，进行赞助活动，作为一种投资行为和宣传方式，具有较强的政策性与技巧性。作为企业决策者，在草拟赞助活动文案时必须注意以下具体事项：

1. 开展赞助活动必须符合法律规范。

（1）赞助的对象要合法。

策划者要认真研究和确认被赞助的组织、个人或社会活动本身是否具有良好的社会声誉，是否有积极广泛的社会影响，以保证赞助活动取得良好的社会效益。对各种明显不能满足其要求的征募者，应当坦率而诚恳地解释组织的有关政策，不应为威胁利诱所屈服。必要时可以诉诸社会舆论和法律，以保障组织的合法权益。

（2）赞助的方式要合法，要严格遵守政策法规。违背政策法规，利用赞助搞不正之风，也会破坏社会组织的形象。

2. 开展赞助活动应事先进行经费评估，切勿冲动行事。

策划者应每年列出赞助总额预算，在预算范围内予以赞助。

另外，策划者也要建议企业留存一部分机动款项，作为遇到临时、重大活动时的备用款。

撰写模板：

赞助类活动策划文案

一、背景

____ 股份有限公司主营“____”牌系列矿泉水。总部位于 ________，并拥有 ____、____、____ 等 ____ 个生产基地，总投资 ____ 万，____ 股份有限公司本着“健康保证，质量第一”的经营理念，实时跟踪出厂的每一桶水，让消费者买得舒心，喝得放心。同时，____ 股份有限公司拥有强大的服务系统和管理系统，全省统一的客服中心，与各专卖店电脑联网，进行实时信息交换，极大提高了配送和服务效率，为用户不断创造价值，提升生活品质。

为了树立企业良好形象，呼吁人们保护水资源，企业赞助策划一次大型公益晚会，活动以“请珍惜、爱护每一滴生命的源泉”为主题。

二、目的

此次活动为提升企业形象、知名度与美誉度，寻求自身发展，加大产品的宣传力度，向市民宣传环保知识，引起社会的关注和支持。正是在这一特定的背景下，公司决定赞助本次大型公益晚会，在 ____ 市推广节约用水活动，倡议市民共同参与活动。

三、活动主题

请珍惜、爱护每一滴生命的源泉。

四、活动对象

____市广大群众。

五、活动时间和地点

____月____日晚____点，以“请珍惜、爱护每一滴生命的源泉”为主题的大型节约用水公益宣传晚会在________学院礼堂举行，该晚会由________学院____系承办，____股份有限公司独家赞助。

六、活动项目流程设计

1. 晚会开始前两个小时，由____学院学生配合我公司公关部人员在学校周边以横幅签名、海报宣传、分发宣传小册子、赠送气球等形式展开，吸引市民的围观，让市民能够走进学院与____学院学生们共同欣赏这台“舞彩斑斓”的演出，并融洽地与市民们进行互动，使得节约用水观念深入人心。力求市民们纷纷在横幅上签上名字，作出自己的承诺。

2. 晚会开始前15分钟，在晚会礼堂现场，通过学校投影设备播放由本公司精心策划录制的微电影，在介绍缺水地区困难生活的同时，宣传公司的品牌，以及渲染这次活动节约用水的主题。

3. 本次晚会以____学院____系大学生青年团体为主，以歌舞方式吸引广大群众，同时在节目中，穿插我公司上台向学生及市民演示生活节水小技巧，推广节水技术、宣传节水典型。

七、媒介宣传

本次活动将得到社会各界的广泛参与支持和市人民政府的鼎力支持，除了户外的人员宣传、横幅宣传、手册宣传，也将借助电视台、大众传媒进行更为深入的宣传与报道。

八、活动人员安排

场地预约负责人：____

场地布置负责人：____

人员安排负责人：____

现场秩序维护负责人：________

公关小姐：____________________

主持人：________

____ 月 ____ 日晚会当天，预约政府机关人员、记者、电视台、____ 市各企事业单位代表来到现场观看文艺汇演。

九、物料准备

公司自主策划拍摄的微电影、宣传手册、宣传横幅、圆珠笔、海报、气球、桌椅、地毯、请帖等。

十、费用预算

赞助费用：20000 元

现场布置：3000 元

印有公司 logo 纪念品：10000 元

宣传费用：10000 元

保安：5000 元

公关：10000 元

各种劳务：5000 元

媒体费用：50000 元

其他费用：5000 元

合计：108000 元

十一、效果评估

此次公益晚会将会在 ____ 市内被社会公众所知晓，旨在让广大市民们了解到节水的重要性，树立节约用水观念和意识，逐渐养成节约用水的好习惯。活动可起到很好的警示作用，同时也能扩大公司的社会影响力，加强与社会群体的沟通作用。

科普类活动策划文案

科普是科学普及的简称，科普又称大众科学或者普及科学，是指利用各种传媒以浅显、让公众易于理解、接受和参与的方式向普通大众介绍自然科学和社会科学知识、推广科学技术的应用、倡导科学方法、传播科学思想、弘扬科学精神的活动。

中国政府对科普工作一直非常重视。在新中国建立初期，就在中央人民政府文化部设立了科学技术普及局，以开发公众智力和提高素质为使命，面向社会、面向公众，适时、适需地传播科学精神、科学知识、科学思想和科学方法，其后，在各部门、地方都设立了专门的科普管理机构。从本质上说，科学普及其实就是一种社会教育。

作为科学传播的重要方式，在设计和实施过程中需要策划者具有熟练的项目管理能力，做到计划结构清楚，责任明确。

撰写模板：

食品营养与安全系列科普活动策划书

一、主办单位：____工程学院、____大学校团委

协办单位：____营养协会、____大学后勤集团、____大学校医院

二、活动主题："实施阳光食品工程，创建食品安全校园"

三、活动背景及目的：

俗话说得好："食以安为先，安以质为本。"食品安全，关系着广大人民群众的身体健康和生命安全，关系着社会和谐稳定。

中华上下几千年来，私塾、学校一直是广大青少年学生接受知识教育、

促进身心健康发展的特殊场所，学校是人群高密度集中的重要区域。学校食堂及周边饮食摊点的食品卫生安全，对师生的身体健康和校园的平安和谐影响巨大。

因此，为加强全校师生食品营养与安全教育，增进全校师生对食品营养与安全的参与意识，动员师生关心、支持和参与食品安全工作。我校与____大学团委达成协议，共同开展此次食品营养与安全问题的学校宣传。力求提高同学们的食品安全意识。

四、活动对象：

____工程学院、____大学全体在校学生

五、活动时间：

____月____日——____月____日历时____天

六、活动形式：

1.____月____日上午____点进行主题图片展暨活动启动仪式。

2.____月____日晚____点组织观看食品营养与安全科普宣传片。

3.____月____日晚____点由食品安全专家____教授就“食品卫生与安全”进行大型讲座。

4.____月____日晚____点组织参加食品营养与安全的知识竞赛。

七、活动前期准备：

1. 将活动形式及内容下发到各学院并通知各学院组织同学参加。

2. 充分利用学校的宣传栏，通过海报、条幅等形式来开展宣传活动。

3. 提前将活动所需的物品、设施准备齐全。

4. 将活动所需的展板、DV、试题等物品提前准备好。

5. 提前审批活动场地。

6. 联系____省营养协会、____大学后勤集团、____校医院等主要协

办单位一并组织参与此次活动。

八、活动宣传：

前期：校广播台、校讯平台、宿舍电子显示屏、条幅、展牌、教室黑板报。

后期：《____晚报》和《____青年报》。

九、活动的预期效果：

通过此次活动让大家认识到食品营养与安全的重要意义，提高自己的合理膳食、科学膳食、安全膳食的意识，引导全校师生养成科学、安全、合理的饮食习惯，帮助同学们了解并树立正确的健康饮食观，普及食品营养与安全问题的全民化宣传，提高同学们的食品营养与安全意识，从而更好地构建科学的校园食品营养与安全体系。

宣传类活动策划文案

宣传，是指向特定对象讲解、传播、宣扬特定的知识，达到告知或教育的目的。在如今风云变色的市场经济形势下，有一些企业家偏执地认为，追求经济效益最大化才是企业唯一的目的。因而，企业不需要做这类“虚工作”，也不需要这类“虚部门”。其实，这种想法是不对的。

事实上，企业宣传工作对于企业发展发挥了不可替代的作用，一方面，企业要通过较高的知名度、良好的声誉赢得社会的支持、合作伙伴的协作以及群众的拥护和信赖；而另一方面，企业要通过自己的品牌赢得更多的客户，争得更大的市场份额，取得竞争优势，这就必须发挥企业的宣传功能，同时也从侧面证明了企业宣传部门的不可替代性。

策划者在针对企业宣传活动做策划时应重点阐述活动的背景、具体项目、基本情况简介、主要执行对象、近期状况、组织部门、活动开展原因、社会影响以及相关目的动机。其次应说明问题的环境特征，主要考虑环境的内在优势、弱点、机会及威胁等因素，对其做好全面的分析，将内容重点放在环境分析的各项因素上，对过去现在的情况进行详细的描述，并通过对情况的预测制订计划。如环境不明，则应该通过调查研究等方式进行分析，加以补充。

撰写模板：

____服装公司宣传类活动策划书

一、前言

____服装公司经历了____年风雨兼程，历经市场竞争锤炼，始终秉承“量力而行、滚动发展的模式”的社会愿景和企业使命，团结拼搏，求真务实，铸就____品牌，构建市场平台，形成了以服装为主业，集女士香烟、香水、高跟鞋、奢侈包包等多元发展的规模化、现代化服装集团公司。

“只有竞争，才能经营；只有发展，才能生存；只有创新，才能壮大”——____服装公司将融科技、资源与人力资本，以精进创新之精神，科学管理之导向，凝聚员工、市场之合力，同舟共济，坚持以市场营销为依据，产品创新和资本经营为双翼，以多元发展的思路，继续做大做强，开发精品项目，实现企业快速跨越式发展。

二、与竞争品牌的比较

1. 竞争对手分析

随着国内消费者消费观念的成熟和国内市场的不断扩大，世界服装大牌也纷纷进军中国，国内市场越来越成为世界的重要市场，在国内开设专店或专柜。虽说其目前渠道较少，价格定位较高，但其对高档市场的影响和对国内时尚趋势的影响却是巨大的，基本占据了高档市场。

2. 新产品市场特征

优势：本次服装设计系著名设计师设计，风格新颖，主题鲜明，符合消费者对夏季服饰清凉时尚的需要；且用料高档，吸汗不沾身，做工精细，价格合理；公司有较完善的营销体系，有一批固定的客户群，故有较强的竞争力！

劣势：国内服装品牌众多，不乏高中低档的各式服装，大打价格战，这是一个极大的挑战！公司品牌还不够响亮，忠诚客户不多，市场有待进一步开发！

三、目标战略

1. 总体目标

提高人们的审美观和时尚意识，扩大公司产品的知名度和美誉度，从而带动产品销售量的增长！

2. 具体目标

首先通过本次宣传活动，使 ____ 服饰的知名度提高，并且定位在中高档水平，赢得消费者钟爱！其次，提高 ____ 市 ____ 公司市场占有率，从 10% 的提高到 15%。

四、创意说明

1. 活动主题

____ 夏季服装“清凉一夏，美丽人生”。

2. 活动构成

（1）服装搭配设计大赛。

（2）____ 广场 T 台秀。

3. 宣传品

（1）横幅

数量：4 条。

规格：10 米 ×1.2 米简黑体红底白字。

位置：公司实体店门口。

（2）宣传册

内容：搭配衣服的方法，新款服装的介绍，我公司的发展历史。

规格：16k 双面彩。

数量：1000 份。

（3）制作宣传片

五、媒介宣传策略

第一部分，在报纸上做广告，提供报名方式及规则和奖励。参赛者要把自己设计搭配的我公司的服饰拍照邮递到我公司指定地点，我公司将从所有候选者中挑选 50 名选手进入现场的比赛。

第二部分，组织现场比赛时，搭建擂台，挂上条幅，请歌舞团助兴，吸引观众眼球！

六、活动计划

时间：____ 月 ____ 日 ~ ____ 月 ____ 日报名和筛选。

____ 月 ____ 日利用周末开展现场活动。

地点：____ 服饰旗舰店门口。

负责部门：销售部和行政部，其他部门配合。

七、经费预算

横幅：300 元 / 条 ×4=1200 元

宣传册：3 元 / 份 ×1000=3000

人员劳务费：5000 元

广告费：100000 元

餐费茶水费：1000 元

奖品：10000 元

其他费用：2000 元

总计：122200 元

交际类活动策划文案

交际，即人与人之间的通过语言、行为等表达方式进行交流意见、情感、信息的过程，是人们运用一定的工具传递信息、交流思想，以达到某种目的的社会活动。

现实生活中，良好的人际交往能力以及良好的人际关系是每个人生存和发展的必要条件。建立良好的人际关系，形成一种团结友爱、朝气蓬勃的环境，在生活节奏不断加快，竞争激烈的当今社会尤为重要。因此，近年来，培养员工交际能力也逐渐成为企业的主流文化之一。

作为此类活动的策划人，应该为参与者营造出或浪漫或温馨的活动氛围，让方案具有独特的吸引力，在保证可执行的基础上，策划的主题要尽可能满足所有人各方面的需求。

撰写模板：

——公司舞会策划书

一、活动背景

在新的时期，人们不仅需要专业知识，还需要学会各种场合与人交往的礼仪。而很多员工在专业知识具备的情况下，还缺少必要的礼仪知识。大部分人对这种礼仪知识又十分地渴望，但缺少学习场所。在这种情况下，我公司决定举行舞会来进行舞会礼仪知识的宣传。

二、活动宗旨

为员工提供交流聚会的机会，让员工可以用最激情，最饱满的心态去发挥自己的才智，促进企业部门与部门之间的学习、经验交流。帮助企业员工掌握规范的舞会礼仪，为员工提供一种高雅的交际方式。培养员工积极向上的情操、思想，加强员工之间的了解和沟通。

三、活动主题

热情洋溢，礼仪相伴。在舞会中领略到礼仪的魅力。交际舞是现代白领生活中一个不可或缺的交往方式，通过这个舞会，让企业员工初步地学会舞会中必要的礼仪，领略舞蹈的乐趣。

四、活动场地

公司礼堂

五、活动时间：

____月____日晚____点一____点

六、舞会具体安排如下

1. 舞会形式

以交际舞为主，如：十六步、三十二步、花蝴蝶、一千零一夜、兔子舞、恰恰、慢三、慢四等十几种舞蹈，其中穿插些其他的舞蹈。如现代舞、霹雳舞等。

2. 会场的布置

会场的布置必须显得温馨而浪漫，凸显出企业员工的魅力和风采，并且展现出企业的风格特点。

3. 参加人员

所有自愿参加的企业员工及家属。

七、活动分工

公关部：组织领舞小组，挑选主持人及DJ音乐，通知企业员工，舞厅布置，现场维护及清场工作。

财务部：清点和记录有关活动道具，购置一些舞会必要道具及纪念品。

宣传部：制作舞会横幅、宣传海报。负责写活动总结、会议记录、资料收集、活动照片拍摄工作。

八、活动流程：

1. 舞会当天，公关部门提前两个小时进入礼堂，对舞池布置及安全秩序问题做最后的准备工作。将提前准备好的饮品、零食摆放妥当。准备过程中播放抒情音乐，营造现场气氛。

2. 舞会开始，主持人登台，介绍本次舞会的主旨、节目安排。鼓舞大家要参与其中，释放自我。

3. 开场街舞表演，点燃现场气氛。

4. 播放音乐，男女员工自由搭配进入舞池跳舞，主持人鼓动大家尽情地跳舞。

5. 活动半程，由公关部 ____、____，为大家献上歌曲《________》，其余员工在场地周围进行互动交流，品尝舞会准备的食品。

6. 由领舞者带领表演集体舞等集体性的舞蹈（兔子舞等），穿插劲爆音乐，将舞会推向高潮。

7. 舞会尾声，由 ____ 上台表演近景互动类的魔术。

8. 预备节目：互动类小游戏（若舞会时间结束较早时可用）。

9. 主持人宣布舞会结束。

服务类活动策划文案

服务是个人或社会组织为消费者直接或凭借某种工具、设备、设施和媒体等所做的工作或进行的一种经济活动，是向消费者个人或企业提供的，旨在满足对方某种特定需求的一种活动和好处，是对其他经济单位的个人、商品或服务增加价值，并主要以活动形式表现的使用价值或效用。

在全世界的范围里，号称是蓝色巨人的“IBM”公司在企业的一条内训中写道：“尊重个人，优质服务，追求卓越。”IBM公司之所以能够在一百多年里屹立不倒，正是因为它优质的服务品牌早已深入人心，“专业的服务，良好的口碑。”

无论什么企业，只有当服务无微不至的时候，才能真正俘获消费者的“芳心”。故而，在撰写此类文案时策划者要考虑方案具有可执行性以及可操作性，在兼顾这两点的同时，突出活动的创意，以便有效提升企业的知名度及品牌美誉度。

撰写模板：

____公司服务类活动策划书

为切实加强企业员工服务意识，有效提升服务质量，努力打造社会满意、消费者满意的服务制度，经公司董事会会议商议，决定在全公司范围开展优质服务活动。为确保活动取得明显实效，现制订如下实施方案：

一、总体目标

我公司以提升服务质量为重点，以确保服务对象满意为标准，不断创新工作方式方法，着力营造文明、和谐、优质、便捷的服务环境，积极树立公司的新形象。希望通过此次优质服务主题活动，切实达到以下目标：

1. 公司作风进一步好转。

作为连续三年获得____市“明星企业”的公司，我们应杜绝产品出现问题时的推诿扯皮现象，公司各主管应对相应的事件敢于负责，且能够妥善处理。只有管理层人员以身作则，才能逐步提升其他员工的事业心、责任感和荣誉感，形成团结奋进、服务至上的浓厚氛围。

2. 服务能力进一步增强。

通过集中开展优质服务主题活动，____公司从上至下，无论领导还是员工思想政治素质和业务能力都应有较大提高，为消费者服务意识明显增强，做到接待热情、亲情服务、办事周到、说话文明、便捷高效。

二、方法步骤

第一阶段：动员部署

召开企业职工大会，制订下发优质服务主题活动实施方案，成立优质服务主题活动领导小组，全面部署启动优质服务主题活动。在公司总部门前设立投诉箱，公布监督投诉电话，虚心接受消费者对我公司开展优质服务活动的评价和监督。

第二阶段：组织实施

为达到实际效果，防止流于形式，优质服务主题活动期间将集中组织开展三项主题实践活动。

1. 走访调研

各部门工作之余要深入到消费者中去，广泛进行走访调研，面对面座谈、心贴心交流，了解消费者心中所需，征求服务对象的意见建议，查摆工作中存在的个性和共性问题，制订针对性的解决措施，为公司董事会决策提供参考依据。

2. 观摩取经

组织到其他企业进行参观学习，学习其他企业先进的管理理念、规范的制度措施，为我公司进一步优化服务提供借鉴经验。同时结合业务工作，探讨如何更好地创新服务方式、服务内容，切合企业的发展需要和其他服务对象的迫切要求，使服务更加贴近实际，更富成效。

3. 优化创新

开展公司员工素质和企业品牌提升工程，进一步加强公司管理和服务的标准化、特色化、精细化建设，在全公司推行“555”服务规范方法。即“五个一”：对服务对象一张笑脸相迎、一把椅子让座、一杯热水暖心、一颗诚心办事、一声再见相送；“五个好”：说好每一句话，接听好每一个电话，接待好每一位咨询售后问题的消费者，耐心解释好产品的每一个问题，干好每一天的工作；“五不让”：不让需要帮助的消费者在我这里受到冷落，不让工作差错在我这里发生，不让工作事项因我而延误，不让不良风气在我这里出现，不让公司形象因我而受到损害。通过优化创新服务方式方法，努力打造 ____ 公司“用心创造质量”的服务品牌。

第三阶段：总结提高

活动结束后，每名员工都要对照工作任务和目标要求，认真反思，进行自查自结，并将采取措施、服务成效、存在问题、心得感受形成书面材料上报给部门主管。由各部门主管在自己部门工作范围内对优质服务主题活动情况进行全面总结，查找不足，制订整改措施，进一步完善服务消费者的工作制度，巩固活动成果，建立长效机制，推动我公司优质服务活动深入持续开展。

第 8 章
各种大型活动策划文案

展会策划文案

所谓展会策划，就是根据企业手中掌握的各种信息，对即将举办的展览会的有关事宜进行初步规划，设计出展览会的基本框架，提出计划举办的展览会的初步规划内容。策划内容主要包括：展会名称和地点、办展机构、展品范围、办展时间、展会规模、展会定位、招展计划、宣传推广和招商计划、展会进度计划、现场管理计划、相关活动计划等。

展会策划是一个综合性的活动，设计和实施起来都有一定的难度。一些国内外展会营销工作做得比较出色的企业通常有一个共性，就是能够做到根据公司的发展规划及营销目标，对企业的优势资源或需求进行分析，之后再甄选出适时对路的展会推广，最后再从策划的角度考虑资源如何出奇制胜。

撰写模板：

国际森林食品交易博览会策划书

一、展会概况

展会名称：____ 年 ____ 国际森林食品交易博览会

展会地点：________

展位面积：________

展位号：____ 号馆

布展时间：____ 年 ____ 月 ____ 日 ~ ____ 年 ____ 月。

二、参展目的及意义

1. 目标说明：森交会作为我国林业最大的专业展会之一，被业内人称为“行业第一会”“全国林业的风向标”。为达到公司参加本届森交会的预期目标，提升公司品牌知名度和市场影响力，圆满完成公司本届森交会的招商目标及品牌价值提升，制造公司在行业内外的影响力，达到森交会后架构全国的总体战略目标。

2. 目的

（1）提升公司品牌知名度和市场影响力。

（2）使产品快速招商，更迅速地切入全国市场，提升产品销量。

（3）了解同类产品运作模式，了解市场发展动向。

（4）接触新客户，通过和经销商交流，掌握销售一线的市场动态。

（5）收集目标客户资料信息及竞争对手的信息资料。

（6）与客户现场互动，进行调研，接收最终端群体信息反馈。

（7）新产品的发布、推广。

（8）与合作商见面，直接互动沟通，巩固合作关系，达成进一步战略合作意向。

（9）获取销售订单。

三、参展准备

1. 参展产品

本次参展主打公司品牌“森林演义”，本着搞好公司产品推广宣传的目的，力求主推“森林演义”各系列产品，希望可以通过本次展会达到预期销售及全国布局。

参展产品清单

单位名称	单品规格	商品代码	生产商	代理价	零售价	参展数量

2. 参展服饰

直观形象是最有影响力的，参展人员是公司的代言人，展会期间应穿着正式、统一的服装，佩戴公司统一的司标 logo。这种做法一方面可代表公司的形象，另一方面也是对参观者的尊重。

服饰的具体规定如下：

（1）所有参展人员必须统一着装，要求西装、领带、工牌。

（2）公司现有 10 套运动服装，印有公司 logo 和二维码，建议公司公关部及宣传部门员工穿戴。

3. 前台礼品筹备

（1）本次展会公司统一制作手提礼品袋 3000 个，手提袋打上公司信息，现场发放，积聚人气，随时宣传企业品牌。

（2）注意事项：手册、赠品及样品不要直接摆放在桌上任参观者随意拿走后离开，而应由参展人员有目标地将事先准备好的企业印刷品、礼品发送给有潜力的客户。

四、展位设计及装修

1. 特展精装展位的价值说明

为了在众多的参展商中一枝独秀，展台设计必须有较强的视觉冲击力，因此在展台的形式上要有创新，能给观众和买家带来新鲜感和吸引力。当独具创意的展台展现在人们面前时，能使人产生豁然开朗、耳目一新的感觉。特精装展位折射出公司的实力和形象。

2. 展厅布局及广宣品的设计要求

（1）宣传形式：大型墙体海报、壁挂展板、易拉宝、公司画册、主推产品宣传单等。

（2）要求：基色浅绿（苹果绿）＋深绿、辅色以浅黄为主，配以少量其他颜色。做到整体美观、简洁、主题突出、远观对比强烈、主次分明。

（3）电视媒体传播方式：在展厅适宜位置放置 1 ～ 2 台 LED 大屏，配合音响，轮播公司形象展示及产品介绍影像。

3. 现场宣传形式的多样化

（1）现场品尝——聚拢人气、吸引消费者最好的现场活动之一。

（2）举牌巡走——吸引观众眼球，引导客户来访。

（3）礼仪列队——分二组在展厅门口派发传单，引导及拉动客户来访。

（4）现场买赠——吸引消费者最好的现场活动之一。

（5）派送纪念品——给客户派送公司特制纪念品。

五、参展人员组织

1. 主要筹划

活动总筹划：____

活动总指挥：____

2. 参展人员组确定

（1）前台组员：____ ____ ____

（2）礼仪组员：____ ____

（3）品尝组员：____ ____

（4）业务组员：____ ____ ____ ____ ____ ____

（5）调研组员：____

（6）物流组员：____

（7）后勤组员：____

备注：所有参展人员必须熟练掌握会展的产品知识、价格及招商政策、并能熟练地与客户进行沟通、交流、洽谈。

3. 展会期间后勤保障工作

（1）展会期间的矿泉水及其他相关物品的准备。

（2）展会期间协助其他组人员工作。

（3）展会期间工作时间、轮班安排、每日展台会议、记录管理等。

（4）展会期间参展人员的宿、膳、行、日程等安排。

（5）检查核对参展的各项内容是否到位，包括展品、产品资料、宣传资料、合同、各设备、工具等。

（6）确保展会所需的装备、陈设、促销材料以及人员都能够完好地在正确的时间到达展会现场。

论坛会议策划文案

论坛，最初的定义为发帖回帖讨论的平台，是一种交互性强，存在于互联网上的一种电子信息服务系统。论坛给参与者提供一块公共电子白板，每个参与讨论的用户都可以在上面书写，可发布信息或提出自己对于某件事情的看法。

而在虚拟网络以外的现实世界中，论坛是指一种高规格、长期主办组织、多次召开的研讨会议。能够发展成为论坛会议的论坛有很多，例如被人们所熟知的就有：博鳌亚洲论坛，精英外贸论坛，泛北部湾经济合作论坛等。

筹备，组织高水平的论坛，是一件非常复杂而又细致烦琐的工作。它要求建立严密、高效、相互协作的组织机构，制订周密详尽的流程计划。一次成功的论坛会议必须做好以下几项主要工作：

一、确立明确的目标

对任何一个论坛组织者而言，要想让会议开得有价值，就必须要有一个明确的目标。通过会议获得自己所需要的，提供给会议参与者相应的价值，并且能得到回报。

二、完善信息的采集与分析

信息的收集极为重要，这其中包括了解会议的出席者、了解媒体、了解预算以及分析自己的不足等。

三、追求不断的创新

每一次论坛会议都是对创新能力的挑战，无论在内容或形式上，不断地创新能够使每一次会议都充满激情与乐趣。

四、制订周密的计划

无论是甘特图还是进度表，一个周密的计划必须包括会议里所有的细节。

五、实施严格的现场管理

在进行现场管理时，一定要严格地对照计划表上的事项进行操作，任何疏漏都会导致会议的失败。此外，会议现场负责人需要有随机应变的能力。

六、结束与细致的总结

成功的论坛会议需要有创造性的规划；在论坛会议结束后总结一下此次论坛提供了多少价值，与会者明年还会不会参加论坛会议，将这些答案汇总起来，应用于下一次的会议计划。

撰写模板：

论坛会议策划文案

____年________论坛

——共享经营未来发展前景与陷阱

____年____月____日____酒店（中国·____）

官方网站：http：____________________

一、组织机构

指导单位：

____

主办单位：

________　________　________

承办单位：

____

协办单位：

____

特别支持单位：

____

特别媒体：

____

二、论坛概况

论坛主题：共享经济未来发展前景与陷阱。

论坛特色：国际交流、高端对话、项目对接、融资合作。

论坛形式：开幕致辞、专题演讲、学术讨论、项目对接。

论坛规模：汇聚全球最具影响力的金融专家及业内商界翘楚等共 ____ 位知名人士担任演讲嘉宾，包括欧美商界领袖、专家学者、著名国际风投、世界 500 强企业代表、国家相关部委领导、中国发达地区政府要员、国内商界精英、浙商代表等共计 ____ 人出席现场，参与话题互动和学术交流。

三、组委会成员

名誉主任：____ ________（现任组织或企业职位）

名誉副主任：____ ________（现任组织或企业职位）

____ ________（现任组织或企业职位）

委员：____ ________（现任组织或企业职位）

____ ________

____ ________

____ ________

____ ________

秘书长：____ ________（现任组织或企业职位）

四、论坛详细安排

论坛日程：

____月____日下午注册报到

____月____日上午开幕致辞、专题演讲

____月____日下午　　学术讨论、项目对接

____月____日星期____

15：00—18：00 论坛来宾报到、注册

18：00—21：00 欢迎晚宴

21：00 以后晚宴结束，来宾自由交流

____月____日星期____

09：00 ____酒店会议厅入场入席

09：30—10：10 论坛开幕式

10：10—11：20 专题演讲

11：20—12：10 论坛主旨发言

12：10—14：00 午休、自助午餐

14：00—16：00 论坛主旨发言

16：00—16：30 茶歇、学术自由讨论

16：30—17：30 项目与资本对接交流

17：30—17：45 论坛总结、主持人致闭幕词

17：45—21：00 论坛闭幕、自助晚餐

五、备注

1. 以上演讲嘉宾和主持人以实际到会时间为准，论坛组委会保留在必要时调整会议日程的权利。

2. 由于论坛会议日程紧凑，请所有演讲嘉宾严格遵守时间，提前到达，按时离开。

3. 会议日程的最新更新，请查询论坛官方网站：http:______________。

模板 3：开业庆典策划文案

开业庆典，也被叫作“开张庆典”。主要为商业性活动，小到街头店面开张，大到酒店、超市商场等的商务活动，现在越来越多年轻的企业家开始注重开业庆典，很多企业在公司开业的当天不惜花费重金，邀请明星到场，为了就是想要通过明星的话题效应，让自己的公司被更多的人所熟知。

一个公司的庆典活动，往往需要公司上下员工齐心协力，出谋划策，将每一个工作细节落实到位。可以说，一次成功的庆典活动，一定离不开整个公司团队的协作，所以庆典活动的开展，在增加员工的凝聚力，企业团队的协作性，以及员工责任感和自豪感方面，作用非常大。

想要策划一场具有吸引力、影响力的开业庆典，便离不开 4 个要点：重点、亮点、热点以及卖点。想让企业通过开业庆典的方式深深烙印在人们的脑海里，那么开业庆典的形式一定要新颖，策划者可以在民族特色、地域特色、文化特色、时代特色上下功夫、做文章，把开业庆典办成时代性强、有特色、有新意的活动。同时，在活动中要着重抓好企业商品的亮点和卖点的展示与宣传。

撰写模板：

________公司开业庆典策划方案

一、活动主题

________公司开业仪式

二、活动口号

树百腾意识，创精品质量

三、主办单位

________公司

四、活动时间

____年____月____日 ____点____分——____点____分

五、活动地点

________公司店面

公司地址：____市____区____路____号

六、活动目的

增进社会大众对万品传媒的关注与了解，提升万品传媒的品牌形象。实现品牌推广，打造公司知名度和美誉度；通过独特的庆典方式提高市场占有率；通过此次开业庆典的隆重举行可以增强员工对公司的信心，加强公司的凝聚力；通过此次活动收集客户资料，扩大公司的高端群体，为以后的市场开拓奠定基础。

七、活动内容

1. 开幕剪裁仪式

（1）军乐队表演。

（2）舞狮表演。

（3）播放迎宾曲、礼仪人员迎宾。

（4）签到入场

（5）歌舞表演。

（6）主持人宣布仪式开始。

（7）礼炮燃放。

（8）请领导和嘉宾致辞。

（9）睡狮点睛。

（10）嘉宾剪裁，留影。

（11）放飞气球。

（12）现场抽取幸运奖。

2. 仪式具体流程

开幕当天，9：00—9：30 最后一次检查，所有现场工作人员须到位（包括电源、声控系统、工作人员就位、人员的服装整洁等），典礼正式开始。

9：30—10：10 播放迎宾曲，军乐队演奏迎宾曲，会场入口舞狮表演，礼仪小姐迎宾，帮助嘉宾签到，为来宾佩戴胸花、胸牌，嘉宾入会场就座。

10：10—10：25 音乐改为舞曲，红绸被揭开，出现舞蹈者表演舞蹈《________》，以调动现场气氛，吸引现场公众的目光；

10：25—10：40 舞蹈结束，主持人上台宣布开业庆典仪式正式开始，主持人介绍贵宾，宣读祝贺单位贺电、贺信（鼓乐齐鸣）。

10：40—10：45 主持人邀请公司领导致辞。

10：45—10：50 主持人邀请嘉宾贺词。

10：50—10：55 主持人邀请公司领导及嘉宾代表为睡狮点睛，醒狮欢舞，请嘉宾欣赏舞狮表演。

10：55—11：00 主持人宣布剪彩人员名单，礼仪小姐分别引导公司领导和嘉宾到主席台。

11：00—11：10 主持人宣布剪彩仪式开始，公司领导及嘉宾为仪式剪彩，嘉宾集体留影，鼓乐齐鸣，醒狮欢舞（揭牌、采青、口吐对联），放飞五彩气球、派发小礼品将典礼推向高潮。

11：10—11：30 感恩抽奖，现场抽取三等奖 3 名、二等奖 2 名、一等奖 1 名，并颁发奖品，中间穿插节目，融洽整体活动氛围。

11：30 主持人宣布开业庆典仪式圆满结束。

3. 前期准备工作

准备音响设备，准备迎宾、剪彩等环节的背景音乐。

邀请主持人、音响师、乐队、舞狮、舞蹈表演、礼仪人员。

布置庆典现场印有公司 logo 的彩旗杆、花篮、拱门、主席台、庆典条幅、遮牌红绸、气球、桌椅、红地毯礼炮、日景彩弹、彩纸弹。

置高空气球飘在酒店群楼的上空，下挂彩带。

彩带内容：

“____公司期待您的支援和厚爱”“热烈欢迎参加____公司开业庆典的嘉宾”“____公司开业庆礼”“____公司开业大吉”“____公司诚邀天下宾朋”“____公司欢迎各级领导莅临指导”。

4. 邀请媒体：报纸电台、电视台等相关媒体。

确定剪彩人员名单，准备剪彩红色绸缎、新剪刀、托盘、手套等开典应备物品，相关人员（主持人、公司领导、嘉宾）演讲稿，及点睛所需物品（墨汁、毛笔）。

八、宣传方式

1. 电话邀约：电话内容统一，打电话时间表。

2. 短信邀约：短信内容以及发放人群、发放时间表。

3. 活动宣传画面：DM 单页、海报、展架、户外广告牌。

4. 店面宣传：DM 单页、吊旗、地贴、展架、海报。

5. 车体广告：本市出租车，车顶 LED 广告牌。

奠基仪式策划文案

奠基仪式是各类开业仪式的形式之一，通常是一些重要的建筑物，比如场馆、大厦、亭台、楼阁、园林、公园等，在动工修建之初，所正式举行的庆贺性活动。

对于奠基仪式现场的选择与布置，有一些独特的讲究和规矩。例如：奠基仪式举行的地点，一般应选择在动工修筑建筑物的施工现场。而奠基的具体地点，则按常规均应选择在建筑物正门的右侧。在一般情况下，用以奠基的奠基石应为一块完整无损、外观精美的长方形石料。奠基石上的字体，大都讲究以楷体字刻写，并且最好是白底金字或黑色字体。

另外，在奠基石的下方或一侧，还应安放一只密闭完好的铁盒，内装该建筑物的各项资料以及奠基人的姓名。届时，它将同奠基石一道被奠基人等培土掩埋于地下，以志纪念。

在传统思想中，奠基仪式是庄严的，身为策划者，可以从这个基调出发，策划一场庄严又不失热闹气氛的活动。另外，在文案中，策划人要将工作人员的责任细化明确，落实到人，对仪式过程中有可能出现的突发问题要做到谨慎防备，一经发现或察觉，通过灵活更改策划方案的方式，立即化解。

撰写模板：

____花园奠基仪式策划方案

一、活动时间

____年____月____日

二、活动地点

____花园

三、活动主办方

____建筑有限公司

四、活动主题、宗旨及原则

1. 突现招商引资、合作发展的丰硕成果。

2. 烘托 ____ 花园开工奠基的喜庆、热烈氛围。

3. 提高 ____ 市建筑公司社会知名度。

4. 展示 ____ 市建筑公司实力。

5. 整个活动原则要求内容大气、气氛热烈、场面恢宏、费用节俭、鼓舞人心、反响强烈。

五、活动场地布置

1. 活动场地大门口安置充气拱门一座，“热烈祝贺 ____ 花园奠基仪式隆重举行”的巨型横幅安置其上；两个喜庆的灯笼立柱竖立在两边，和拱门形成呼应。

2.____ 名礼仪小姐分别站立在大门两边欢迎到场的领导和嘉宾。乐队演奏欢快的乐曲，歌手演唱歌曲迎接领导和嘉宾的到来。

3. 大红地毯一直从大门入口处铺设到主会场舞台下，奠基现场布置在舞台的前方右侧。奠基现场，挖造直径 ____ 米奠基坑，中间放置高 ____ 米、宽 ____ 米、厚 ____ 米奠基石，上覆盖红布，周围放置 ____ 把彩锹。

4. 舞台上配置专业音响设备，立式麦克风两个，特制特大喷绘背景直接突出整个活动的主题。背景上有两条头靠在一起的巨龙（准备为龙点睛），上方两侧绘制“二龙戏珠”图样，寓示龙的传人，巨龙腾飞，龙都兴盛。中上方书“____ 市 ____ 花园开工奠基仪式”。喷绘背景周边用气球包边装饰。背景前放置 ____ 个花篮，舞台前方布置冷烟火一组。

5. 舞台正面地毯两侧安置遥控礼花两组、喷射礼花两组、礼炮车一辆。

6. 签到台放置一盆鲜花作点缀。专业礼仪小姐负责全部接待签到引位。

7. 充气气球 ____ 个，布置在舞台的两侧。

8.____ 面彩旗布置在会场的四周

六、活动仪式策划

1. 奠基仪式活动前一周

（1）事先将奠基石预埋位置确定好，订购奠基石并刻好文字；订购请帖并落实好被邀请人名单，印制好后安排专人负责发放；选购好礼品（或纪念品）并做好宣传资料印制等相关事宜。

（2）确定好仪式当天所有工作人员，如接待人员、礼品发放、安全保卫、协调配合等，成立奠基仪式工作组。

2. 活动前一天

（1）工作人员进场按设定好的布置方案开始布置会场。召集所有工作人员开活动筹备协调会，分配好活动当天各自的岗位工作，具体事情落实到个人。

（2）召集所有工作人员开活动筹备协调会，分配好活动当天各自的岗位工作。具体事情落实到个人。

3. 活动当天

07：00 全部场地布置完毕，音响设备安装调试完毕，主持人最后落实并排好领导及嘉宾讲话名单和顺序。各相关协调人做好最后准备。现场负责人检查督导；礼仪小姐为来宾佩戴胸花。

07：00 乐队奏响喜庆的音乐，将四面八方的群众聚集起来，预热活跃现场的气氛，拉拢人气。庆典主持人主持歌曲演唱，在演唱期间主持人宣布庆典的内容、庆典意义，渲染气氛。

08：00 主持人致开场白，宣布仪式开始，并逐个宣读到场的领导和嘉宾以及祝贺单位。礼仪小姐配合将领导和嘉宾带到主席台上指定位置。

08：05—08：10 主办单位领导致欢迎辞。

08：10—08：15 开发商领导致辞。

08：15—08：20 相关单位领导致辞。

08：20—08：25 县领导致辞。

08：25—08：28 司仪宣读奠基领导姓名 . 乐队奏迎宾曲。

08：28 请领导宣布奠基仪式正式开始。全体肃立、脱帽奏国歌。

08：30 请县领导、开发商董事长两位为巨龙点睛（两名礼仪小姐手托托盘，上面备有毛笔、墨水），点睛之后放礼花。

08：38 相关领导在礼仪人员的带领下来到奠基石处。在奠基仪式开始的同时燃放礼花炮。工作人员在指定位置燃放鞭炮和礼炮。

08：50 仪式结束。所有参加仪式的领导和嘉宾一起合影留念。预留部分领导和嘉宾接受现场新闻单位记者的采访，做好后期宣传工作。

公司年会策划文案

企业年会是年会形式的一种，而所谓年会，通常是指某些社会团体一年举行一次的集会，是企业和组织一年一度的“家庭盛会”。近年来，无论企业规模大小，越来越多的企业都会选择在年底举行一次年会来进行一年的工作回顾，总结提高并为下年的工作提前奠定基调。

对于企业年会的策划，首先要确定年会的形式，是酒店晚宴演出的形式，还是农家乐或旅游的形式。由于每个公司的企业文化，员工兴趣以及领导喜好都是不同的。因此，企业究竟以何种形式欢度盛会，都是年会策划人需要精心考量的。

撰写模板：

企业年会策划书

一、年会的意义

年会是企业的重大节日，它就像是春节，标志着一个企业和组织一年工作的结束。企业年会会伴随着企业员工表彰、企业历史回顾、企业未来展望等重要内容。一些优秀企业和组织还会邀请有分量的上下游合作伙伴共同参与这一全司同庆的节日，增加企业之间的沟通，促进企业之间的共同进步。

二、年会的目的：促进企业文化的发展

1. 增加员工的归属感。

（1）为了减少员工流失，很多公司会用活动来留住员工，让员工兴奋而采取行动，让更多的员工看到跟公司干的希望。展示公司辉煌，让员工家庭更支持自己在公司干；所以年会一定要与往年不一样，一定要让员工感觉“我在这个公司是无比幸福的”。

（2）是为了激发员工的动力、调动员工的积极性，让员工在新年伊始就对工作产生高度热情，迅速进入工作状态。

2. 感恩顾客。

（1）以公司名义发出邀请函，邀请一些一直支持公司产品的大客户来参加我公司年会，在年会现场感恩客户，并向客户展示我们的团队及公司文化，借此向客户传递印象。

（2）邀请一些意向客户来参加年会，在年会的现场让老客户做分享，以此来打动新客户，让新客户对公司产生良好印象。

3. 拉动其他力量。

（1）邀请几位合作伙伴，向他们展示我们的规划及团队，以此来增加他们对我们的信心及依赖度。

（2）邀请几位地方相关部门的领导，向他们展示我们的文化及对地方经济的拉动性和贡献度，以此获得更多政策上的支持。

三、前期准备

1. 筹划准备：确定会务主要负责人，成立筹备组。

2. 年会活动前夕由企业公关部发出邀请函。

3. 确立场地后，由筹划小组提供会场及舞台布置设计方案和效果图，以便董事会定夺最后方案。

四、前期执行

1. 最终确认年会流程和年会节目。

2. 准备和制作场地布置道具及相关活动器材。

3. 确定员工表演项目及主持人。

4. 安排年会晚宴场地、营造年会气氛。

5. 设立迎宾接待礼仪组（负责供应商及客人的接待及停车指引、颁奖的礼仪等服务）。

6. 设立物品采购配送组（所有年会物资的采购）。

7. 设立聚餐组（负责安排就餐的座次及聚餐现场的督导）。

8. 设立晚会组（负责整个晚会的节目安排、演练及主持工作）。

9. 设立抽奖组（负责证书的制作和奖品的保管、发放、搬运）。

10. 设立宣传组（负责主席台搭建、横幅制作、现场音响和录像等）。

11. 设立交通指挥组（负责停车场引位、实现有序有效停车）。

注：围绕流程进行采购（所需物资如：红地毯、追光灯、花环、奖杯、奖牌、嘉宾胸花、礼炮、奖品、元老条幅等，必先提前两天配齐）。

五、参加年会人员

1. 所有公司在职员工必须参加企业年会，除极特殊情况者可向总经理提出申请，由总经理批复后方可缺席年会活动。

2. 公司各部门领导如无意外，必须出席。

3. 受邀的客户、嘉宾及领导。

六、会场的布置

1. 确保年会活动全程具有良好的音效与整洁的环境，以便给人一种绝对放松的感受。

2. 场地两边挂与公司理念相关的一些条幅（如：公司文化的展示、产品、愿景、使命、口号等以展架的形式展示在年会现场，并通过员工风貌体现）。

3. 会场后方悬挂年度业绩前十名业务员巨幅照片。

4. 公司优秀员工、元老和总经理的照片做成展架摆放在会场两侧，以供参观。

七、具体流程

1. 全员到签到处点名，安排岗位（要求会务组的所有成员必须着统一服装）。

2. 客户签到，（客户佩戴胸花）由公关部成员带领，走红地毯，签名后，由主持人引导进会场，红地毯两侧主管们热烈欢迎伙伴、嘉宾入场，聚光灯引位。

3. 主持人上场，自我介绍及热场，介绍到场嘉宾。

4. 播放 ____ 年度全年回顾视频。

5. 颁发奖励：主持人逐次邀请获奖人员上台领奖、分享、合影。（颁奖过程中可适当穿插一些文艺节目）根据公司需要可设置如下奖项：

（1）____ 年度业绩前 10 名员工。

（2）最佳状态奖 ____。

（3）无私奉献奖 ____。

（4）狼性团队奖 ____。

（5）最上进员工奖 ____。

（6）最大贡献奖 ____（在过去的一年里，对公司有着某一方面的巨大贡献的）。

6. 团队展示，向在场所有的人展示我们的团队，展示我们的文化，展示我们的状态，展示我们的决心，展示我们的优势、势气、状态、礼仪等。

7. 地方领导发言或者相关领导发言。

8. 公司领导做总结激励性发言，将全场所有人的情绪推向顶点。

9. 主持人宣布大会正式结束。

10. 自助晚餐（中间可适当穿插一些娱乐节目）。

婚礼策划文案

婚礼是一种民俗、宗教仪式或法律公证仪式，其意义在于获取社会的承认和祝福，防止重婚，帮助新婚夫妇适应新的社会角色和要求，准备承担社会责任。所有的民族和国家都有其传统的婚礼仪式，是其民俗文化的继承途径，也是本民族文化教育的仪式。婚礼也是一个人一生中重要的里程碑，与出生（满月）、成人礼、丧礼一起被称为人生仪礼，即一个人在世间成长过程中的一系列仪式。

婚礼是热恋中的男女最幸福、最浪漫的时刻，作为婚礼策划师应该根据每对新人的不同爱好、追求以及诉求点而为新人量身定做合适的婚礼。

撰写模板：

婚礼策划文案

新郎姓名：____

电话：____________

新娘姓名：____

电话：____________

婚礼时间：____ 年 ____ 月 ____ 日星期 ____

婚礼地点：________ 酒店

预计客人：________人

整场婚礼策划定位：

根据新人及其长辈家人对婚礼的要求和已预订的婚宴场地，以及来宾的社会层次、结构、人数、年龄等，建议采用中西式结合的形式来演绎整场婚礼。

整个婚礼及现场布置的风格集喜庆、热闹、庄重、浪漫、神圣、现场来宾互动共欢、气派气势于一体；让新人与所有来宾投入和共享欢乐的同时，感受到这是一场有档次、集传统及特色于一体、别具风格的婚礼！

一、婚礼前：准备事项

男方：

____月____日前（婚礼前一周）：婚礼总管人选的确定。

婚礼总管的职责：

A. 负责配合婚礼准备事项的要求（包括新人方需准备的事项及婚庆公司婚礼流程上需要配合的事项），协助参加婚礼的人员的组织和召集。

B. 对该准备事项进行分工、设定完成时间及监督追踪保质保量到位。

____月____日前（婚礼前三天）：

1. 派发请帖，通知所有朋友参加婚礼，并落实参加婚礼的人数。

2. 新郎准备好结婚戒指。

3. 购买喜烟喜糖、水果、饮用水、饮料、花生瓜子、茶杯、水果，婚礼上用到的红包要封好。

4. 购买好新房布置物品，布置好新房（新房布置：对联、各式喜字、鲜花摆饰、气球、彩带、轻纱、透明胶、绳子、剪刀）。

5. 准备在男方家附近一间餐厅定好婚礼当日中午用餐。

6. 父母亲准备好给新人的礼物（一般为首饰）及红包。

7. 向酒店拿桌位表及桌上的名单卡。

女方：

____ 月 ____ 日前（婚礼前一周）：婚礼总管人选的确定。

A. 负责配合婚礼准备事项的要求（包括新人方需准备的事项及婚庆公司婚礼流程上需要配合的事项），协助参加婚礼的人员的组织和召集。

B. 对该准备事项进行分工、设定完成时间及监督追踪保质保量到位。

____ 月 ____ 日前（婚礼前三天）：

1. 派发请帖，通知所有朋友参加婚礼，并落实参加婚礼的人数。

2. 女家：大红伞及婚纱礼服、新鞋、头饰（新娘妆头饰、首饰由化妆师带备）、首饰、新衣服。

3. 准备好婚礼当天的汤圆糖水。

4. 伴娘团集体开会，共商婚礼当日细节及玩开门红包的游戏。

二、婚礼当天进程

1. 上午接亲。

8：00 新娘化妆开始，新郎准备更衣。

9：00 新郎乘坐花车迎接新娘。

9：30 新郎到达新娘家，新娘蒙红盖头，在伴娘的伴随下，由新郎手持的大红绸牵着，慢慢地登上花车。

10：20 花车到达酒店，在众人簇拥下进入婚礼现场。

2. 婚礼开始。

11：00 婚礼开始，新娘更换服装。

11：15 主持人准备、音响准备、结婚证书、戒指准备，气球、手拧礼炮到位。

11：20 奏乐，新人入场。

主持人宣布婚礼开始。

证婚人宣读结婚证书。

主婚人致辞。

新人父母上台。

新郎新娘交换戒指。

新人给父母敬茶。

双方父母代表讲话。

亲友代表讲话。

双方父母退场。

新人开香槟、喝交杯酒。

12：00 婚宴正式开始。

12：00 新郎新娘退场，新娘换礼服。

12：15 新郎新娘逐桌敬酒。

13：30 结束宾客与新人合影。

3. 下午休息。

1. 14：00 宾客离开。

2. 14：30 新郎新娘进餐、休息。

3. 14：30 清点所剩烟酒糖等。

4. 14：30 统计晚餐人数。

4. 晚餐。

17：00 通知酒店晚餐准备数量。

18：00 请宾客进晚餐。

20：00 最后清点所有物品。

21：00 闹洞房。

文化娱乐活动策划文案

文娱活动是指以文化、娱乐内容为主的，有一定组织和规模的群体社会活动，包括演出、讲座、展览、比赛、体育运动、小型现场等的活动。

现实生活中，文娱活动是企业文化建设的重要组成部分，同时文娱活动也是员工文化生活的重要组成部分，对于提高员工综合素质有着独特的作用。

不仅如此，文体活动也是推动企业文化传播的重要媒介之一，多样性的活动在影响员工的精神和行为的同时，也能够间接加强企业职工的凝聚力和企业在同行业中竞争力。

“文娱”这两个字虽然包含了文化与娱乐两个词语的意思，但其实“文娱”更偏重于娱乐，作为活动策划者我们要清楚牢记这一点，从而在活动中添加更多娱乐的元素，让参与者乐在其中。

撰写模板：

____ 公司文化娱乐互动策划文案

一、活动目的

为了丰富员工的业余生活，给辛勤工作的员工提供一个愉悦身心、沟通感情的好机会，公司决定在 ____ 月 ____ 日组织一场丰富多彩的文化娱乐活动。

希望本次活动，能够在轻松的氛围中拉近员工之间的距离，增强大家的团队合作精神，同时帮助员工调节身心状态，让“心”短暂地休息，以便能为以后的工作投入更高昂的热诚。

本次活动以娱乐为主线，在聚餐、唱歌的同时穿插小游戏，对游戏获胜者进行奖励，对失败者进行善意惩罚。

二、参与对象

公司在职员工（可携家属共同参加）。

三、组织和实施部门

公司人事行政部和各部门主管。

四、活动内容

1. 自助晚餐

员工在活动当天准时到达指定地点就餐，晚餐形式以自助餐为主，用餐过程中播放舒缓的背景音乐，并穿插互动小游戏。

2. 游戏介绍

（1）钻呼啦圈

员工分成两组，分别排成两队，每队员工手牵手，呼啦圈依次从第一个人穿过直到最后一个人，穿过时员工不能松开手，只能动身体使呼啦圈穿过。用时最短的队伍为胜。

比赛规则：整个过程中安排裁判员跟踪监督，一旦发现员工松手，则判犯规，取消比赛成绩。

（2）结队而行

参赛人员：以公司各部门为单位分成小组参赛，每组 5 人。

比赛方法：比赛开始前先把每一组人员的左腿和右腿分别绑在一起，多组并排一起站在起跑线上，裁判喊“开始”时，各队齐出，整个过程中绳子不能散开，否则取消比赛成绩，以到达终点的先后顺序决定名次。

（3）踩气球

参加人员：每个部门派出 3 人。

游戏规则：每个参与者的脚上各绑上数量相等的气球，规则就是要想尽一切办法踩爆其他人的气球，同时尽量保护好自己的气球，最后看谁剩下的气球多，谁就是赢家。

（4）你画我猜

参加人员：每个部门派出 4 人，2 人一组。

游戏规则：2 人一组，一名成员在得到信息后以画画的形式画出来，让另外一名同伴猜出所画的是什么，在此期间画画的成员不得说话，也不能在画板上以写字的方式向猜谜者传达信息内容。

（5）抢凳子

道具：凳子若干。

游戏开始先把凳子成圆形，按参加人数减一计算，即 15 人摆 14 把椅子。然后，参加人员在凳子外面围成一圈，主持人示意播放音乐，参加人员在音乐开始播放后沿着圆形顺时针或逆时针跑动，当音乐停下时参加比赛的人员要迅速找到一张凳子坐下。没有抢到椅子的成员被淘汰出局，这时要把凳子继续减少一把，其余的人继续玩，直到剩下最后一人为止。

（6）KTV 唱功大比拼

参加人员：各部门派出两组选手参加比赛（可选择独唱方式或合唱）。

道具：分贝测试仪。

在员工演唱时，主持人会将分贝测试仪放到指定位置，测出现场欢呼声分贝，各部门员工演唱完毕后，以分贝测试仪测试到的分贝音量为准由上至下，评判选手名次。

五、活动要求

所有倒休及休息的员工要积极参与，员工要服从命令、听从指挥。办公室人员要认真负责，做好活动前的筹备工作。通过此次活动的开展，丰富员工的业余文化生活，增强员工的凝聚力，营造积极向上、和谐文明的良好氛围。

公益活动策划文案

公益活动是指一定的组织或个人向社会捐赠财物、时间、精力和知识等活动。通常，公益活动多是由企业、学校等各个组织所发起的，生活中常见的公益活动有义务植树、献血、捐款、爱心助学、关爱孤寡老人等。社会公益事业是中国优良传统的延续，是构建社会主义和谐社会的内在要求。同样，也是每个企业所担当的责任，更是每个企业家心中应有的良知。

作为企业活动的策划者，在举行公益活动时一定要本着弘扬公益精神，以宣传社会公德、倡导公益文化、开展公益实践、塑造公益形象为宗旨，开展公益活动，不可以在活动中为企业大肆攫取利益。这种做法一旦曝光，无疑会为企业形象带来巨大的负面影响。

撰写模板：

____公司大型公益活动策划方案

一、活动主题

关爱留守儿童，散播爱心阳光。

二、活动目的

响应政府“建设社会主义新农村”号召和“青春家园建设”关爱行动，与共青团____市委、____市关心下一代工作委员会、____市青少年发展基金会、____市文化局、____晚报社、____爱心文化传播中心等单位联手，推出大型公益活动“将温暖送给留守儿童”。

三、活动意义

1. 提升企业品牌知名度和美誉度：义拍助学是一项大众关注度极高的

公益活动，开展这次活动的好处在于，能够依托较广的受众面，能快速推广品牌，且大众认知较快。

2. 舆论宣传导向和新闻炒作：作为公益活动本身就有一定的新闻价值，通过合理的炒作为 ____ 公司营销活动造势，增强大众对金马之家这一品牌的记忆、认知和好感。

3. 提升企业形象及实际销售额：对于一个企业来说，获得大众认知便是企业的无形资产，社会效应越好，越能带动公司业绩飞升。

4. 符合公司的经营理念：____ 总裁曾多次在公司的会议上提出过企业使命感，在我们以全方位的产品定位解决了消费者的家装痛苦同时，我们同样要在公众心中媒体眼中塑造一个公益形象，营造优秀的企业文化，树立员工的价值观，通过感动人心的宏伟工程，为企业长足发展打下坚实的基础。

5. 经济效益和社会效益双赢：

（1）通过整合优势资源，有效实现品牌形象战略目标。

（2）义卖（义拍）活动能有效吸引客流到卖场，从而提升经济效益，公众对于公益事业的热情较高，通过长期的公益活动，能获得良好的社会效益。

（3）因公益事业是政府部门极为关注的一项长久性事业，本次活动又联合了多家政府职能部门，从而树立了良好的政府形象。

（4）事半功倍的营销推广效果：本次活动主题突出，题材鲜明，受大众及媒体、政府部门关注程度高，能取得事半功倍的品牌推广效果。

四、义卖（义拍）活动分析

1. 活动内容：____ 公司联合商户提供近百万价值的义卖产品，义卖款项作为爱心专款全部捐献 ____ 市关爱儿童的福利机构和弱势群体。

2. 活动时间：____ 年 ____ 月开始启动，至 ____ 年 ____ 月结束。在 ____ 个月的时间里开展一系列爱心义卖义拍及捐赠活动。

3. 义卖产品来源：

（1）目前公司的 ____ 基地尚有一批库存 ____、____、____ 等，可以作为义卖商品。

（2）计划在 ____ 个月的时间里，组织 ____ ~ ____ 次公益性主题促销和若干次捐赠活动，预计每次需提供价值 ____ ~ ____ 元的家具建材商品进行义卖，作为捐赠款项资助贫困儿童。

五、扶助对象

以 ____ 省 ____ 市的贫困儿童为主要扶助对象。

六、媒体支持

1.《____ 晚报》扶助行动栏目。

2.《____ 晨报》。

3.____ 电视台《________》栏目。

4.____ 广播电台。

七、本次拍卖活动操作细则

1. 本次义拍活动为无底价义拍，即所有拍品 0 元起价，参与竞拍者自由叫价，最低喊价幅度为 ____ 元人民币。

2. 本次拍卖会拍品由 ____ 公司进行提供，主要拍品有 ____、____、____ 等拍卖品。

3. 本次拍卖会所得款项用于资助 ____ 市弱势群体。

4. 本次拍卖会在 ____ 公司附近广场举行。

5. 本次拍卖为无底价拍卖，最终收入经公证处公证后存入指定银行账户，作为今后公司开展公益活动的资金。

旅游活动策划文案

旅游活动就是指人们出于移民和就业之外的其他目的，离开自己的常住地而外出旅行和在外逗留的活动。旅游的益处很多，通过旅游，人们不仅可以亲眼观察到美丽的自然和人文景观，还可以了解到各地不同的气候、动植物和特产，亲身体验到各地不同的民风民俗、饮食习惯和宗教信仰，以及对生活的理解。让人开阔眼界，增长知识和见闻。

近年来，注重企业文化的公司渐渐将目光看向了旅游这项对员工身心都十分健康的户外活动。在长途跋涉的徒步旅行中，不仅能够增强员工的团队意识，增进互相协作的能力，也能够凭借大自然的奇特风光起到感染员工身心，调动员工积极性的作用，可谓一举多得。

在发起旅游活动的策划之前，策划者本人需做好踩点工作，提前发现景点可能存在的危险，一一排除，最终选出最佳地点，同时还要考虑活动的经费问题，不要因为经费数目少而带给大家一场质量不好、体验极差的旅游活动。

撰写模板：

____ 公司旅游活动策划书

一、活动主题

“相约 ____，清凉一夏！”

二、活动目的

为丰富员工业余文化生活，增强员工对企业的认同及归属感，促进员工之间相互沟通及团队协作，本公司特定于 ____ 年 ____ 月组织员工集体外出活动。

三、活动宗旨

1. 加强团队凝聚力与团队协作能力。

2. 激发职员参与公司各项活动的热情。

3. 休闲娱乐，缓解工作疲劳。

4. 加强和巩固职员对公司的管理制度、企业理念的认同感。

四、活动对象

____ 有限公司连续工作满一年以上的在职员工，合计 96 人（名单统计于 ____ 年 ____ 月 ____ 日，如有特殊增减，以活动当日参加人数为准）

1. 工龄满 2 年人员：35 人。

2. 工龄满一年人员：41 人。

3. 管理层：5 人。

五、费用归属

本次旅游计划中定义的交通费、景点门票、餐费由公司全部承担，其他消费（如：景点娱乐项目、旅游计划中无定义的景点门票、私人聚餐等）自行承担。

六、出勤

参加员工在活动当天按出勤记录考勤。原则上公司连续工作满一年以上的在职员工都应积极参加本次活动，确因特殊原因不能参加的人员，公司不给予额外的经济补偿。

七、公司组织者及领队

人事行政部、导游。

八、活动方案（见下表）

序号	活动项目	费用标准	费用包含	备注
1	____漂流一日游	198元/人	1. 公司出发往返交通 2. 旅游景点门票 3. 午餐 4. 保险 5. 饮用水 6. 导游	
2	____草莓园一日游	175元/人	1. 公司出发往返交通 2. 午餐 3. 草莓采摘 4. 饮用水 5 . 导游	
3	____游乐场一日游	168元/人	1. 公司出发往返交通 2. 旅游景点门票 3. 午餐 4. 保险 5. 饮用水 6 . 导游	

以上三种活动内容由参加活动的员工投票选出。

九、旅游活动注意事项

1. 在旅游过程中，请大家随时注意自身安全，如无特殊原因，请勿擅自离团自由活动。全程必须服从旅行社统一安排。如遇特殊事情，如去洗手间，请告知导游、带团负责人或其他团友。

2. 在游览过程中请大家务必遵守时间，听从导游和领队安排。

3. 去旅游前请大家准备适量现金、身份证，以备旅途中使用。旅行中务必小心保管自己的行李、手机、钱包、相机及其他贵重物品。

4. 如有晕车、晕船等现象者，请提前备好药品，并在出行时提前告诉导游和领队，以防途中发生异常反应。

5. 旅行时，请大家要特别注意服装和鞋子，尽量要轻装出行，少带杂物，以减轻负荷；鞋子要选用球鞋、旅游鞋，勿穿高跟鞋，以免造成徒步行走不便。

春节晚会策划文案

春节联欢晚会简称为春晚。顾名思义，春晚是在每年除夕之夜为了庆祝春节而开办的一场文娱盛会。自20世纪80年代以来，一年一度的央视春晚早已深入人心，成为家家户户大年三十必不可少的“年夜饭”。

作为中国最悠久的传统节日之一，春节凝结着中国人的伦理情感、认同情怀，可以说是国人心中最重要的日子。正因如此，很多企业在对春节的福利安排上显得极为“走心”——年终奖、拜年红包、年夜饭等五花八门的福利活动。

春节的独特性和不可替代性，让很多企业家纷纷以公司春晚的形式试图将这些心愿通过节目所承载的文化体现出来，满足员工的需求，这也是企业春晚的由来。

企业春晚是一项综合性的活动，既要对晚会的节目、形式等提前策划安排，还要加强晚会进程的指导，活动组织要求高，难度较大，准备周期较长。具体策划组织企业春节文艺联欢晚会要注意以下问题：

1. 确定晚会形式

一场成功的晚会总有一名成功的导演，策划企业春晚，首先要考虑晚会的目的，明确晚会的形式。

2. 积极做好晚会各项准备工作

在确定晚会的主题和演出时间、地点后，就要积极做好一系列准备工作。

3. 做好演出后的各项工作

企业大型春节联欢晚会演出结束后，一般情况下组织人员会在思想上有所放松，对演出后的工作考虑不多。其实文艺晚会演出后，还有很多工作要收尾，例如做好演出场所的清理工作，避免各种安全隐患；水电是否关闭等；另外也要做好晚会的总结工作，对晚会组织的各工作环节进行经验总结，以发现问题，提高组织类似活动的能力。

撰写模板：

____ 有限公司春节晚会策划书

____ 年春节即将来临，而我们的全体员工仍在全力以赴工作，大家都很辛苦，也很认真，身心都感到一定程度的疲惫。所以通过这次活动，一方面给大家减压，增强员工内部的活力与凝聚力；另一方面通过活动的安排，让大家感受节日的欢乐与 ______ 大家庭的温暖。

一、活动主题

因为有你，所以精彩——____ 年 ________ 有限公司新春联欢晚会。

二、节目形式

节目设置上总体迎合各年龄层次观众的口味，以年轻化为主，并要求节目形式以及总体设计上的新颖，这是本次晚会筹备的首要任务。同时要采用一些传统的节目，丰富本次晚会的节目形式，使本次晚会定位于流行与传统相结合，这将是本次晚会的出彩点。

同时，本次晚会将采用大量的多媒体技术，全方位提高春节晚会的技术含量以及品质，也能提升现场热度。

三、主办单位

________ 有限公司。

四、参加对象

________ 有限公司全体在职员工、公司各级领导及外界嘉宾、代表。

五、活动时间

____ 年 ____ 月 ____ 日 ________ ~ ________。

六、活动地点

晚会、晚宴现场：________ 国际大酒店。

七、组委会组员

组长：____

副组长：____

成员：____

主持人：____

八、晚会组委会工作职责

1.____ 负责晚会筹备总协调、晚会节目筛选、活动费用申报、领导邀请确认。

2.____ 负责晚会方案编写、晚会策划、节目编排、主持稿编写、抽奖票制作、晚会特别节目、晚会服装、领导邀请、晚会背景设计、晚会现场确定、活动晚宴餐饮、费用核算；

3.____ 负责晚会现场纪念品、奖品保管及发放、统计及保管、嘉宾台签制作、现场布置、晚会礼仪小姐安排。

4.____ 负责晚会筹备工作调度、现场节目调度、奖品、礼品采购、节目筛选、彩排确认跟踪、晚会筹备进展跟踪、活动费用申请。

5.____ 负责舞台搭建、晚会物资采购、评委安排、节目道具安排、服装租订、礼花放置、车辆安排、现场秩序及安全工作。

6.____ 负责晚会拍照、音响、灯光、节目音乐、舞台现场布置、演员召集、晚会完毕清场工作。

九、现场连线、电话传情

为了使 ____ 公司晚会更具有特色，加深企业与职工家庭情谊，故公司公关部找到部分员工的家人，在春晚的间歇中现场连线通话，转达公司对职工家属真挚的慰问、新年问候，同时也让被选中的员工收获一份感动与惊喜。

十、晚会节目评选活动

为了鼓舞员工辛勤的努力和高扬的激情，本评选活动特设定晚会节目部分奖项来鼓舞他们的工作热情、调动他们的积极性，使他们在以后的工作和活动中充分发挥自己的特长为公司服务。

十一、活动内容及流程

1. 活动预备事项（9：00—16：30）。

2. 员工乘车前往酒店（16：50）。

3. 活动晚宴（17：30—19：00）。

4. 新春晚会开始（19：15）。

5. 领导介绍及领导致辞。

6. 节目表演、互动游戏环节、各项奖项抽奖、电话传情。

7. 晚会节目评选活动及颁奖。

8. 晚会结束（21：45）。

十二、晚会注意事项

1. 本次晚会各单位推选的节目须在 ____ 年 ____ 月 ____ 日前上报；各节目的审核、筛选须在 ____ 年 ____ 月 ____ 日前完成；晚会整体彩排须在 ____ 年 ____ 月 ____ 日前完成。

2. 晚会各项奖项抽奖奖品采购须在 ____ 月 ____ 日前完成；晚会所须物资及演员、工作人员礼品采购须在 ____ 月 ____ 日前完成。

3. 晚会活动所有费用预算及审批须在 ____ 月 ____ 日前完成；舞台搭建、服装租订、现场布置须在 ____ 月 ____ 日前完成。

4. 节目单、主持稿、奖券制作、现场布置所需文档须在 ____ 月 ____ 日前完成；各级领导及嘉宾邀请确认须在 ____ 月 ____ 日前完成。

5. 活动晚宴酒店、餐饮、酒水、车辆及物资采购须在 ____ 月 ____ 日前完成。

6. 音响、灯光、拍照、音乐、节目 CD 的聘请及确认须在 ____ 月

____ 日前完成。

7. 主持人化妆、演员服装整理、晚会各项工作确定须在 ____ 月 ____ 日前完成。

8.____ 月 ____ 日上午发放抽奖券给各单位；下午 ________ 前员工到达酒店时，将抽奖券投放于抽奖箱，抽奖箱于晚会开始前封箱，由晚会组委会保管。

9. 员工入场后，各单位做好人员核对工作；出行中特别注意人身安全及自身形象问题。

10. 本次活动员工坐车、晚宴、入场、领奖均以员工厂牌为证，请大家参加活动时带好自己的厂牌，便于组委会工作人员识别。

11. 全体晚会组委会成员须在演出当天 15 时 30 分前达到晚会活动现场，进行舞台现场布置及晚会流程确定工作。

12. 本次活动车辆由晚会组委会统一安排。演出当天 16 时 50 分全体人员在展厅前集合乘车前往酒店，21 时 45 分在 ________ 国际大酒店门口乘车返回公司，住市区的人员可自行前往、返回。

圣诞节活动策划文案

圣诞节这个名称是“基督弥撒”的缩写。在西方，圣诞节是基督教最大的节日，也是西方的传统节日。改革开放之后，随着欧美流行文化的进入，“圣诞节”这个节日逐渐被国人所熟知。

对于商家来说，肯定不会错过任何一个可能为其带来利益的大型节日。随着圣诞节在世界各地的盛行，很多策划人也纷纷做起了圣诞节的噱头，就拿百货商场来说，圣诞节将要到来之时，各种各样的促销打折活动层出不穷，花样繁多，以吸引人们走进商店，为自己心中重要的人选择圣诞礼物。

撰写模板：

____ 百货商城圣诞节营销活动策划文案

一、前言

圣诞节是一个象征着幸福、美好的节日。____ 百货商城将充分利用这个特殊的日子，力争最大程度使 ____ 市的消费者感受到节日的快乐平安。而我们的主要消费群体为家庭消费群体，家庭消费就商场而言多在孩子身上。基于此，____ 百货商城策划了一系列活动，以吸引孩子带动家长前来狂欢购物，同时结合场内的各种商品促销，使 ____ 百货商城在活动期间人潮涌动，快乐狂欢，开心购物！

二、活动主题

圣诞嘉年华

三、活动时间

____ 年 ____ 月 ____ 日—— ____ 年 ____ 月 ____ 日

四、活动目的

1. 对儿童进行趣味科普小讲座，在欢愉的氛围中让孩子们知道圣诞节是外国人的节日。

2. 让儿童体验与父母在一起欢度节日的幸福与快乐。

3. 培养儿童勇敢地在集体面前展示和表现自己。

4. 百货商城销售活动以儿童为主线亮点，再结合卖场内商品促销，营造出一种圣诞狂欢氛围。

五、圣诞嘉年华系列活动具体内容

日期	机构名称	游戏项目	备注
12.21	________文具	1. 音乐剧《圣诞》 2. 圣诞老人讲解圣诞由来 3. 互动问答 4. 剪纸艺术 5. 圣诞颜色涂画	
12.22	________琴行	1. 摆放电子琴及架子鼓等乐器现场演奏圣诞曲，并且现场教导孩子简单的乐器小知识 2. 互动游戏 3. 准备____套圣诞童装，在工作人员及家长的陪同下，带领小朋友们巡游百货商城	
12.23	________玩具	1. 音乐剧《冰公主》 2. 互动游戏 3. 圣诞老人巡游，并带来三台扭蛋机 4. 小朋友免费使用扭蛋机抓取玩具 5. 圣诞老人为没有抓到礼物的小朋友们发放纪念品	
12.24	________糕点	1. 卡通表演《米老鼠》 2. 使用“拍立得”相机为小朋友与卡通人物免费合影留念 3. 亲子活动：DIY 蛋糕 4. 蛋糕烘焙（烘焙期间蛋糕店拿出符合圣诞节气氛的卡通形状糕点供小朋友及家长们免费品尝） 5. 由专业人员评选出最佳亲子 DIY 蛋糕，并颁发奖品，对其余参加活动的小朋友们同样提供纪念奖	
12.25	________百货商城总部	暂时保密	

注：（1）各机构活动当天做好统筹及宣传工作，并现场邀请顾客参加。

（2）各机构工作人员活动当天需穿戴能够衬托出圣诞节气氛的服装。

（3）各机构准备巡游糖果及零食。

元旦晚会策划文案

元旦，是公历新的一年的第一天，即世界多数国家通称的“新年”，在一些地方也被称为“新历年”。在这一天，很多企业或者学校会纷纷自发组织一台文艺晚会，为即将逝去的一年画上一个圆满的句号。元旦晚会是一个企业比较重要的集体活动之一，一场质量高、气氛好的元旦晚会对于企业或者学校凝聚力和向心力的提升有着至关重要的作用，元旦晚会的好坏也是检验各部门协作能力的试金石。因此，每一位企业家或校领导都应对元旦晚会这项工作加倍重视，并且尽早谋划。

撰写模板：

____ 元旦晚会策划文案

一、活动目的

为了丰富公司文化生活，加强企业文化建设和各部门之间的交流，同时缓解大家一年来紧张工作的心情，公司管理层会议决定特此举办 ____ 年 ____ 公司元旦晚会，以此激励所有企业员工迈好新生活的第一步。回首过去，展望未来，举办 ____ 年公司元旦晚会既是对过去一年的总结，也希望为即将来临的 ____ 年打造一个良好的开端！

二、活动单位

主办单位：____ 公司

承办单位：____ 公司行政部

策划单位：____ 公司宣传部

三、活动对象

____ 公司所有在职员工

四、活动日程

时间：____ 年 ____ 月 ____ 日

地点：____ 公司礼堂

五、节目要求

1. 节目来源：

（1）每个部门准备 1 ~ 2 个精品节目，送至宣传部审核筛选并确定。

（2）元旦晚会受邀艺人每人准备 1 ~ 2 个节目。

2. 节目内容：节目形式新颖，类型多样，积极向上，切合主题，能够反映当代员工思想生活。

六、各部门任务分配细则

1. 主席团：

（1）负责整场活动，包括准备期和后续环节。机动参与活动的准备与进行。

（2）向各单位、部门下发 ____ 年公司元旦晚会的通知，并要求各部门准备晚会节目。

（3）随时向相关部门了解工作进度，并与各部门主管多加沟通。

（4）确定活动到场嘉宾及艺人名单，并发送邀请函。

2. 秘书部：

（1）将策划书、活动流程单、内部流程表、台签、节目单、主持词等资料打印好，并将活动需要的物资准备好放在会议办公室内，以方便取用。一切准备就绪后再将所有物资清点一遍。对于所缺物资于第二天立即采购。

（2）需要准备的材料：

主席、部长：流程单、节目单、内部流程表（30 份）。

演出人员：水、饮水机、纸杯、演员更衣室、晚饭。

嘉宾：邀请函、流程单、节目单、嘉宾姓名台签、水果、纸巾、纸杯、矿泉水。

主持人：活动流程单、内部流程表、主持词（各 4 份）。

摄影组：相机（4 台），并确定 4 名摄影、录像人员。

（3）活动后通信稿的书写和资料的整理。

3. 宣传部

（1）审查并确定主持人人选（4 人）、主持词的书写。

（2）负责演员和主持人的服装、道具、化妆等问题。

（3）节目形式的确定，节目的筛选、训练，演员的彩排。

（4）悬挂舞台上的横幅。

（5）气球拱门的制作和安置工作。

（6）负责节目的催场与换场（4 人）、主持人与主席的联系（后台 2 人）。

（7）活动后期的照片展出。

七、公关部

1. 迎接嘉宾和演出人员入场入座。

2. 准备主持人和演员休息室，用于表演者休息和更换服装。每个休息室至少安排两名以上公关部成员为其服务。

3. 活动开始后安排 4 名礼仪小姐等在入口处，负责领导及嘉宾的进场。

4. 负责活动开始后的礼仪服务和互动环节小奖品的颁发。

八、晚会活动流程

1. 主持人致开场词并介绍到场嘉宾。

2. 公司主要领导上台讲话。

3. 主持人宣布 ____ 年公司元旦晚会正式开始。

4. 晚会上半程节目精彩表演。

5. 娱乐互动环节。

6. 晚会下半程节目精彩表演。

7. 抽奖环节。

8. 主持人邀请嘉宾和演员上台合影留念。

9. 主持人致结束词。

九、活动应急预案

1. 演出前，仔细检查灯光、音响等设备。如主持人的话筒出现问题，在后台的工作人员应立刻换一个话筒。

2. 为了保证演出效果，工作人员维持好现场秩序，禁止大声喧哗等干扰行为。

3. 如果单一部门的人手不够，可以邀请其他部门协作，共同完成。

4. 活动前仔细检查节目所需的伴奏光碟，避免出现无法播放或错误播放等现象。

十、未尽事宜，另行通知。

中秋节活动策划文案

相信很多人都还记得苏轼那首用笔空灵、通篇浪漫的《水调歌头》，作为苏轼的代表作，这首词被历代文人墨客评价是自古以来描写中秋的绝唱。据历史文献记载，中秋节最初始于唐朝，随后盛行于宋朝，到了21世纪，中秋节早已成为了与春节齐名的中国传统节日之一。因而，在对待中秋节上，很多企业和组织都十分地上心，纷纷通过自己的方式欢度中秋，或发月饼、或办晚会，或是组织一场拥抱大自然，净化心灵的郊游。

策划人在做此类文案时应当注意扣紧“中秋节”的主题，无论是组织员工赏月还是聚餐、唱卡拉 OK，都应在活动中保留中秋的传统元素。

撰写模板：

____ 公司中秋节活动文案

一、活动目的

1 让员工过上一个愉快的中秋，提高员工士气。

2. 加强员工内部的沟通，促进员工关系的进一步融洽。

二、时间

定为中秋节前一天，即 ____ 月 ____ 日星期 ____。如有变化，另行通知。

三、地点

________________（旅游景点）

四、活动对象

公司全体员工（值班人员除外，值班人员：公司办公室留客服部一人值班，保安照常上班，值班人员及保安中秋假期期间三倍工资奖励）。

五、相关准备

1. 请各部门员工带好自己应该带的物品（水、零食、充电宝等）。

2. 行政部准备好三份公司员工内部通信录。

3. 大巴车三辆。

4. 相机、CD 机、小音箱、笔记本电脑、麦克风。

5. 帐篷、席子、小被子、枕头等睡觉用品及自己日用品。

6. 写好文字的小卡片（数量依人数定，内容为每人自己在公司预先写好的送给同事的话）。

7. 烧烤所用的食物、用具及饮用水。

8. 行政部 / 企划部勘探并熟悉地形、地势，联系好场地，预先设计好活动安排。

9. 月饼 ____ 箱。

六、行程 / 活动流程

1. 活动当天（中秋前一天）：

（1）参加活动员工在 ____ 月 ____ 日于 16: 00 准时在公司大门口报到。请各位留下自己的联系电话，以方便到时联系，行政部准备好三份公司员工内部通信录。

（2）人员到齐后，所有员工乘车前往 ________ 营地，抵达后到公司与旅游景点事先联络好的地方扎帐篷。

（3）准备夜晚烧烤大餐，举办篝火欢乐派对、卡拉 OK，谈谈心事，聊聊天，数数星星，晚上失眠的员工可以在山顶观日出。

（4）所有员工晚上住在帐篷里，如有特殊原因（疾病等），员工可向部门主管提出在旅游景点附近住宾馆的要求，由主管初步审核后上报给行政部，再做决定。

2. 活动第二天（中秋节）

（1）第二天早八点，所有员工集合观光 ____ 旅游景区。

（2）10 时左右，在导游的带领下到 ____ 旅游景区餐饮区吃午餐。

（3）午休后，在手机通话畅通的情况下，员工可以自由在 ____ 旅游景区内活动。

（4）下午 ____ 点左右，所有员工在 ____ 集合，集中下山，乘车返回市内，结束活动。

七、策划与执行

策划：企划部

执行：行政部

本活动由行政部负责，企划部协助实施。

竞聘活动策划文案

竞聘，是指对实行考任制的各级经营管理岗位的一种人员选拔方法。竞聘的重点在“竞”字上，“竞”在汉语字典中有“比赛”“相互竞争”的释义。生活中，凡是与“竞”挨上边的事情必定是激烈的，例如竞赛、竞技等。

在一个组织中，激烈的竞争可以让参与者感受到一种危机感，从而使自己产生一种有效的竞争意识，起到激励向上的作用，同时也让内部优秀人才得到重用。不可否认，企业内部竞聘可以充分调动起员工的积极性，但要想做好企业员工内部竞聘工作却并不是一件容易的事情，那么，对于策划者而言，员工内部竞聘应该注意哪些要点呢?

1. 通过竞聘前的岗位分析工作，明确任职的资格和条件。

为了避免员工不了解真实的岗位情况而盲目地报名，减少竞聘失败的不良影响，要建立可以依据的竞聘考核标准，在竞聘开展前先做好岗位分析工作，可以通过岗位说明书的方式明确任职的资格和条件，让员工了解竞聘岗位的真实情况，选择参与跟自己的工作能力、素质条件等相符合的职位。

这样不仅便于划定候选人的范围，而且还能提高竞聘的效率。

2. 作为一家知名的企业，其行事风格一定要低调谨慎，不能丢了“诚信”二字。因此，内部竞聘要尽可能提高公平公正的感觉，让参与竞聘的人都心服口服。另外，可以寻求第三方介入，以监督的方式来增加竞聘的透明度和公正性，避免出现徇私舞弊的情况。

3. 关注落选者的感受，持续改善人才选拔方法。

为了避免竞聘落选者心境不好产生负面的情绪，影响工作、甚至造成人员流失，所以要对落选的员工深入沟通，帮助解除员工的疑虑，客观地做评价与肯定，帮助分析不适合竞聘岗位的原因，让他们了解自己的能力，鼓励他们调整心态，从而改善自己。让他们通过竞聘也有所收获。

撰写模板：

____公司竞选活动策划文案

一、活动意图

企业以“自强不息，厚德载物”为宗旨，以“培养高综合素质的管理人员”为目标，以“稳重、和谐、奋进”的企业文化建设理念为指导，全面提高我公司青年员工的综合素质，为所有在职员工营造积极、健康向上的工作、学习、生活氛围，搭建提高综合素质、健康成长、立志成才的广阔舞台。并且以公平、公开、公正的原则选拔最优秀人才，给员工们提供一个展示自己、证明自己的机会。

二、活动对象

坚持员工自愿原则，凡符合竞聘岗位任职资格的员工均可报名参加竞聘。

三、活动准备

1. 广泛宣传动员，号召员工们积极参与。

2. 竞聘信息的发布：根据公司管理要求，总经办结合《岗位说明书》，利用公司宣传栏、微信公众平台等媒介以通知、公告的形式发布竞聘信息。

3. 选手写好演讲稿，准备演讲。

四、竞聘考核

总经办根据候选人人数情况，做出各竞聘岗位笔试与面试的时间安排，并提前 3 天将安排情况通知给每位候选人。考察分为笔试与面试两部分，按照先笔试后面试的原则进行。

1. 笔试

（1）由用人部门会同总经办根据竞聘岗位的业务要求、专业情况、管理要求及技能、逻辑思维、整体规划、文字处理等要求设计笔试试卷。

（2）笔试由总经办人力资源组负责协调和组织，满分为 100 分，占总成绩的 50%。笔试成绩在面试前公布。

2. 面试试题由总经办会同用人部门设计，面试内容涉及竞聘人员的仪容仪表，语言表达能力，沟通能力，计划、组织、协调、控制能力和应变能力等。

五、竞聘岗位人选的最终确定

将拟定人选的名单、竞聘材料、评价表等相关材料，呈报总经理审批。根据审批结果，发布内部竞聘结果的公告。公告结束后，如无异议，由总经办下发任命文件。

六、内部竞聘反馈面谈

内部竞聘活动结束，对于未竞聘成功的员工，由总经办安排进行内部竞聘反馈面谈，做好员工的思想工作。

七、其他

员工通过内部竞聘上岗后，若在日常工作中出现严重违纪、违规行为或不能胜任该岗位工作的情形时，公司可对其进行降级处理。

附件一：公司现有行政及辅助系统主管级岗位明细

部门	岗位	人数	备注
总经办	行政主管	1	
	人力资源主管	1	
	企管主管	1	
后勤部	后勤主管	1	
	保卫队长	1	
安环部	安环主管	1	

续表

部门	岗位	人数	备注
经营部	仓储主管	1	
生产部	计划调度主管	1	
质检部	质检主管	1	
财务部	会计主管	1	
合计		12	

附件二：员工内部竞聘申请表

申请人填写					
申请人姓名		性别		出生年月	
最高学历		毕业院校		所学专业	
专业职称		健康状况		联系电话	
现工作部门			现任职务		
竞聘部门			竞聘岗位		
个人特长					
所获表彰					
岗位员工做自我评价					
竞聘报告					

申请人声明：

我自愿提出竞聘申请，并对上述填写内容的真实、完整性负责，并同意公司对上述内容进行调查，如上述内容与实际情况不符，本人愿承担一切后果。若公司接受本人申请，我将做到：

1. 遵守岗位竞聘规则。

2. 若因客观情况发生变化或公司发展需要以及出现本人不能胜任工作的情况时，本人愿接受公司对工作内容及工作岗位的调整和安排。

说明：

1. 每位竞聘者最多只可报名竞聘一个岗位。

2. 报名截止后，已报竞聘岗位不得再行更改。

申请人签字：____________ 日期：____ 年 ____ 月 ____ 日

体育赛事策划文案

法国思想家、哲学家伏尔泰先生曾说：“生命在于运动。”在西方历史的记载中提到，“伏尔泰生前非常热爱运动，直到他近 80 岁高龄时，还和朋友一起徒步登山观看日出。”而他的这个关于运动的著名论断也随着他那老年时矍铄的精神而被广为流传。

运动是保持身体健康的重要因素。对每个人来说，适当地进行身体锻炼是有好处的，不仅可以提高运动素质，还可以做到劳逸结合，使智力水平得到充分的发挥。正是由于体育锻炼拥有着种种的好处，使得许多企业家投身其中，并通过在公司内部以举办体育赛事为目的，大力开展员工的业余生活，为建设起一艘坚固的“航空母舰”打下坚实基础。

在做此类策划方案时，策划者应在交代清楚竞技比赛的基本精神、参加比赛的资格、活动方式以及竞技的规则和流程，另外公司如给予获胜者奖励，在策划书中也应明确地写出来。

撰写模板：

____ 公司举行乒乓球比赛计划书

一、活动目的

为了丰富企业职工的业余生活，进一步推动体育活动开展，带动体育风气，增强企业凝聚力，也给同事们提供展示自我的舞台，____ 公司决定于在 ____ 年 ____ 月为体育活动月，展示出新时代企业职工的蓬勃朝气和竞技热情丰富广大职工的业余生活，公司将举办一次乒乓球比赛。同时，还将选拔出水平较高的选手，组建企业的乒乓球队，参加今后行业内、外的比赛。

二、活动主题

健康体育，品味生活

三、竞赛日期和地点

比赛日期：____ 年 ____ 月 ____ 日下午 ________

比赛地点：____ 县乒乓球馆：日期：____ 年 ____ 月 ____ 日

四、参赛方式：

职工自愿报名及公司邀请。

五、竞赛流程与规则

1. 乒乓球比赛项目就比赛形式分为：男子组单打和女子组单打。

2. 乒乓球初赛阶段采用小组赛的办法、每组六人，每名选手与小组内比赛选手互相交手一次。一轮过后排名前两名的选手顺利晋级下一轮，排名第三的选手则进入败者组，争夺败者组的出线名额。

3. 各参赛选手自行准备球拍。

4. 比赛裁判员由主办方统一安排。

六、赛风赛纪规定

为保证比赛健康、有序地进行，制止赛场不文明现象和违背公平竞赛、违背体育道德的情况发生，特制定如下规定：

1. 参赛队员必须是报名的本人参加，不得冒名顶替，一经查出，取消比赛资格。

2. 参赛队员应准时到场，比赛开始后十分钟不到场，视为本场比赛弃权，判负。

3. 对不服从裁判判罚、消极比赛、故意拖延比赛时间、中断比赛等行为，将取消比赛资格。

4. 对比赛过程或结果有异议的参赛队，由各队领队负责与竞赛组进行协调，其他人员不得干涉。

5. 有限公司对本次竞赛规程拥有最终解释权。